Quem matou Marielle?

Giniton Lages e Carlos Ramos

Quem matou Marielle?

Os bastidores do caso
que abalou o Brasil e o mundo,
revelados pelo delegado que
comandou a investigação

© 2022 - Giniton Lages e Carlos Ramos
Direitos em língua portuguesa para o Brasil:
Matrix Editora
www.matrixeditora.com.br
/MatrixEditora | @matrixeditora | /matrixeditora

Diretor editorial
Paulo Tadeu

Projeto gráfico e diagramação
Patricia Delgado da Costa

Revisão
Adriana Wrege

Fotos
Foto da capa: Márcia Foletto / Agência O Globo
Págs. 8/9 – Mauro Pimentel – AFP
Págs. 100/101 – Pablo Jacob – Agência O Globo
Págs. 194/195 – Sergio Moraes – Reuters

CIP-BRASIL - CATALOGAÇÃO NA PUBLICAÇÃO
SINDICATO NACIONAL DOS EDITORES DE LIVROS, RJ

Lages, Giniton

Quem matou Marielle? / Giniton Lages e Carlos Ramos. - 1. ed. - São Paulo: Matrix, 2022.
296 p.; 23 cm.

ISBN 978-65-5616-210-2

1. Franco Marielle, 1979-2018 - Assassinato. 2. Crime político - Investigação - Rio de Janeiro.
I. Ramos, Carlos. II. Título.

| 22-76281 | CDD: 364.1524 |
| | CDU: 323.285 |

Meri Gleice Rodrigues de Souza - Bibliotecária - CRB-7/6439

Agradeço à minha esposa, Juliana, e a meus filhos Pedro e Isabeli, por todo o amor e carinho sempre à disposição nos momentos mais difíceis do meu trabalho. E dedico este livro aos policiais civis da Delegacia de Homicídios da Capital do Rio de Janeiro, que tanto se empenharam na execução dessa investigação e de tantas outras que, apesar de anônimas, sempre foram tratadas com elevado respeito e profissionalismo. Incansáveis homens e mulheres, dispostos a provar que toda vida importa.

Giniton Lages

Dedico esta obra a Bruna e aos frutos do nosso amor: Enrico, Joaquim e Isadora.

Carlos Ramos

SUMÁRIO

PARTE 1: SUBMUNDO

Capítulo 1: O furacão...11
Capítulo 2: O quebra-cabeça.....................................25
Capítulo 3: Linhas de investigação...........................45
Capítulo 4: A guerra...63
Capítulo 5: Bancada da bala.....................................85

PARTE 2: LABIRINTO

Capítulo 6: A testemunha-chave.............................103
Capítulo 7: As portas do inferno.............................123
Capítulo 8: O fio da meada.....................................143
Capítulo 9: Inquéritos paralelos..............................155
Capítulo 10: O quadro de suspeitos.........................175

PARTE 3: OS ALVOS

Capítulo 11: Dossiê Lessa.......................................197
Capítulo 12: Investigação da investigação................217
Capítulo 13: Mudança de rumo................................233
Capítulo 14: Relatório final..................................... 251
Capítulo 15: Operação Lume.................................... 271
Capítulo 16: Missão cumprida..................................283
Epílogo: A ferida aberta.. 291

PARTE 1
SUBMUNDO

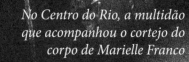

No Centro do Rio, a multidão que acompanhou o cortejo do corpo de Marielle Franco

CAPÍTULO 1

O FURACÃO

Na noite de 14 de março de 2018, meu único propósito era assistir ao jogo do Corinthians contra o Deportivo Lara. Como corintiano roxo, estava ansioso para ver o time avançar na segunda rodada da fase de grupos da Libertadores da América. O plano não deu certo; meu filho começou a arder em febre e minha esposa e eu corremos com ele para o pronto atendimento. Enquanto aguardávamos a consulta médica, meu celular começou a receber uma mensagem atrás da outra tratando dos assassinatos.

– Mataram a Marielle – comentei com minha esposa.

– Mataram quem? – ela questionou, segurando o nosso filho no colo.

– A vereadora Marielle, do Psol – respondi, procurando mais notícias sobre o crime. "Vereadora Marielle Franco é morta no Estácio", estampava a manchete no site do jornal *O Dia*. "Marielle Franco é assassinada no Rio; polícia investiga homicídio doloso", afirmava o UOL, mencionando que a principal linha de investigação era de execução. Segundo o portal G1, "bandidos em um carro emparelharam ao lado do veículo onde estava a vereadora e dispararam. Marielle foi atingida com pelo menos quatro tiros na cabeça".

A vereadora e o motorista dela, Anderson Gomes, tinham sido executados numa emboscada. As primeiras informações sobre o crime me impressionaram. Os anos dedicados às investigações de homicídios não me deixaram indiferente com a morte. Antes da técnica policial, prevalece o sentimento de humanidade e, para mim, toda vida importa. Entendo que o meu trabalho nunca foi contabilizar mortos, e sim resolver crimes e prender os assassinos para que mais mortes não aconteçam. Porém, naquela noite, não passava pela minha cabeça ter algum envolvimento com o caso.

*

Meu nome é Giniton Lages, delegado de polícia no Rio de Janeiro. Nasci em 1974, no município de Cascavel, no Paraná. Vivíamos na zona rural, e meu pai trabalhava em Foz do Iguaçu como auxiliar de serviços gerais nas obras de construção da Usina de Itaipu. Ele foi demitido e nós nos mudamos para Jaú, no interior do estado de São Paulo, com a esperança de um novo trabalho. A realidade foi bem diferente. O emprego não deu certo, as dificuldades continuaram e meus pais se separaram. Éramos crianças, e minha mãe, sozinha, criou os cinco filhos trabalhando como empregada doméstica.

Trabalhei desde cedo em fábricas de calçados e depois como funcionário público na prefeitura e na Câmara Municipal de Jaú. Estudei em escolas públicas e cursei a Faculdade de Direito na Instituição Toledo de Ensino, em Bauru, município vizinho, utilizando o Programa de Crédito Educativo do governo federal. Depois de formado, conciliando com o trabalho, passei cinco anos estudando para concursos públicos, até ser aprovado, em 2008, para o cargo de delegado em dois estados: Pernambuco e Rio de Janeiro.

Optei pelo Rio de Janeiro. Minha primeira lotação foi na 63ª Delegacia de Polícia (DP), em Japeri, na Baixada Fluminense, como delegado adjunto no plantão da Central de Flagrantes. Inexperiente na polícia, solteiro e morando provisoriamente na sede da Academia de Polícia Civil, nas primeiras semanas pegava o trem da SuperVia na estação Central do Brasil para ir trabalhar. Isso significava cruzar áreas e estações controladas por grupos criminosos com o distintivo e a arma dentro da mochila. Fiz isso até que a delegada titular, Tércia Amoedo, descobriu. Depois de me advertir duramente, ela determinou que uma equipe de policiais me buscasse e levasse de volta com a viatura em todos os plantões. Aos poucos, fui me dando conta dos riscos da profissão e entendendo o que significava ser delegado de polícia no Rio de Janeiro.

Em 2009, fui transferido para a 54ª DP, na cidade de Belford Roxo, também na Baixada Fluminense. Era uma delegacia bem maior, e minha rotina como delegado adjunto era tratar das ocorrências de crimes flagranciais. Eu gostava de "fazer o local do crime" e acabei me aperfeiçoando na apuração de casos de letalidade violenta, tecnicamente correspondentes a homicídios dolosos, lesão corporal seguida de morte, latrocínios e morte decorrente de intervenção de agente do Estado.

Na época, não existia um trabalho especializado para investigar homicídios. As delegacias faziam as investigações nas suas regiões de competência do jeito que dava e com as condições precárias que tinham. Resultado: a incidência e os índices de mortes só aumentavam. Quando era de grande repercussão ou envolvia gente importante, o chefe de polícia avocava o caso e o remetia para ser investigado pela Delegacia de Homicídios – Centro, cuja estrutura era enxuta, com apenas um delegado titular, dois adjuntos e uma equipe pequena de agentes.

No início de 2010, o chefe de polícia era o delegado Allan Turnowski. Com a experiência de ter sido diretor do Departamento de Polícia Especializada, entre as inovações que trouxe para melhorar a atuação da polícia, ele criou a Divisão de Homicídios da Capital e escolheu o saudoso delegado Felipe Ettore para ser o primeiro diretor. A proposta de uma unidade especializada responsável por elucidar todos os crimes de homicídio e latrocínio ocorridos na circunscrição do município do Rio de Janeiro – utilizando protocolos e procedimentos de padrão internacional – era uma mudança de paradigma.

Por intermédio do delegado Henrique Damasceno, fui convidado para compor a equipe da nova Divisão de Homicídios. Eu sabia que seria um enorme desafio, pois o que acontece na cidade do Rio de Janeiro repercute no mundo, e isso aumenta a pressão e a responsabilidade. Para amigos e familiares era uma decisão errada, porque ficar correndo a capital recolhendo cadáveres não me levaria a lugar nenhum. Mas eu paguei pra ver e aceitei o convite.

Como delegado adjunto, chefiei uma das equipes do denominado Grupo Especial de Local de Crime, formado por perito criminal, perito legista, papiloscopista, agentes e investigadores, responsável pela investigação preliminar. Minha escala de plantões era de 24 horas trabalhadas por 72 horas de descanso. Chegamos a "fazer" 14 locais de crime em um único plantão.

O nosso trabalho começou a dar resultados positivos e, ao sermos mais eficazes na resolução dos crimes, os índices de homicídios começaram a baixar. Ao mesmo tempo, fui aprendendo, a duras penas, o que significava ser um "DH" numa realidade na qual a cultura da "licença para matar" é muito presente e parte dos policiais civis e militares admite a violência e a morte como mecanismos imprescindíveis para a garantia da ordem pública.

Um dos instrumentos que reforçam essa perspectiva é o chamado "auto de resistência", quando as mortes cometidas por policiais são registradas como resistência à ordem de prisão. Nessas circunstâncias, a legislação dispensa a lavratura do chamado *Auto de Prisão em Flagrante* ou a instauração de inquérito, o policial não é indiciado e a pessoa morta é considerada opositora.

Historicamente, o dispositivo jurídico foi herdado da ditadura militar e contribuiu para o aumento significativo do número de homicídios cometidos pelos agentes públicos. Em 2019, segundo o Instituto de Segurança Pública, autarquia vinculada à Secretaria de Estado de Planejamento e Gestão, no estado do Rio de Janeiro a polícia matou 1.810 pessoas, uma média de cinco mortes por dia, representando um aumento de 18% em relação ao ano anterior. O estudo mostrou que boa parte dos autos de resistência eram forjados e, quando a fraude é descoberta, os policiais são processados, condenados e presos.

E não só isso. Existe, infelizmente, uma parte de agentes de segurança pública envolvida com o crime. Alguns pegam dinheiro do tráfico, da contravenção e das milícias em troca de oferecer "proteção" para as atividades criminosas nas áreas em que atuam, o que é chamado comumente de "arrego". Outros se tornam os próprios traficantes, contraventores ou milicianos. Nas duas situações, mata-se muito, e são os "DHs" que precisam agir como uma espécie de polícia dentro da polícia para colocá-los na cadeia, o que, não raras vezes, produz graves consequências e ameaças.

Minha primeira experiência com casos de grande repercussão foi em 2011, na investigação do assassinato da juíza Patrícia Acioli, executada com 21 tiros de pistola na porta de casa, em Niterói. A magistrada foi morta por policiais militares do 7º Batalhão de Polícia Militar (BPM), de São Gonçalo, conhecido na época como "batalhão da morte". O delegado Ettore presidia o inquérito e me colocou na investigação, numa espécie de força-tarefa. Fomos exitosos – os executores e o mandante foram presos e condenados. Foi um trabalho muito importante para o meu crescimento profissional e que teve reconhecimento público.

Em 2012, fui promovido a delegado assistente, passei a presidir as investigações e vivi uma mudança fundamental na minha vida pessoal. Estava havia quatro anos no Rio de Janeiro, morava sozinho e sentia muita falta da família e dos amigos, por isso, sempre que possível, pegava o carro e encarava os mais de 700 quilômetros de estrada para revê-los. E foi numa dessas viagens que conheci Juliana. Ela estava iniciando a sua carreira como advogada e tínhamos amigos em comum. Começamos um namoro a distância. As idas e vindas entre o Rio de Janeiro e Jaú acabaram quando tomei coragem, comprei um anel de noivado e a pedi em casamento. Foi a melhor decisão. Estamos juntos até hoje, temos dois filhos e agradeço a Deus por ter ao meu lado uma mulher forte, amorosa e companheira.

Naquele mesmo ano, com a troca de comando na Polícia Civil, o delegado Rivaldo Barbosa assumiu como titular na Divisão de Homicídios da Capital. Ele ingressou na carreira de delegado em 2002, depois de quinze anos servindo na Aeronáutica, e tinha experiência como chefe da Coordenadoria de Informação e Inteligência Policiais e como subsecretário de Inteligência na gestão do ex-secretário de Segurança Pública José Maria Beltrame. Rivaldo e eu passamos a trabalhar juntos e a cultivar uma forte amizade.

Em 2014, devido ao desempenho positivo na capital, a Polícia Civil criou mais duas divisões: a Divisão de Homicídios da Baixada Fluminense e a Divisão de Homicídios de Niterói e São Gonçalo.

Em 2015 houve uma grande reestruturação. As três divisões foram transformadas em delegacias. A partir daí, passaram a existir a

Delegacia de Homicídios da Capital (DH), Delegacia de Homicídios de Niterói e São Gonçalo (DHNSG) e Delegacia de Homicídios da Baixada Fluminense (DHBF), como unidades especializadas e subordinadas à nova Divisão de Homicídios, elevada como órgão de comando central.

Com a reformulação, Rivaldo assumiu o cargo de diretor da Divisão de Homicídios. O delegado Fábio Cardoso se tornou titular na DH, e a delegada Bárbara Lomba na DHNSG. E eu assumi como delegado titular da DHBF, tornando-me responsável pelas investigações de homicídios nos 13 municípios da Baixada Fluminense, que somam cerca de 3,7 milhões de habitantes.

*

Na noite em que Marielle Franco e Anderson Gomes foram assassinados, eu continuava como delegado titular da DHBF, e, como o crime tinha ocorrido na capital, a investigação não era atribuição minha.

Na manhã seguinte, dia 15 de março, perto das 9 horas, eu estava saindo da academia quando vi no celular as chamadas perdidas realizadas pela secretária de Rivaldo e pelo comissário de polícia Marco Antônio, conhecido como Marquinho, que era o chefe de operações, o meu braço direito na delegacia. Retornei a ligação dele.

– Você me ligou?

– Sim. A Kátia, secretária do Rivaldo, tentou falar contigo. O chefe convocou uma reunião urgente às 10 horas. Já estou a caminho da sua casa pra te buscar.

O compromisso era no prédio da Chefia de Polícia, que ficava na esquina da Avenida Gomes Freire com a Rua da Relação, no Centro. Apesar de ter corrido para me aprontar, o trânsito estava carregado, e, mesmo com a sirene e o giroscópio da viatura ligados, não chegaríamos na hora marcada. O Marquinho é um "casca grossa", como dizemos. Está na Polícia Civil há mais de trinta anos, já vivenciou de tudo, e o seu olhar para as coisas é bastante apurado. Aprendo muito com ele, todos os dias. No caminho, ele comentou:

– Não adiantaram o assunto, mas acho que a reunião é sobre Marielle.

– Isso não. O chefe certamente vai falar sobre a Divisão.

– Para mim, é Marielle. E se for isso?

– Não sei. Acho pouco provável.

Não imaginava que a reunião tivesse alguma relação com as mortes da noite anterior, porque aqueles dias já eram de apreensão e expectativa dentro da própria corporação. O Rio de Janeiro estava sob intervenção federal, a primeira na história brasileira desde a Constituição Federal de 1988. Até então, o país só tinha experiência com operações de Garantia da Lei e da Ordem, em que se concede de maneira provisória e temporária às Forças Armadas a condição de atuar com poder de polícia até o restabelecimento da normalidade, em auxílio às forças de segurança do estado. A intervenção é diferente – nela, o comando é transferido totalmente para os militares.

A decisão foi tomada no mês de fevereiro, depois de um Carnaval marcado por arrastões, assaltos, saques e assassinatos de policiais militares. "O crime organizado quase tomou conta do estado do Rio de Janeiro. É uma metástase que se espalha pelo país e ameaça a tranquilidade do nosso povo", disse o então presidente da República, Michel Temer, na cerimônia de assinatura do decreto. Como interventor, foi nomeado o general Walter Braga Netto, chefe do Comando Militar do Leste e conhecido por ter sido um dos responsáveis pela segurança das Olimpíadas do Rio em 2016. O general assumiu o comando da Polícia Civil, da Polícia Militar, do Corpo de Bombeiros e do sistema penitenciário estadual, reportando-se apenas ao presidente da República.

A intervenção federal provocou uma reestruturação na Segurança Pública do estado: o general Braga Netto nomeara o general Richard Nunes para a Secretaria de Estado de Segurança (Seseg) e este nomeara o delegado Rivaldo Barbosa para a Chefia de Polícia.

Antes de tomar posse, Rivaldo tinha se reunido com vários delegados para tratar de algumas mudanças na estrutura da Polícia Civil. Isso é comum. Na prática, acontece a "dança das cadeiras", como costumamos dizer. Delegado adjunto sobe para assistente; delegado assistente sobe para titular; delegado titular muda de delegacia, e assim por diante. E, claro, também surgem oportunidades para crescermos ainda mais na carreira.

Rivaldo tinha assumido a Chefia de Polícia em 13 de março – um dia antes do crime –, e a vaga de diretor da Divisão de Homicídios estava aberta.

Não era uma regra, mas a tendência seria que ela fosse ocupada por um dos três delegados titulares. Eu era um deles, e, dos meus dez anos como policial civil, oito tinham sido dedicados às investigações de homicídios, atuando como delegado adjunto, assistente e titular. Essa minha trajetória, somada ao bom relacionamento com Rivaldo, levava-me a acreditar que tinha chegado a minha vez de assumir o cargo de diretor. Para mim, a reunião naquela manhã seria para tratarmos desse assunto.

Por volta de 10h30, conseguimos chegar à Chefia de Polícia. Na entrada do prédio há um pequeno saguão onde era comum encontrarmos o pessoal da imprensa esperando autorização para subir para a entrevista, quando havia algum pronunciamento importante. Ao chegarmos, chamou a minha atenção a grande quantidade de jornalistas, mais do que o comum, e o clima estava tenso. Cumprimentei alguns repórteres conhecidos e percebi que estavam ali por causa das mortes de Marielle e Anderson.

Entramos no prédio e subimos pelo elevador até o décimo segundo andar. Não dissemos nada. Quando chegamos à antessala, a secretária de Rivaldo me apressou, dizendo que estavam me aguardando. O Marquinho ficou esperando na recepção.

Quando entrei na sala do chefe de polícia, tomei um susto. Vi à mesa redonda de reuniões o delegado Fábio Salvadoretti com dois agentes da DH. Em duas poltronas, lado a lado, o então deputado estadual Marcelo Freixo e a escritora Antonia Pellegrino, sua esposa. No sofá grande de três lugares, à esquerda do deputado, o chefe de polícia, Rivaldo, e o delegado Fábio Cardoso, titular da DH. Em outro sofá, de frente para eles, havia duas pessoas que eu não conhecia. Em pé, Marcelo Ahmed, assessor de comunicação da Polícia Civil.

Foi quando *caiu a ficha*. Percebi que o assunto seriam as mortes de Marielle e Anderson; faltava descobrir qual seria o meu papel na história. Todos se levantaram para me cumprimentar, dando-me a constrangedora sensação de ser o último a saber da novidade. Cumprimentei todos eles. Rivaldo me apresentou a Freixo, e o deputado disse que já me conhecia por acompanhar alguns dos meus trabalhos. Aí nos sentamos, fiquei numa ponta do sofá, Fábio no meio e Rivaldo na outra ponta, próximo a Freixo, que segurava a mão da esposa o tempo todo. Eles estavam muito abalados.

Aquela cena tinha um significado muito forte. Em nome dos familiares das vítimas, estava um deputado estadual tratando diretamente com o chefe de polícia dos encaminhamentos para a investigação de um duplo homicídio envolvendo uma vereadora da segunda maior metrópole do país.

Sem rodeios, Rivaldo virou-se para Freixo e disse:

– O doutor Giniton está assumindo a DH e vai comandar as investigações desse caso.

Até hoje, não sei se a decisão de me mandar de volta à capital já estava tomada ou se as circunstâncias a definiram. O fato é que a determinação inesperada me deixou bastante irritado. Fiquei calado e não questionei. O problema não era assumir o caso, mas a forma como tudo estava acontecendo. E, claro, havia a frustração por não ser escolhido para ser o diretor da Divisão de Homicídios, cargo que ficou com o delegado Fábio Cardoso.

A conversa seguiu em torno da investigação. O deputado disse que confiava no nosso trabalho e estava à disposição para contribuir no que fosse necessário. De repente, Ahmed nos avisou de que já era hora de a imprensa subir para fazer o anúncio. No Rio de Janeiro, os telejornais do meio-dia atingem grande audiência e pautam os assuntos relativos ao trabalho da polícia. A pressa era para que a entrevista acontecesse a tempo de ser veiculada na hora do almoço. A minha única reação foi adverti-los de que não falaria. E não falei.

Marquinho entrou junto com os jornalistas e veio me perguntar sobre o que tinha sido decidido na reunião.

– E aí, doutor?

– A gente assume a DH e o caso Marielle.

– Puta que o pariu! – disse, em voz alta, chamando a atenção das pessoas que se preparavam para a coletiva. – E o nosso pessoal, como fica?

– Ainda não falei sobre isso com o Rivaldo, mas vou falar.

Estava bem na DHBF, tinha confiança nos meus policiais e tudo estava funcionando de forma satisfatória. Uma volta para a DH exigia, de cara, enfrentar o problema de levar todos que trabalhavam comigo. Para um delegado de polícia, uma equipe de confiança e alinhada é um patrimônio que precisa ser preservado e faz toda a diferença no desenvolvimento do trabalho. Eram cerca de cem pessoas, e eu não abriria mão disso.

Outra complicação eram as condições da própria delegacia. Havia excelentes policiais, mas sabíamos que alguns estavam lá apenas "ajeitados", sem condições técnicas de ser um "DH". Seria preciso tirar muita gente, e existem sempre aqueles que *agarram na grade* e não querem sair de jeito nenhum. Sabia que a transferência naquele momento geraria desgastes não só para mim, mas para a própria polícia.

A entrevista começou. A imagem mostrava, da esquerda para a direita, Fábio, Rivaldo e Freixo. Eu aparecia atrás deles, ilustrando bem como estava desencaixado naquela situação. E era assim que me sentia. Fiquei observando a quantidade de repórteres e pensando no tamanho da repercussão que o crime estava atingindo.

O chefe de polícia me anunciou como o responsável pela investigação e justificou a escolha alegando que eu era um delegado completo, forjado na Delegacia de Homicídios, com experiência em investigações complexas e casos de grande repercussão. Depois foi a vez de Freixo falar. O deputado afirmou que se tratava de um crime contra a democracia.

Quando a coletiva terminou, chamei Rivaldo e Fábio para uma conversa reservada que acabou acontecendo no quartinho de descanso do chefe, uma pequena sala com cama e armário que faz parte do seu gabinete. Eu disse a eles que não estava gostando da maneira como as coisas estavam acontecendo e abordei o problema das transferências.

– Preciso levar toda a minha equipe junto.

– Isso é inviável. Só podemos transferir parte dela – disse Rivaldo.

Insisti que precisava ser a equipe inteira. A conversa ficou tensa e acabou com ele dizendo que faria o possível e me comunicaria a decisão até o fim do dia. Antes de deixarmos a Chefia de Polícia, alertei Fábio de que as transferências precisavam *cantar no mesmo BI*, ou seja, deveriam ser publicadas todas juntas no Boletim Interno da Polícia Civil.

Saindo do prédio, liguei para Juliana. Sabia que ela estava ansiosa e com a mesma expectativa em relação ao cargo de diretor da Divisão de Homicídios. Quando contei a novidade, ela reagiu bem e disse que, apesar de não ser o que esperávamos, assumir a DH e aquele caso seria importante para a minha carreira.

– Deus sabe o que é melhor – disse, amenizando a situação.

Marquinho e eu seguimos para a DHBF, em Belford Roxo. Ele

ficou na delegacia para conversar com a equipe, confirmar a lista de quem seria transferido para a capital e convocar todos os nossos delegados para uma reunião no final da tarde. E eu me dirigi ao fórum do município de Seropédica, onde tinha um depoimento marcado naquela tarde.

No caminho, o delegado Fábio me ligou dizendo que a equipe da DH tinha percorrido as ruas do Centro, levantado imagens de câmeras de vigilância e descoberto a placa de um veículo suspeito: um Chevrolet Cobalt, cor prata, modelo LS 1.4, ano 2012 e placa KPA 5932, de Nova Iguaçu.

Os analistas observaram que o veículo chegara à Rua dos Inválidos minutos antes de a vereadora entrar na Casa das Pretas e permaneceu no local durante todo o tempo em que ela participou do evento. Assim que ela saiu, embarcada em um Agile, o veículo iniciou a perseguição e foi flagrado pelas câmeras instaladas em ruas e avenidas do trajeto que levava ao local onde ocorreram as execuções.

Era uma pista. Pelo celular, passei os dados para a equipe de inteligência policial da DHBF e pedi ao delegado Willians Batista que comandasse as buscas. Pouco tempo depois, ele me retornou:

– Encontramos o carro. Estamos levando para a delegacia.

– Já encontraram? Estranho. Estou indo – disse, pensando que tinha sido fácil demais e, por isso, alguma coisa devia estar errada.

Quando retornei, a proprietária do veículo também tinha sido identificada e já estava na delegacia para ser ouvida. A primeira pergunta que fizemos foi sobre onde ela e o automóvel estavam na noite anterior. Apavorada, respondeu que era técnica em enfermagem e trabalhava como cuidadora de uma idosa que morava num apartamento na Rua General Artigas, no Leblon, zona sul. Contou que no dia 14 de março entrou no serviço às 9 horas e pernoitou, voltando para Nova Iguaçu no dia seguinte. Segundo ela, durante todo o período o Cobalt permaneceu estacionado na frente do prédio.

Após a análise dos registros de GPS obtidos com a empresa seguradora do veículo, comprovamos a informação. Aquele carro permanecera no Leblon e a mulher não tinha nada a ver com o crime. Havia o mesmo modelo, a mesma cor e a mesma identificação de placa, mas não era o Cobalt que procurávamos.

Voltamos à estaca zero. A conclusão foi óbvia: os criminosos usaram um clone, ou seja, um carro roubado com documentação, placa e registros falsos, forjados com dados de um original. Isso reforçou a nossa percepção de que o crime havia sido planejado para não deixar rastros. Entretanto, se há algo que aprendi nesses anos de polícia é que não existe crime perfeito.

No Rio de Janeiro, existem radares com sistema chamado OCR, sigla em inglês para Reconhecimento Óptico de Caracteres, que em milésimos de segundo registram a passagem de um veículo pelo local, reconhecendo os dados da placa. Nós tínhamos experiência em usar esse recurso para o rastreamento de veículos. Lançamos os dados da placa no sistema para saber em quais radares da cidade aquele Cobalt tinha passado.

Em pouco tempo, os agentes me trouxeram uma resultante: às 17h34 do dia 14 de março, aquela placa fora flagrada por um radar localizado na Rua Dom Rosalvo Costa Rêgo, conhecida como Estrada da Barra, na altura do número 146, no bairro Itanhangá, zona oeste.

O registro naquele local indicava que o veículo tinha se deslocado da região da Barra da Tijuca, zona oeste, e seguido pelo caminho do Alto da Boa Vista, um bairro pequeno, localizado no topo do Maciço da Tijuca e cheio de casarões e mansões em estilo colonial. Esse trajeto é feito por uma estrada sinuosa e cercada de floresta. Considerando essa hipótese, os suspeitos teriam chegado ao bairro Tijuca, que fica do outro lado do morro, já na zona norte, e de lá seguido até a Rua dos Inválidos.

Agora, tínhamos três pontos de referência que colocavam o deslocamento do veículo numa sequência cronológica: radar no Itanhangá, Rua dos Inválidos e local das execuções. Era pouco, mas já era um começo.

No final da tarde, na Cinelândia, uma multidão se formou na frente do Palácio Pedro Ernesto, sede do Legislativo carioca, para acompanhar os velórios. A cerimônia durou apenas uma hora e meia, reservada aos familiares e amigos mais próximos. Os corpos de Marielle e Anderson foram enterrados por volta das 18 horas, em locais diferentes. Ela, no Cemitério São Francisco Xavier, no Caju, e ele no Cemitério de Inhaúma, ambos na zona norte.

Estava na minha sala, acompanhando o noticiário pela televisão, quando recebi o telefonema do subchefe de polícia, delegado Gilberto Ribeiro. Mostrei o número na tela do celular ao Marquinho, que balançou a cabeça e disse:

– Vai começar o nosso estresse.

E começou. Gilberto disse que só transfeririam parte da equipe. Alegou que era impossível que fossem todos e que eu deveria selecionar quem levaria comigo. Eu tenho muita consideração pelo Gilberto, que foi chefe de polícia quando iniciei minha carreira de delegado, mas, quando ele disse que não fariam as transferências, *perdi a boa* e começamos a discutir. Travamos uma verdadeira queda de braço, que terminou com ele me pedindo um tempo para ver o que podia ser feito.

O impasse durou até ele me ligar novamente, por volta das 19 horas, para dizer que fariam a transferência de toda a equipe, só que por etapas e ao longo de quatro semanas. Aceitei a proposta e a minha transferência *cantou no BI* ainda naquela noite, junto com a primeira parte da equipe. Prevaleceu o bom senso. Mais uma vez, Gilberto demonstrou ponderação e capacidade de gerir conflitos, características que sempre admirei nele. E também não perdeu a oportunidade de me advertir:

– Não esqueça que todo esse nosso esforço precisa valer a pena.

Os assassinatos de Marielle Franco e Anderson Gomes abalaram o Brasil e o mundo. Foi o caso mais difícil que enfrentei. Desde o início, o duplo homicídio foi tratado como um crime político e ganhou repercussão mundial. O jornal norte-americano *The Washington Post* noticiou na primeira página que a parlamentar negra tinha sido morta a tiros no Rio de Janeiro e se tornava um símbolo global no enfrentamento da violência contra negros, mulheres e homossexuais. A organização não governamental Anistia Internacional afirmou em nota que a vereadora era exemplo de luta em defesa dos direitos das mulheres negras, dos moradores de favelas e na denúncia da violência policial.

Autoridades brasileiras trataram as execuções como um verdadeiro golpe ao Estado Democrático de Direito. As Forças Armadas, a Polícia Federal, a Agência Brasileira de Inteligência, deputados e ministros, todos se apresentaram para tentar dar respostas sobre quem tinha matado a vereadora e o seu motorista.

Naquela quinta-feira, o então ministro da Segurança Pública, Raul Jungmann, viajou para o Rio de Janeiro para dizer que a investigação já estava "federalizada", devido à intervenção militar. A então procuradora-geral da República, Raquel Dodge, mudou a sua agenda e também foi à cidade anunciar a abertura de procedimento instrutório para eventual pedido de Incidente de Deslocamento de Competência (IDC), um instrumento político-jurídico introduzido na Constituição Federal em 2004 para assegurar o cumprimento das obrigações internacionais que o Brasil assume na garantia dos direitos humanos.

Esse pedido de deslocamento é requerido pela Procuradoria-Geral da República (PGR) quando são constatadas grave violação de direitos humanos, possibilidade de responsabilização do país por descumprimento de tratados internacionais e incapacidade das instituições locais em apurar, processar e julgar o caso com isenção. Quando aceito, o processo é deslocado do âmbito estadual para o federal e a investigação passa a ser realizada pela Polícia Federal. Trata-se de uma medida excepcional. O primeiro IDC analisado pelo Superior Tribunal de Justiça foi referente ao homicídio da Irmã Dorothy Stang, religiosa norte-americana atuante na luta por reforma agrária e defesa dos povos da Amazônia. Isso aconteceu em 2005, e o pedido foi rejeitado.

Até hoje me pergunto por que a PGR propôs essa medida poucas horas depois dos homicídios, ainda na fase de investigação preliminar, sem que nenhum dos requisitos para um IDC fosse constatado.

A atitude das autoridades causou estranhamento ao procurador-geral de Justiça, Eduardo Gussem, que se manifestou publicamente afirmando que não havia necessidade de federalizar o caso. Ficou claro que a responsabilidade era do Ministério Público do Estado do Rio de Janeiro, o inquérito seria conduzido pela Polícia Civil e eu era o delegado no comando da investigação.

Não consegui dormir naquela noite, pensando em tudo o que estava acontecendo. Sentia como se estivesse entrando no olho de um furacão.

CAPÍTULO 2

O QUEBRA-CABEÇA

O tempo corre contra o trabalho do investigador, e as primeiras 48 horas são decisivas para o rumo da investigação. As impressões, marcas de sangue, posições dos objetos e outros vestígios se perdem rapidamente. Quando assumi o caso, já enfrentava os prejuízos de não ter estado no local do crime.

Na sexta-feira, dia 16 de março, cheguei cedo à DH, junto com parte da minha equipe. O delegado Fábio Cardoso ainda usava a sala como titular da unidade, e fomos para um pequeno auditório no prédio anexo, onde funcionava a Divisão de Homicídios. Foi o delegado Fábio Salvadoretti que nos apresentou o inquérito policial. A minha impressão foi de que havia poucos elementos coletados e existiam falhas nos protocolos iniciais, que comprometiam parte das informações disponíveis até o momento. A dinâmica do crime indicava que a vereadora era o alvo dos assassinos e, partindo desse pressuposto, direcionamos para ela o foco investigativo.

"Cria da Maré", como se diz na gíria carioca, Marielle Francisco da Silva nasceu em 1979 e cresceu no Complexo da Maré, um conjunto de 16 favelas localizado na zona norte e que ocupa uma área espremida entre a Avenida Brasil e a via expressa Presidente João Goulart, conhecida como Linha Vermelha. Mesmo sem urbanização e equipamentos públicos suficientes, desde 1994 é reconhecido como bairro e tem cerca de 140 mil habitantes. Suas favelas são dominadas por facções que controlam o tráfico de drogas e acirraram as disputas sangrentas pelo domínio territorial.

Educada no seio de uma família católica fervorosa, Marielle aprendeu os valores cristãos e foi catequista na Paróquia de Nossa Senhora dos Navegantes. Ao mesmo tempo, a jovem frequentava os bailes *funk*, chegando a vencer concursos de "Garota Furacão 2000", título cobiçado pelas funkeiras da cidade nos anos 1990. A diversidade formou a sua forte personalidade.

A experiência com o trabalho começou cedo, ajudando os pais nas vendas ambulantes. Cursou o ensino fundamental no Colégio Luso Carioca, com bolsa de estudo e trabalhando como estagiária na própria instituição particular. O ensino médio, no período noturno, foi no Colégio Estadual Professor Clóvis Monteiro, em Manguinhos. Em 1998, ingressou na primeira turma do curso pré-vestibular comunitário do Centro de Estudos e Ações Solidárias da Maré (CEASM), organização não governamental fundada por militantes do Partido dos Trabalhadores (PT) e responsável por ações de enfrentamento às desigualdades socioeconômicas e culturais na comunidade. O ambiente pedagógico era influenciado pelos ideais marxistas, inspirado na Teologia da Libertação, corrente teológica cristã que defende a opção pelos pobres e a luta pela transformação social.

Marielle estava cursando o pré-vestibular quando engravidou do namorado e precisou abandonar os estudos. A filha, Luyara Santos, nasceu em dezembro do mesmo ano. Mãe solteira, foi trabalhar como educadora social numa creche da Maré. Pouco depois, casou-se, de "véu e grinalda", com o pai de sua filha e voltou para o curso. Nessa época, viu uma amiga morrer vítima de bala perdida em um tiroteio entre policiais e traficantes e, segundo testemunhas, a tragédia pessoal teria sido decisiva para a sua militância na defesa dos direitos humanos.

Em 2002, ingressou no curso de Ciências Sociais da Pontifícia Universidade Católica do Rio de Janeiro e estudou com bolsa de estudo integral, garantida por uma parceria entre a faculdade e o CEASM. Tornou-se mais uma representante do "bonde dos intelectuais da favela", o grupo egresso do pré-vestibular comunitário que alcançou a formação acadêmica. Como socióloga, concluiu o mestrado em Administração Pública na Universidade Federal Fluminense em 2014, produzindo uma dissertação com duras críticas ao modelo de Unidade de Polícia Pacificadora (UPP).

As UPPs foram criadas na gestão do ex-governador Sérgio Cabral. A primeira unidade começou a funcionar no Morro Dona Marta, em Botafogo, zona sul, em 2008. A dinâmica do projeto era a Polícia Militar ocupar a favela, "expulsar" os traficantes de drogas, instalar a base operacional no seu interior e oferecer o policiamento comunitário 24 horas por dia. Para Marielle, o programa não alterou a forma da polícia agir na comunidade. Ela acusava a polícia de abusos, homicídios e desaparecimentos de moradores. O caso mais emblemático foi o do pedreiro Amarildo Dias, que desapareceu em 2013, depois de ter sido preso por policiais da UPP da Rocinha.

Separada do marido e vivendo com a filha na casa dos pais, Marielle se envolveu em ações sociais na Maré. Trabalhou no próprio CEASM e na Brazil Foundation, entidade internacional que mobiliza recursos para projetos sociais. Em 2003, participou do "Posso me identificar?", movimento de apoio às mães de quatro jovens assassinados por policiais do 6º BPM, no Morro do Borel, zona norte. O nome era referência ao fato de um dos jovens ter morrido com os documentos nas mãos, implorando para poder se identificar aos policiais.

Em 2006, esteve na Campanha Internacional contra o Caveirão, criticando e denunciando a postura violenta e repressiva de parte da Polícia Militar, simbolizada pelo veículo blindado utilizado nas inserções do Batalhão de Operações Especiais (Bope) nas favelas. O movimento envolveu entidades, como a Justiça Global, a Anistia Internacional e a Rede de Comunidades e Movimentos Contra a Violência.

Politicamente, começou a sua trajetória colaborando com a campanha a deputado estadual de Marcelo Freixo, professor de História que tinha sido assessor do então deputado estadual Chico Alencar e militava na defesa dos direitos humanos. Freixo se encantou por Marielle, enxergou nela um potencial político e se tornaram grandes amigos. Quando foi eleito deputado, convidou-a para trabalhar como assessora no seu gabinete na Assembleia Legislativa do Rio de Janeiro (Alerj) e a designou para ser coordenadora da Comissão de Defesa dos Direitos Humanos e Cidadania. Nessa função, ela ganhou projeção política e visibilidade na cidade.

Em 2016, adotou o nome Marielle Franco ao disputar uma vaga na Câmara Municipal do Rio de Janeiro, apresentando-se com suas múltiplas identidades: mulher, negra, mãe, favelada, ativista pelos direitos humanos e bissexual. Foi eleita pelo Partido Socialismo e Liberdade (Psol) com 46.502 votos, sendo a quinta vereadora mais votada. Dois anos depois, pretendia disputar uma vaga no Senado Federal, enquanto o partido insistia para que fosse candidata a vice-governadora. Era uma liderança política em ascensão, até ser brutalmente assassinada.

Na noite do crime, a roda de conversa "Jovens Negras Movendo as Estruturas" foi o último compromisso na sua agenda. A atividade, organizada pelo seu mandato com o objetivo de incentivar o empreendedorismo de mulheres negras, realizou-se num sobrado pequeno e de estilo colonial localizado na Rua dos Inválidos, número 122, bairro da Lapa, região central, onde funciona o espaço cultural Casa das Pretas, projeto desenvolvido pela organização não governamental Coisa de Mulher.

Preocupada com o horário, Marielle advertiu os presentes: "Os nossos corpos, nosso transitar, nossa mobilidade sempre fica ameaçada. Então hoje, nos nossos eventos, nossas atividades, a gente nunca passa das nove horas".

Ao final, primeiro em português e depois em inglês, leu uma frase da escritora norte-americana Audre Lorde, negra, feminista, lésbica e ativista na luta pelos direitos humanos: "Não sou livre enquanto outra mulher for prisioneira, mesmo que as correntes dela sejam diferentes das minhas". Bastante aplaudida, despediu-se do público dizendo: "Vamos juntas ocupar tudo!".

Deixou o local às 21h04, embarcada no veículo Chevrolet Agile de cor branca, dirigido por Anderson Pedro Matias Gomes, de 39 anos. Diferentemente do habitual, preferiu se sentar no banco traseiro, junto com a assessora Fernanda Chaves. "Hoje eu vou de madame", teria brincado com o motorista. Ela pretendia conversar e escolher junto com a assessora as fotos do evento para postarem nas redes sociais. Estavam tranquilas e distraídas quando, no entroncamento da Rua Joaquim Palhares com a Rua João Paulo I, no bairro do Estácio, um veículo Cobalt prata se aproximou abruptamente pelo lado direito e os dois carros ficaram emparelhados em movimento.

De dentro do Cobalt, os tiros foram disparados a poucos centímetros de distância. A iluminação precária da via pública e a película escura nos vidros não impediram o atirador de acertar o seu alvo com precisão. Das 14 perfurações de entrada dos projéteis no Agile, 12 atingiram a porta do passageiro e, destas, 11 foram concentradas à altura do vidro, exatamente na direção da cabeça da vereadora. O criminoso sabia a posição exata de cada um dentro do veículo, demonstrando ter monitorado as vítimas antes de terem embarcado. O relógio digital instalado na esquina marcava 21h14.

Após as execuções, o carro com os assassinos realizou uma manobra brusca à direita, cantou os pneus, esbarrou o lado esquerdo da lataria num poste de metal fixado no canteiro e fugiu em disparada pela Rua Joaquim Palhares, no sentido do Centro de Convenções SulAmérica. Um crime planejado, ocorrido em um ponto cego da cidade, onde as câmeras de monitoramento da prefeitura estavam inoperantes – nenhuma delas registrou imagens dos assassinatos.

No inquérito, o registro de ocorrência descrevia que às 21h15 o soldado Leonardo Lima e o cabo Edson Neves, do 4º BPM, em São Cristóvão, patrulhavam as imediações da Rua Haddock Lobo quando foram acionados para a ocorrência pelo Maré Zero, o centro de controle operacional. Por estarem próximos, chegaram em poucos minutos e observaram o Agile branco cercado de curiosos; alguns registravam a cena com os celulares e a compartilhavam nas redes sociais. A primeira atitude foi mandá-los dispersar. Ao lado do veículo, em estado de choque e bastante ferida por estilhaços, encontraram a assessora Fernanda.

A DH foi acionada, e o delegado Phelipe Cyrne Mattos Silva chegou ao local às 21h40 acompanhado pelo Grupo Especial de Local de Crime. A área foi isolada e os peritos iniciaram a coleta de vestígios. O legista confirmou os ferimentos produzidos por projéteis de arma de fogo e avaliou que não era arma de alta energia, descartando o uso de fuzil.

Após examinados, os cadáveres foram removidos pelo Corpo de Bombeiros para o Instituto Médico Legal Afrânio Peixoto (IML). O veículo atingido foi guinchado até o pátio da DH. Todo o material recolhido na cena foi encaminhado para perícia.

Procurei pelo relatório que chamamos de Recognição Visuográfica de Local de Crime, documento construído com método científico de investigação criminal. Nele encontrei registros sobre diversos aspectos da ocorrência, como local, hora, condições climáticas, fotografias dos cadáveres, descrições de características comportamentais das vítimas e croquis da provável dinâmica do crime. No momento do duplo homicídio, o tempo era bom, fazia calor, a iluminação artificial dos postes de luz era ruim, o local estava preservado e o fluxo de pessoas era grande.

Passei a analisar as fotografias. A cabeça de Marielle estava tombada e encharcada de sangue. Quatro tiros de calibre 9 mm causaram perfurações da direita para a esquerda, ligeiramente de trás para a frente. Um projétil entrou na região acima da orelha e saiu pelo supercílio esquerdo; outro entrou abaixo da orelha e saiu pelo globo ocular direito; um terceiro cruzou do supercílio direito para o esquerdo; e o quarto entrou pela bochecha e se alojou no crânio.

Sentada no lado direito do banco traseiro, a posição do corpo da vítima indicava uma morte instantânea e sem nenhuma reação de defesa. Com o banco do passageiro puxado para a frente, garantindo mais espaço, sua perna direita estava cruzada sobre a esquerda, o antebraço direito apoiado sobre a coxa e o cotovelo esquerdo escorado numa bolsa, no meio do banco. O cinto de segurança de três pontos segurava o corpo, por cima do braço direito. Vestia blusa de alça azul-marinho, calça estampada com tema floral em tons de azul e amarelo e sandálias de couro na cor terra. Entre os seus pertences, na bolsa, havia um celular, agenda, caderno de anotações com o planejamento político, carteira com dinheiro, caixa com óculos, cartões de banco, documentos e a carteira funcional de vereadora.

O corpo de Anderson também estava preso pelo cinto de segurança no banco do motorista. A cabeça tombada para trás, apoiada entre o encosto e a coluna da porta, com a boca e os olhos abertos. As mãos caídas sobre as coxas, com as palmas viradas para cima, demonstravam que tinham se soltado subitamente do volante, indicando uma morte imediata. Três tiros o feriram da direita para a esquerda, de trás para a frente, concentrando-se nas costas, próximo ao ombro direito. Vestia calça jeans clara, camiseta com gola polo cinza e tênis azul. Com ele estavam dois celulares, documentos pessoais e dinheiro.

Os exames de necropsia realizados pelo IML estavam incompletos. O aparelho de Raio X estava quebrado e não fizeram radiografias das partes atingidas das vítimas. Em perícia de indivíduo baleado, o exame radioscópico é um recurso importante, que permite encontrar o projétil quando está alojado ou descrever com exatidão o seu trajeto dentro do corpo. Também havia imprecisões nos registros, a exemplo do erro sobre a altura de Marielle – constava 1,70 metro, quando na verdade era 1,76 metro. Parece insignificante, mas essa diferença é suficiente para prejudicar a perícia quando se projeta a altura provável do atirador a partir do ângulo dos disparos.

O inquérito arrolava apenas duas testemunhas do crime e nenhuma tinha visto a dinâmica dos fatos. Uma delas era a assessora Fernanda, sobrevivente que estava dentro do carro atingido e, portanto, não tinha visão dos acontecimentos externos. No seu termo de declaração – documento com o resumo técnico do depoimento – constava apenas que ela estava conversando com a vereadora quando foram surpreendidas pela rajada e, na sua percepção, os tiros eram abafados, vindos da "parte de trás do veículo, em sentido diagonal".

Um ponto chamava a atenção. Fernanda relatou que, cerca de dez dias antes, Lana de Holanda, outra assessora da vítima, fora abordada por um homem desconhecido ao sair do ônibus, que perguntou se ela trabalhava para Marielle. Ao responder que sim, teria ouvido em tom ameaçador que era para avisar a vereadora de que "estava falando demais". Determinei que Lana fosse intimada para depor ainda naquele dia.

A segunda testemunha no inquérito era um educador social que trabalhava na Unidade Municipal de Reinserção Social Dom Helder Câmara, um abrigo para menores que fica em frente ao local onde o veículo das vítimas parou após os disparos. Vou manter sua identidade preservada. Em seu depoimento, relatou que estava abrindo o portão da instituição para uma funcionária sair quando ouviu os estampidos; olhou para fora e viu o Agile se deslocando lentamente, até arrastar as rodas no meio-fio da calçada e parar, do outro lado da rua. Observou a assessora Fernanda saindo do carro, agachada e com o lado direito do corpo ensanguentado. Em sua percepção, os criminosos tinham usado "algum tipo de silenciador", pois o barulho dos disparos parecia ser abafado.

A falta de testemunhas oculares foi outra falha nos procedimentos investigativos iniciais. Infelizmente é algo que acontece com frequência, pois não existe a cultura da preservação adequada da cena do crime. Como falta um protocolo comum, na prática, os policiais militares chegam primeiro e geralmente dão a ordem para as pessoas dispersarem. Foi isso o que aconteceu. Não fizeram a identificação de testemunhas, prejudicando bastante o trabalho de investigação pela Polícia Civil.

No local foram encontrados nove estojos. Para entender o que isso significa, precisamos esclarecer alguns conceitos relativos às armas de fogo. Cada unidade de munição é chamada de cartucho, um artefato com quatro componentes básicos: projétil, estojo, propelente e espoleta. O projétil é a parte que se desprende no momento do disparo e avança até o alvo, comumente chamado de "bala". O estojo é o compartimento que envolve o projétil junto com o propelente (a pólvora). Na parte de trás do cartucho fica a espoleta, uma pequena cápsula responsável por produzir a chama inicial que faz o propelente queimar e provocar o desprendimento do projétil. Em revólveres, após o disparo, o estojo permanece dentro do tambor, enquanto nas pistolas e submetralhadoras ele é ejetado. Por isso, os estojos espalhados no chão indicavam que a arma utilizada era uma pistola ou submetralhadora.

A munição usada era de calibre 9 mm, do tipo Luger, um modelo criado pelo engenheiro austríaco Georg Luger em 1901, que no Brasil é de uso restrito das forças de segurança. Um cartucho foi fabricado pela Indústria Militar da Colômbia (Indumil) e oito pela Companhia Brasileira de Cartuchos (CBC), pertencentes ao lote "UZZ18", comprado pela Polícia Federal em 29 de dezembro de 2006, com duas notas fiscais. A munição tinha sido distribuída para as superintendências regionais do país, inclusive para a do Rio de Janeiro, que teria recebido cerca de 200 mil cartuchos.

Era uma constatação grave. Marielle e Anderson tinham sido assassinados com munição comprada pelo Estado, levantando a suspeita de participação de agentes públicos. A primeira providência foi encaminhar ofício à Polícia Federal solicitando informações sobre a compra, a distribuição e o controle daquele lote de cartuchos. A segunda foram diligências para apurarmos uma possível relação entre o crime e as denúncias que a vereadora vinha fazendo sobre ações violentas da polícia, especialmente de integrantes do 41º BPM, de Irajá, tachado por ela como "esquadrão da morte".

Quatro dias antes de morrer, usando o Facebook, ela compartilhou, às 15h53, uma publicação do Coletivo Fala Akari e escreveu: "Sábado de terror em Acari! O 41º Batalhão é conhecido como Batalhão da Morte. É assim que sempre operou a polícia militar do Rio de Janeiro e agora opera ainda mais forte com a intervenção. Chega de esculachar a população. Chega de matar nossos jovens".

No mesmo dia, às 18h27, postou nova mensagem: "Precisamos gritar para que todos saibam o que está acontecendo em Acari nesse momento. O 41º Batalhão da Polícia Militar do Rio de Janeiro está aterrorizando e violentando moradores de Acari. Nessa semana dois jovens foram mortos e jogados em um valão. Hoje a polícia andou pelas ruas ameaçando os moradores. Acontece desde sempre e com a intervenção ficou ainda pior. Compartilhem essa imagem nas suas linhas do tempo e na capa do perfil".

A imagem a que se referia era de uma rua da favela de Acari com os seguintes dizeres: "Somos todos Acari. Parem de nos matar!" e terminava com a *hashtag* "vidas nas favelas importam". As mortes citadas por ela eram de dois jovens, na manhã de segunda-feira, dia 5 de março, e os corpos estavam jogados numa área de mata rala, próximo à favela.

Dois dias antes de morrer, Marielle fez uma denúncia responsabilizando a polícia por um homicídio na favela do Jacarezinho, zona norte: "Quantos mais vão precisar morrer para que essa guerra acabe?", perguntava ao final da mensagem, referindo-se ao jovem de 23 anos que naquela noite não parou numa blitz da Polícia Militar. O que se comentava era que os policiais teriam atirado de longe e atingido o rapaz com dois tiros e que usuários de crack que estavam próximos tentaram socorrê-lo usando um carrinho de mão, desses que se usam em construções civis.

Basicamente, quando assumi a investigação, eram essas as informações do inquérito policial. Poucas páginas e quase nenhuma pista relevante para puxar o fio. Diante de um crime tão complexo, o que tínhamos era quase nada.

A partir daí, determinei as diligências. A primeira tarefa era conseguirmos mais imagens do deslocamento do Cobalt suspeito para conhecermos o trajeto feito pelos autores, antes e depois do crime. Reconstituir o percurso nos permitiria obter dados importantes, principalmente se eles tivessem *dado mole*. Poderiam ter parado em algum posto de combustível, abastecido com cartão, pego outra pessoa no caminho ou feito alguma comunicação com outro veículo, enfim, poderiam ter deixado algum rastro.

Obviamente, a primeira tentativa foi conseguirmos as imagens do jeito mais fácil e rápido. A melhor opção era aproveitarmos as gravações das câmeras de monitoramento controladas pelo Centro de Operações da Prefeitura. Foi o que fizemos, mas a tentativa não foi bem-sucedida.

Para se ter uma ideia, no trajeto de cerca de três quilômetros entre a Casa das Pretas e o local do crime, apenas seis das onze câmeras instaladas estavam funcionando regularmente. As demais estavam inoperantes, inclusive a que ficava na estação Estácio do metrô, a mais próxima do local e que poderia ter registrado as execuções. Esse fato provocou muitos questionamentos. Foi algo planejado? Agentes públicos estavam envolvidos? Como os autores poderiam saber que o carro das vítimas passaria exatamente naquele lugar? Havia o envolvimento de pessoas próximas à vereadora? Nenhuma hipótese estava descartada.

A alternativa era aproveitarmos os dados dos radares inteligentes que utilizavam o sistema de OCR, aquele que identifica as placas dos veículos. Eles serviriam para definirmos com precisão o deslocamento realizado pelo veículo suspeito e, a partir daí, coletarmos as imagens de câmeras de vigilância instaladas ao longo do trajeto já conhecido. Quando observei o mapa da cidade com os pontos indicando onde os radares estavam instalados, fiquei animado, pois eram muitos e espalhados por toda a cidade. Estávamos confiantes de que bastaria aplicarmos a técnica de rastreamento, jogando os dados da placa do veículo no sistema, para descobrirmos o itinerário feito pelos criminosos.

Isso também não deu certo, pois a maior parte dos radares com OCR estava inoperante. Muitos dispositivos haviam sido instalados para funcionarem durante os jogos da Copa do Mundo e das Olimpíadas, e, seguindo a tradição do sucateamento das grandes soluções para resolver situações emergenciais, depois que os eventos mundiais terminaram, os contratos de concessão não foram renovados e os registros de controle de tráfego não eram mais repassados aos órgãos públicos. Como diz o Marquinho, "acabou o milho, acabou a pipoca".

Sem poder contar com informações fornecidas pelo Poder Público, tivemos de fazer do jeito mais difícil e demorado. A partir dos poucos referenciais de que dispúnhamos naquele momento, dividimos o suposto trajeto e distribuímos as equipes para fazerem uma varredura em cada uma das áreas em busca de imagens de câmeras de segurança particulares, instaladas em comércios, empresas e residências. Foi um esforço enorme.

A primeira equipe procurou na área entre o radar no Itanhangá e a Rua dos Inválidos, percorrendo o caminho pelo Alto da Boa Vista. A segunda vasculhou entre a Rua dos Inválidos e o local do crime. A terceira, do local do crime para a frente, considerando a provável rota de fuga. E uma quarta equipe cobriu a região do radar no Itanhangá para trás, no sentido Barra da Tijuca, com o propósito de descobrir de onde o Cobalt tinha partido.

Também coloquei uma quinta equipe para cobrir o trecho entre a Câmara Municipal e a Rua dos Inválidos, pois não podíamos descartar a possibilidade de os executores terem seguido o carro das vítimas desde a saída do prédio em direção ao evento ou que outro veículo estivesse envolvido.

Estamos falando de um trajeto com mais de vinte quilômetros de extensão, isso considerando a hipótese do caminho mais curto, pois os criminosos poderiam ter usado rotas alternativas. Essa imprecisão aumentou muito as dimensões das áreas nas quais deveríamos procurar as gravações.

E lá foram os meus policiais bater de porta em porta em busca de imagens do carro suspeito. A cada câmera que encontravam, pediam para assistir às imagens no DVR, o aparelho que faz as gravações dos vídeos, considerando o horário provável em que o veículo poderia ter passado pelo local. Quando encontravam uma imagem, eles a salvavam em *pen drive*. Na delegacia, esses dados alimentavam o banco de imagens, e os registros dos endereços eram digitados no mapa projetado no telão. Calibrando os horários das câmeras, fomos delineando o provável trajeto feito pelos criminosos.

Era como montar um quebra-cabeça sem ter as peças. Precisávamos encontrar cada uma delas para depois encaixá-las. Esse trabalho começou na sexta-feira e se estendeu por vários dias. Para dificultar ainda mais, a imprensa seguiu os policiais e divulgou na televisão a ação nas ruas. Imagine como foi, do segundo dia em diante, convencermos os proprietários das câmeras a colaborar, nos deixando assistir aos vídeos. Nós não conhecíamos o trajeto, mas os criminosos sabiam por onde tinham passado, e era um risco que os donos das câmeras não queriam correr.

A segunda tarefa imediata era analisarmos, detalhadamente, as poucas imagens que tinham sido arrecadadas e já constavam dos autos. A principal delas tinha sido capturada por uma câmera de vigilância instalada na Rua dos Inválidos. Por ela, observamos que às 18h58, após ter dado duas voltas no quarteirão, o Cobalt prata parou em frente à portaria de um prédio de apartamentos, bem próximo à Casa das Pretas.

Às 19 horas, o Agile com as vítimas chegou e o motorista parou o veículo em frente à Casa das Pretas, mas na outra calçada. Marielle e duas pessoas desembarcaram, atravessaram a rua e entraram no sobrado. Anderson engatou marcha à ré e, na contramão, manobrou o carro para o lado esquerdo, quase raspando no carro suspeito. Não bateu por muito pouco. E seguiu até o veículo desaparecer do campo de visão da câmera.

Às 19h09, surgiu uma vaga próxima à Casa das Pretas e os suspeitos manobraram o veículo e estacionaram nela. Às 19h32, outra vaga foi liberada e Anderson estacionou o Agile bem na frente do Cobalt dos supostos assassinos. Em seguida, o motorista desembarcou, fechou a porta, passou ao lado do carro dos suspeitos e seguiu caminhando até desaparecer da imagem.

Por cerca de duas horas, os suspeitos permaneceram dentro do Cobalt desligado e com os vidros fechados, mesmo com a alta temperatura do verão carioca. Considerando o tempo do deslocamento, de espera pela vítima na Rua dos Inválidos e da perseguição, acreditávamos que eles mantivessem recipientes dentro do carro para urinar, o que seria outro indicativo de preparação para o crime.

Às 21h03, Marielle saiu da Casa das Pretas. Após se despedir das pessoas que a acompanharam até a porta, deixou o local às 21h04 e, imediatamente, os suspeitos saíram atrás, com as luzes do Cobalt apagadas, dando início à perseguição, de forma lenta e calculada.

As imagens do início da perseguição acabaram sendo divulgadas pela Rede Globo e foram exaustivamente reproduzidas pela mídia em geral. Houve a suspeita de a gravação ter sido vazada pela polícia, mas depois averiguamos que os jornalistas da emissora obtiveram os registros diretamente com os responsáveis pela câmera.

Agora, veja como é a vida. Primeiro, Anderson quase bateu no carro dos suspeitos. Uma batida naquele momento poderia mudar tudo. Depois, enquanto Marielle embarcava no Agile, uma de suas assessoras andou pela rua procurando o Uber que chamara. Ela se confundiu, aproximou-se do Cobalt pelo lado direito, esticou a mão e tocou na maçaneta da porta traseira. Ao perceber o engano, desistiu de abrir e seguiu adiante, até o sedã prata que a esperava. Foi um instante. Se ela abrisse a porta ou insistisse em falar com o motorista do Cobalt, pedindo que a destravasse, os fatos talvez tomassem outro rumo.

A análise das imagens levantou duas hipóteses. Uma delas era de que o plano seria mesmo executar a vereadora depois que ela deixasse a Casa das Pretas, pois ninguém que estivesse passando pelo Itanhangá às 17h34 sonharia em chegar à Rua dos Inválidos antes das 18 horas, horário previsto para começar a roda de conversa. Essa informação sobre o evento tinha sido divulgada nas redes sociais da vereadora. A outra hipótese era de que os autores sabiam que ela se atrasaria, como de fato aconteceu. Alguém próximo a ela estaria monitorando os seus passos e passando as informações aos criminosos. Isso explicaria o fato de eles agirem sem pressa, seguindo em velocidade baixa, respeitando as regras de trânsito, parando nos sinais, enfim, demonstrando frieza e um controle absoluto do tempo.

Analisamos as características do Cobalt. Ele tinha as maçanetas na cor preta, incomuns para o modelo LS 1.4, ano 2012, geralmente da mesma cor do carro; no teto, apenas a base, sem a antena; no vidro traseiro, um adesivo branco bem pequeno; uma mancha escura no para-choque traseiro, do lado direito; calotas de plástico nas rodas; películas muito escuras nos vidros, provavelmente do tipo "G5"; e, na lanterna traseira esquerda, a luz de freio estava queimada.

A escolha do veículo não parecia aleatória, pois o Cobalt tem uma peculiaridade. Diferentemente da maioria dos carros com quatro portas, a sua janela traseira não tem haste de suporte separando o vidro, permitindo que seja baixado por inteiro. Isso, na prática, ofereceria mais espaço para o atirador se posicionar com a arma no momento dos disparos.

Em relação à movimentação dos suspeitos dentro do carro, duas constatações foram importantes. Pela trajetória dos disparos, o atirador estava sentado no banco traseiro, e a primeira descoberta foi identificarmos o seu braço. Há um momento em que ele, sentado no lado esquerdo, estica o braço direito e o apoia no encosto do banco. Essa imagem era importante porque, com o desenvolvimento da investigação, nós poderíamos fazer comparações com as características físicas do braço de um eventual suspeito.

A segunda foi um deslocamento no próprio banco traseiro. Quando Marielle chegou ao local, o suspeito mudou rapidamente do lado direito para o esquerdo, fazendo a suspensão do carro abaixar de forma abrupta, levando-nos a considerar que o indivíduo fosse alguém corpulento, alto e pesado. Isso era importante porque nós poderíamos fazer uma reprodução simulada utilizando uma pessoa com altura e peso aproximados.

Como eu precisava ir para a Baixada Fluminense resolver algumas pendências na DHBF, as diligências daquela sexta-feira foram conduzidas pelo delegado assistente Luiz Otávio Franco.

Uma delas foi ouvir Lana. Transexual e ativista dos direitos humanos, ela compunha a "Equipe de Gênero" do mandato de Marielle, o grupo responsável pelas demandas e projetos no campo LGBTQIA+. Precisávamos esclarecer o episódio da ameaça na saída do ônibus, mas ela não tinha encontrado novamente o indivíduo que a abordou e nem conseguia descrevê-lo com precisão. Aquele fato não servia como pista.

Voltei para a DH no início da noite e estava agendada uma reunião às 19 horas com Carlos Girelli, papiloscopista da Polícia Federal do Espírito Santo que desenvolveu uma técnica inovadora para identificação de impressões digitais em munição. Por serem artefatos pequenos e cilíndricos, o perito inventou um equipamento que fotografa a peça "quadro a quadro" enquanto ela gira em um eixo e, depois, utiliza um programa de computador que funde as imagens, formando uma fotografia plana com as marcas de impressões digitais.

Eu tinha lido uma reportagem sobre ele, e minha esperança era conseguir identificar algo nos estojos coletados no local do crime. Sabia que era difícil, mas precisávamos tentar. O chefe de polícia, Rivaldo Barbosa, conseguiu o apoio do comando da Polícia Federal e me colocou em contato com o delegado federal Carlos Henrique Oliveira de Sousa, na época o número 2 na Superintendência Regional do Rio de Janeiro. As tratativas começaram pela manhã, e ele conseguiu viabilizar a viagem de Girelli ao Rio de Janeiro ainda na sexta-feira, chegando num voo no final da tarde.

Durante a reunião, pedi que trouxessem o material coletado e, de repente, colocaram em cima da mesa um saco plástico transparente com os estojos batendo um no outro. Pior: em cada um deles estava escrito "UZZ18" bem grande, com caneta hidrográfica de cor verde. A cena foi constrangedora. Quando vi a expressão de Girelli, senti vontade de me esconder embaixo da mesa. Ele balançou a cabeça, decepcionado. Abriu uma caixa de madeira cheia de pinos fixados no fundo, enfileirados uniformemente, e com uma pinça foi tirando os estojos do saco e encaixando-os nos pinos.

O perito levou o material para análise, mas percebi que dificilmente as impressões digitais estariam preservadas. A coleta e o manuseio inadequados também foram falhas nos procedimentos investigativos iniciais.

No meio da reunião, fiquei sabendo que o *RJ2*, um telejornal da Rede Globo, acabara de exibir uma longa reportagem baseada no vazamento de dados sigilosos. A emissora teve acesso ao termo de declaração da assessora Fernanda Chaves e divulgou o documento, inclusive destacando alguns trechos do seu depoimento.

Fiquei furioso. Foi uma exposição irresponsável, que colocou a testemunha em perigo e causou prejuízos para a investigação. A busca da matéria inédita e apressada acabou sendo inconsequente. Na hora, liguei para Rivaldo, e ele também estava indignado. Concordamos que era necessário colocar a investigação sob sigilo absoluto, o que exigia que tomássemos algumas medidas práticas.

A primeira era compartimentar as informações. A partir dali, seriam poucas as pessoas com acesso ao conteúdo do inquérito. Além de mim e alguns dos meus policiais mais próximos, saberiam na íntegra somente o chefe de polícia e o secretário de Segurança Pública, general Richard Nunes.

A segunda era produzirmos o inquérito fora do sistema da polícia. Eu explico. Nós temos uma plataforma eletrônica que armazena os dados produzidos durante uma investigação em um servidor seguro, no qual os documentos gerados permanecem digitalizados. Ocorre que esses dados ficam abertos dentro da rede interna da Polícia, o que permite que sejam acessados por outros policiais ou por outras delegacias. Em casos especiais, acionamos uma chave de segurança que limita o acesso a esses dados. Eu queria ainda mais segurança. Pretendia confeccionar todas as peças fora do próprio sistema eletrônico da Polícia e manter o inquérito apenas impresso, guardado num armário com chave e dentro da minha sala.

A terceira medida era colocarmos alguém para fazer a blindagem da investigação. O caso era de repercussão internacional, a imprensa e diversas instituições estavam em cima para obter informações, e precisávamos de um interlocutor capaz de atender às demandas sem colocar o sigilo em risco. A proposta era colocarmos o delegado Fábio Cardoso, diretor da Divisão de Homicídios, para cumprir essa tarefa.

Rivaldo conversou imediatamente com o general Richard sobre a necessidade dessas providências e me retornou dizendo que estavam todas autorizadas. Garantido o sigilo, tratei de consertar o estrago.

O delegado Vinícius George tem bom trânsito com Marcelo Freixo e o pessoal do partido, pois trabalhou por anos como assessor de segurança do deputado na Alerj. Quando assumi o caso, ele entrou em contato se colocando à disposição para ajudar no que fosse preciso. Liguei para Vinícius, pedi desculpas pelo ocorrido e solicitei a sua ajuda para poder ouvir Fernanda novamente.

Ele explicou que ela estava bastante assustada, pois o vazamento do seu depoimento tinha gerado desconfiança e deixado todo mundo apavorado, atrapalhando também a colaboração de outras testemunhas. Comprometeu-se a conversar com ela, mas adiantou que seria difícil, porque Fernanda estava com viagem marcada. Encerrei a ligação e fiquei aguardando o retorno. Cerca de uma hora depois ele me ligou:

– A Fernanda vai te receber amanhã. Só não pode demorar, porque o voo sai no início da tarde.

– Tranquilo. Em qual horário?

– Às 9 horas, na casa dela.

– Combinado.

No sábado, dia 17 de março, o inspetor de polícia Carlos Paúra, Marquinho e eu estacionamos o Renault Duster preto e branco da Polícia Civil em frente à casa de Fernanda, um prédio de apartamentos de três pavimentos, com pares de janelas amplas em cada andar, dispostas de forma simétrica. No centro, uma porta principal, e acima dela uma estrutura parecida com um cilindro vertical com pequenas janelas e um telhado emoldurado. Na frente, um muro baixo com gradil e um portão. No recuo, entre o prédio e a calçada, dois pequenos jardins. Eram 8h10, estávamos adiantados e ficamos aguardando dentro da viatura.

Convidados a entrar, quem nos recebeu foi um advogado de Fernanda. O apartamento era amplo, arejado e tomado por livros. Muitos livros! E quadros espalhados pelas paredes. Era um local confortável, mas não luxuoso. Fomos encaminhados para um cômodo grande que parecia ser um escritório e encontramos o marido dela nos esperando com um farto café da manhã.

Em uma investigação de homicídio é imprescindível construirmos o perfil psicossocial da vítima. Sabermos onde vive, com quem se relaciona, seus hábitos, suas ideias e determinados aspectos do seu trabalho são importantes para pensarmos nas possíveis motivações para um crime. Esse levantamento é fundamental na hora de definirmos as linhas de investigação.

Sabíamos que Fernanda e Marielle eram amigas, moravam no mesmo bairro e se conheciam desde 2006, quando participaram da campanha eleitoral de Freixo para deputado estadual. Trabalharam juntas no mandato dele e, de colegas de trabalho, se tornaram amigas e comadres. Todos esses aspectos eram relevantes, por isso havia muito interesse no seu novo depoimento.

A testemunha chegou com o semblante de uma mulher cansada, visivelmente abalada pela violência sofrida. O vazamento do seu depoimento na noite anterior trouxera mais medo, fazendo-a se sentir ameaçada. E não era para menos. Em um crime quase sem evidências, o seu testemunho era uma peça fundamental, praticamente um arquivo vivo.

Na sala, ajustamos o *notebook* e a pequena impressora para transcrever e imprimir o seu novo termo. Enquanto isso, percebi Fernanda com o olhar perdido, reflexo de uma pessoa destruída por dentro. Sentado de frente para ela, perguntei se poderíamos começar, e ela fez sinal que sim. Antes de mais nada, pedi desculpas pelo ocorrido e disse que havíamos tomado as providências para que isso não voltasse a acontecer. Expliquei que as suas declarações permaneceriam em absoluto sigilo dali para a frente, buscando reconquistar a sua confiança e desconstruir a visível barreira que existia entre nós, pois ela estava na defensiva e com atitude de autopreservação.

Foi um depoimento emocionado. Começou contando a sua relação com a vereadora, e ficou nítido o seu carinho por ela, fruto de uma amizade de muitos anos, que também envolvia o trabalho político inspirado em ideais que as duas compartilhavam. As causas defendidas por Fernanda eram as mesmas defendidas por Marielle. Em vários momentos ela não conseguiu conter as lágrimas, o que não a impediu de fazer um relato muito firme e preciso sobre o que vivenciou. Em meio a um turbilhão de sentimentos, as informações esclareceram pontos importantes, principalmente em relação ao trajeto percorrido desde a Rua dos Inválidos até o local das execuções.

Ela também contribuiu descrevendo a estrutura e as ações do mandato de Marielle, passando os números de telefones de assessores e pessoas que tinham participado do evento na Casa das Pretas. Isso era útil porque, além de pedirmos a quebra de sigilo dos aparelhos, nós os chamaríamos para depor. Todos eram suspeitos.

O mais difícil foi falar do momento dos disparos. Ela repetiu o que havia dito no primeiro depoimento, porém com mais detalhes. Estavam distraídas, olhando nos celulares e escolhendo fotos do evento para publicarem nas redes sociais. Falavam dos afazeres cotidianos, Fernanda preocupada com a febre da filha e Marielle em dúvida quanto a parar na padaria e comprar algo para comer em casa. E conversavam sobre política. Baixaram a voz para comentar sobre o dia seguinte, quando, na reunião convocada pelo Psol, Marielle desistiria de concorrer ao Senado Federal e aceitaria a indicação do partido para ser candidata a vice-governadora. Fernanda disse que a amiga tinha se desgastado muito com esse impasse e, finalmente, estava serena e confiante em relação ao papel que assumiria nas eleições daquele ano.

Não perceberam nenhuma movimentação suspeita. A certa altura do caminho, Fernanda olhou tranquila para fora do carro – numa atitude comum de se localizar para saber se estavam longe de casa – e percebeu que passavam pela região do Estácio. Voltou a olhar para o celular e, de repente, percebeu uma reação de espanto da vereadora, algo como "eita!", e em seguida ouviu a rajada e o barulho dos vidros explodindo. A onda de estilhaços avançou por cima dela. Ouviu o motorista Anderson reagir com um "ai!" e viu as mãos dele se soltarem do volante. O corpo de Marielle tombou em cima dela, sangrando bastante.

O Agile continuou em movimento. Ela se esforçou para a frente, esticando o braço entre os bancos, e conseguiu puxar o freio de mão. Tentou tocar o volante. O carro parou e as portas destravaram. Ela bateu na perna da amiga, chamando "Mari, Mari", mas não houve reação. Abriu a porta e saiu do carro, rastejando, pensando que estivessem atravessando um tiroteio.

Seu corpo estava ensanguentado e ardendo muito por causa dos ferimentos provocados pelos estilhaços. Observou algumas pessoas se aproximando e pediu que chamassem uma ambulância. Ao dizer que havia uma vereadora dentro do carro, ficou incomodada com os curiosos que começaram a gravar e fotografar as vítimas com os celulares. Em choque, ligou para o marido. Em seguida, telefonou para outro assessor do gabinete.

Todos na sala estavam emocionados. Fernanda parou de falar por um instante e respirou fundo, como se procurasse forças para continuar seu relato. Ela acreditava que os dois ainda estivessem vivos. Contou que chegaram os policiais militares, olharam a cena e um deles transmitiu a ocorrência para uma central, comunicando que eram "dois mortos e uma sobrevivente". Foi aí que ela se deu conta de que Marielle e Anderson estavam mortos.

Assim que terminamos a oitiva, Fernanda foi se aprontar e pegar as malas para seguir dali para o aeroporto. À porta, um carro blindado já estava esperando para levá-la. O delegado Vinícius perguntou se poderíamos fazer a escolta e nós concordamos. Saímos da casa dela por volta das 11 horas, armados com pistolas e dois fuzis M16 calibre 5,56 mm, e seguimos o carro até o Aeroporto Santos Dumont com a sirene e o giroscópio da viatura ligados.

Não questionei sobre o destino da viagem. Só depois de meses, quando ela retornou para participar da reprodução simulada dos fatos, é que fomos informados do que havia acontecido. Aconselhada a deixar o país, ela tinha recebido duas propostas. A primeira, da ex-presidente da República, Dilma Rousseff, que foi até sua casa oferecer ajuda com seus contatos no exterior. A segunda, da Anistia Internacional, por meio de um de seus programas de proteção na Europa. Ela optou por esta última. Naquele dia, Fernanda viajou para Brasília e, de lá, embarcou dias depois para Madri, na Espanha.

Tudo isso sem o auxílio do Programa de Proteção a Vítimas e Testemunhas Ameaçadas do Estado do Rio de Janeiro. Isso é revoltante. Foi mais uma vítima sobrevivente que precisou sair do país porque no Brasil não existe um programa eficiente, estruturado e que efetivamente preserve a vida das testemunhas.

Deixamos o aeroporto e seguimos direto para a DH. No caminho, fui pensando nos acontecimentos daquela manhã, começando pela recepção cuidadosa, com café da manhã, demonstrando que, apesar da insegurança, havia acolhida e confiança no trabalho da polícia. A lembrança mais marcante foi do momento em que ela se despediu de mim no aeroporto, com um abraço forte e demorado. Fernanda agradeceu toda a atenção que tínhamos dispensado a ela e chorou bastante. Em seguida, levantou a cabeça, olhou firmemente nos meus olhos e disse:

– Por favor, vocês precisam prender quem matou a minha amiga e descobrir o motivo desse crime horrível.

Respirei fundo e respondi:

– Você pode ter certeza de que faremos tudo para isso.

CAPÍTULO 3

LINHAS DE INVESTIGAÇÃO

Passei a tarde daquele sábado trabalhando na delegacia. À noite, em casa, abri uma garrafa de vinho e pretendia relaxar quando me avisaram que o *Jornal Nacional*, da Rede Globo, tinha exibido uma matéria afirmando que um segundo veículo havia participado do crime. O repórter Pedro Figueiredo anunciara que eram imagens obtidas com exclusividade de uma câmera instalada na Avenida Salvador de Sá, no Centro, advertindo que a emissora não revelaria como as tinha conseguido, por questões de segurança.

Utilizando também imagens do sistema administrado pela Companhia de Engenharia de Tráfego, mostraram em ângulos diferentes parte da perseguição e afirmaram que o Agile branco com as vítimas tinha sido perseguido por dois carros: um Cobalt prata e um Renault Logan, também de cor prata. Os registros de outras câmeras – localizadas no Largo do Estácio e na Rua dos Inválidos – reforçavam essa percepção.

Era outro vazamento. Em um dos nossos relatórios internos, chamado Informação sobre Investigação, os policiais tinham indicado a possibilidade de participação de um segundo veículo. Porém, era precipitado afirmarmos isso, porque as imagens analisadas ainda eram insuficientes para uma conclusão. Acontece que mesmo sem comprovação, aquela hipótese virou uma "verdade" para a imprensa e para as demais polícias do Brasil.

Imediatamente após a reportagem, o Disque-Denúncia do Rio de Janeiro recebeu uma ligação informando o paradeiro de um Logan prata com placa do Rio de Janeiro. O denunciante disse que o veículo estava abandonado havia dois dias no município de Ubá, em Minas Gerais, distante 300 quilômetros da capital fluminense.

Esses serviços que recebem denúncias são iniciativas não governamentais e sem fins lucrativos, financiados por doações de empresas e parcerias com as Secretarias de Segurança Pública dos estados. Estranhamente, o serviço recomendou que o denunciante ligasse para o Disque-Denúncia de Minas Gerais. A pessoa entrou em contato com o serviço mineiro às 20h55 do sábado e detalhou as informações. A Polícia Civil de Minas Gerais saiu à procura do carro e apreendeu o Logan em uma rua sem saída, no bairro Distrito Industrial. Pouco depois, conseguiu identificar o proprietário, um morador que tinha passagem pela polícia por tráfico de drogas.

No domingo, dia 18 de março, mandei uma equipe até o município de Ubá. O delegado Luiz Otávio Franco chefiou a diligência e me ligou informando que, ao chegarem ao local, encontraram repórteres do jornal *O Globo* noticiando que um carro suspeito de ter sido usado nos assassinatos havia sido apreendido.

Nós ouvimos o proprietário do Logan. Ele afirmou ter comprado o carro havia cerca de quatro semanas de um motorista de aplicativo no Rio de Janeiro e, por ainda não ter completado o pagamento, não havia feito a transferência. Contou que na noite do crime estava em sua casa e, diferentemente da denúncia, que falava em dois dias de abandono, o suspeito relatou que no sábado fora visitar o filho e tinha deixado o carro na frente da casa dele para ir de carona com amigos a um churrasco. E disse que, ao retornar ao local, ficara sabendo que a polícia tinha apreendido o veículo.

Apesar da história ser estranha e de ele ter passagem pela polícia, não identificamos algo que pudesse relacioná-lo com o crime. Após a apuração, descartamos qualquer envolvimento. Era mais uma pista falsa.

O domingo ainda reservava mais problemas. O programa *Fantástico*, na Rede Globo, exibiu uma longa reportagem sobre o caso com observações do delegado Fernando Veloso, que era comentarista de segurança da emissora. Mostraram as imagens do Cobalt prata estacionado na Rua dos Inválidos e destacaram a existência de uma luz que aparecia no vidro da porta do motorista. "Se trata de telefone. Um aparelho celular. E a oscilação da imagem pode indicar que o operador, ali, ele está mandando mensagem, ele está usando esse aparelho", disse Veloso.

Acontece que aquela luz não era de celular. Nós já tínhamos analisado as imagens, e os peritos descartaram essa possibilidade baseados em duas constatações. A primeira era de que a luz aparecia durante a manobra do motorista ao estacionar, ou seja, ele não iria esterçar o volante e mandar mensagens ao mesmo tempo. A segunda era de que atrás do veículo havia um bar com um refletor aceso, e o reflexo dessa luz era cortado quando alguém passava próximo ao carro, que dava a impressão de ser um celular sendo utilizado. Era apenas uma ilusão de ótica.

Com o caso sob sigilo, evitamos expor os resultados da perícia para rebater as informações falsas, e, por um tempo, a especulação sobre o suposto celular nas mãos do motorista ficou repercutindo, sem o menor sentido.

A reportagem seguiu sugerindo que havia duas ou três pessoas dentro do Cobalt e na sequência mostrou um detalhe importante. Destacou o momento em que o ocupante sentado no lado esquerdo do banco traseiro esticou o braço direito em cima do encosto do banco. Foi um gesto rápido, mas permitiu observar o braço forte do provável atirador. Era a mesma imagem que nós, na delegacia, tínhamos analisado. "Esse braço aqui, muito provavelmente, é o braço da mão que apertou o gatilho e fez os disparos contra a vereadora", comentou o delegado.

Depois de mostrarem com animação digital a aproximação dos carros e os disparos, informaram que no local foram coletados estojos e que a perícia tinha revelado se tratar de munição desviada da Polícia Federal. Veloso completou: "São pessoas que sabem manusear bem o armamento. Escolheram bem o armamento que deveriam empregar.

Pode haver a participação de pessoas ligadas à polícia ou ligadas, de alguma forma, às Forças Armadas".

As declarações foram altamente inflamáveis. A produção do programa percebeu, e a apresentadora Poliana Abritta fez um esclarecimento: "Há pouco, o comentarista de segurança da TV Globo, Fernando Veloso, disse que os assassinos da vereadora Marielle sabiam como operar a arma e tinham treinamento para isso. Mas ele enfatizou, como tem repetido sempre, que não se pode afirmar que os assassinos eram pessoas ligadas à polícia ou, de alguma forma, às Forças Armadas".

Já era tarde. Foi como tentar apagar um incêndio usando gasolina.

Na segunda-feira, dia 19 de março, ouvimos o depoimento de Agatha Reis, viúva de Anderson. Estava abatida e muito emocionada. Casados havia quatro anos, tinham um filho de um ano e dez meses e com necessidades especiais. Moravam numa casa no bairro Engenho da Rainha, zona norte. Aos 27 anos, servidora pública em uma escola estadual no bairro de Inhaúma, expressava dor e revolta.

– A corrupção matou meu marido, doutor.

– Por que diz isso?

– Porque se ele não tivesse saído do Comperj, não estaria trabalhando de motorista – disse ela, explicando que Anderson se tornara motorista de Uber após perder o trabalho no Complexo Petroquímico do Rio de Janeiro depois dos escândalos de corrupção apurados pela Operação Lava Jato. Isso porque a empresa congelou os contratos, demitiu em massa os funcionários e dispensou os prestadores de serviços.

Apuramos que Anderson tinha se aproximado do Psol nas eleições de 2016, quando trabalhou como motorista da advogada Luciana Boiteux, ex-candidata a vice-prefeita na chapa de Marcelo Freixo. Sabíamos que ele não era o motorista oficial da vereadora e precisávamos entender o motivo pelo qual estava dirigindo para ela naquele dia.

– Como o seu marido foi trabalhar para Marielle?

– Começou cobrindo as folgas do Alex, o motorista do gabinete. Ia pelo menos uma vez por semana. Depois do Carnaval, ficou praticamente todos os dias dirigindo para ela.

– E o que provocou essa mudança?

– O Alex se acidentou e teve que se afastar.

O motorista Alex Silva sofreu um acidente grave de motocicleta, fraturou a clavícula e pediu licença do serviço. Sem ter vínculo com a Câmara Municipal, Anderson passou a dirigir como *freelancer*, e, segundo a testemunha, o serviço não era intermediado pelo aplicativo Uber, e sim "ajustado e pago pelo Psol".

O fato de Alex ter se afastado poucas semanas antes de a vereadora ser assassinada era algo bastante suspeito, e ele foi intimado a depor. No depoimento, demonstrou que mantinha boa relação com a vereadora e com o grupo do Psol. Também levou atestados médicos e comprovantes da internação no hospital, justificando a necessidade do afastamento da função após o acidente. A investigação descartou totalmente a possibilidade de envolvimento dele com as mortes.

Na sequência, Agatha contou que o marido vinha reclamando bastante de prestar serviço para Marielle e que, mais de uma vez, confidenciou que ficava constrangido com determinadas conversas que ouvia dentro do carro. A depoente não sabia quais eram os assuntos, mas disse que Anderson estava insatisfeito e pretendia deixar a função quanto antes. Até por isso, no dia do crime, saíra de casa às 8 horas para ir ao Aeroporto Internacional do Galeão entregar um currículo para a companhia aérea TAP, que estava oferecendo vaga para mecânico de aeronave. Ele tinha feito o curso técnico com o objetivo de seguir carreira na área, assim como seu pai, que trabalhou na extinta Varig.

Na parte da tarde, o casal trocou mensagens pelo WhatsApp e estava esperançoso com os exames sobre o desenvolvimento do filho. O médico ainda não tinha avaliado os resultados, mas, pelo que Agatha havia encontrado sobre o assunto na internet, o atraso no desenvolvimento poderia estar relacionado à defasagem de um determinado hormônio, e algumas injeções para reposição poderiam melhorar as condições de saúde da criança.

No local das execuções foram apreendidos dois celulares pertencentes a Anderson. A análise do conteúdo dos dois aparelhos confirmou as informações da viúva. Além disso, encontramos manifestações do motorista indicando que ele não percebera nenhuma movimentação suspeita enquanto estava trabalhando. Às 20h29, enviou o seguinte áudio para a esposa: "Oi amor. Como é que tá aí? Eu tô aqui numa palestra na Rua dos Inválidos. A Marielle tá dando uma palestra aqui. Eu tô muito cansado. A gente vai sair daqui umas nove horas da noite. Tá acabando já lá em cima. E aí eu vou levar ela pra casa e depois ir pra casa. Tomara que amanhã ela me peça pra apanhar tarde, né".

Ao final do depoimento, Agatha relatou que poucas semanas antes o marido instalara um aparelho rastreador no carro. Em uma investigação, é fundamental observar determinados padrões de comportamento e, principalmente, identificar quando eles são quebrados. Instalar um rastreador no carro pouco antes de um crime era uma quebra de padrão.

Imediatamente, oficiamos a empresa responsável pelo serviço de rastreamento solicitando um relatório completo da movimentação do veículo durante todo o período em que estivera ativo. Nosso objetivo era apurar todos os seus deslocamentos.

Apesar de ter sido morto, a dinâmica do crime demonstrava que Anderson não era o alvo, portanto poderia estar envolvido e sua morte ter sido um erro de execução. A hipótese foi descartada nos dias seguintes, pois a investigação não levantou nenhum indício de participação dele na ação criminosa. Lamentavelmente, tinha sido mais uma vítima inocente.

Na terça-feira, dia 20 de março, ouvimos Mônica Benício, viúva de Marielle. Ela também é "cria da Maré", participou de ações sociais nas favelas, cursou o pré-vestibular comunitário do CEASM e estudou Arquitetura na Pontifícia Universidade Católica do Rio de Janeiro com bolsa de estudos. Na época do crime, tinha 32 anos. Mesmo arrasada, conseguiu produzir um depoimento rico em detalhes, que mostrava a intimidade, o comportamento e a visão de mundo da vítima. Pudemos conhecer melhor a história de vida de Marielle, inclusive obter informações sobre os seus relacionamentos amorosos, assunto de interesse em casos de homicídio.

Confirmamos com ela que o primeiro casamento de Marielle fora com Glauco dos Santos, o Caco, pai de sua filha e presidente da Associação de Moradores do Morro do Timbau. Ficaram casados por dois anos. A história desmentiu uma postagem que tinha se espalhado pelas redes sociais com a foto de um casal jovem e a legenda: "Vereadora Marielle e Marcinho VP. Aí a santa Marielle e seu marido na época, o traficante Marcinho VP. É essa vadia que alguns alienados dementes dizem que morreu porque seria presidente do Brasil. Não, sem noção, essa piriguete (sic) morreu porque tinha envolvimento com bandidos".

Agências que checam a veracidade de notícias também esclareceram que Marielle não mantivera relacionamento amoroso com "Marcinho VP", fosse com Márcio Amaro de Oliveira, do Morro Dona Marta, fosse com Márcio dos Santos Nepomuceno, do Complexo do Alemão, apontado como um dos líderes do Comando Vermelho, os dois com o mesmo apelido.

Não foi um fato isolado. Naqueles primeiros dias após o crime, Marielle sofreu uma "tentativa de assassinato" de sua reputação, atingida por uma onda de difamações pelas redes sociais que tentavam associá-la com traficantes de drogas e práticas criminosas. Os ataques revelaram um pouco de tudo o que envolve não só a política no Brasil, mas, sobretudo, aspectos culturais da sociedade brasileira, desde a intolerância com ideias até as expressões de ódio injustificado, fruto do puro preconceito de classe, gênero e raça. Para se ter uma ideia, a família da vítima precisou ingressar com uma ação judicial para conseguir que o YouTube, plataforma de vídeos que pertence ao Google, retirasse 16 vídeos considerados ofensivos à memória da vereadora.

Em outro episódio emblemático, o juiz de Direito aposentado Paulo Nader postou no Facebook que a comoção nacional e internacional decorria do que estava por trás do crime: "De um lado uma lutadora dos direitos humanos e líder de uma população sofrida e, de outro, a bandidagem que por ela se sentia ameaçada". Nos comentários à postagem, a desembargadora Marília Castro Neves, do Tribunal de Justiça do Rio de Janeiro (TJ-RJ), escreveu: "A questão é que a tal Marielle não era apenas uma 'lutadora'; ela estava engajada com bandidos! Foi eleita pelo Comando Vermelho e descumpriu 'compromissos' assumidos com seus apoiadores". E finalizou insinuando que havia "mimimi da esquerda tentando agregar valor a um cadáver tão comum quanto qualquer outro".

A manifestação da desembargadora foi usada como base de uma "notícia" intitulada "Desembargadora quebra narrativa do Psol e diz que Marielle se envolvia com bandidos e é 'cadáver comum'", produzida pelo site *Ceticismo Político*. No mesmo dia, o Movimento Brasil Livre (MBL), grupo que ganhou notoriedade durante o processo de *impeachment* da ex-presidente Dilma Rousseff, compartilhou a matéria na sua página no Facebook e fez o conteúdo viralizar na internet. Antes de ser retirada, a postagem tinha mais de 30 mil compartilhamentos e mais de 40 mil curtidas.

Também houve o episódio protagonizado por Alberto Fraga, coronel da polícia e deputado federal pelo Distrito Federal. No Twitter, ele escreveu: "Conheçam o novo mito da esquerda, Marielle Franco. Engravidou aos 16 anos, ex-esposa do Marcinho VP, usuária de maconha, defensora de facção rival e eleita pelo Comando Vermelho, exonerou recentemente 6 funcionários, mas quem matou foi a PM".

Nós analisamos o Diário Oficial da Câmara Municipal e vimos que foram publicadas algumas exonerações no dia do crime, porém verificamos que duas dessas pessoas tinham passado em concursos públicos e uma delas queria se dedicar a outro trabalho. As outras exonerações eram remanejamentos entre os próprios assessores, ou seja, ajustes consensuais no gabinete da vereadora.

O fato de Marielle ter origem e atuação política no Complexo da Maré, área dominada por facções do tráfico de drogas, principalmente pelo Comando Vermelho, embasava as narrativas difamatórias. Além de não ser comprovada, essa visão parecia distorcida do ponto de vista eleitoral. Um levantamento do jornal *Folha de S. Paulo*, em 2018, demonstrou que dos 46.502 votos que ela obteve em 2016, apenas 1.688 votos foram em seções eleitorais da Maré, concentrando sua votação em bairros nobres da cidade, sobretudo da zona sul.

Na atividade policial, convivemos com essas distorções o tempo todo. Para explicar ou justificar um fato, o senso comum procura "definir" pessoas e situações conforme seus interesses e perspectivas. Como escreveu Toni Morrison, escritora norte-americana e vencedora do Nobel de Literatura de 1993: "As definições pertencem aos definidores, não aos definidos".

Seguindo com o depoimento, Mônica contou a história entre as duas. Disse que tinha 18 anos e Marielle 24 quando se conheceram, numa viagem de Carnaval para a Praia de Jaconé, em Saquarema, com um grupo de jovens da Paróquia Nossa Senhora dos Navegantes, de Bonsucesso, onde a vítima era coordenadora da catequese. Tornaram-se amigas, e da amizade passaram para um relacionamento amoroso que durou alguns meses. Entre as dificuldades que as levaram à separação estavam a rejeição da família, a influência dos valores religiosos e os preconceitos da sociedade.

Separadas, ficaram por anos vivendo entre idas e vindas, até que Marielle se casou novamente, desta vez com Eduardo Alves, o Edu, cientista social e economista que trabalhava como diretor do Observatório das Favelas, organização da sociedade civil que desenvolve pesquisa, consultoria e projetos voltados ao enfrentamento das desigualdades sociais das favelas. O casamento durou sete anos.

Edu seria uma espécie de mentor intelectual de Marielle. E havia a informação de que, dois dias antes de ser morta, ela estivera com ele no apartamento que pertencia aos dois e onde o ex-marido morava.

Segundo Mônica, elas reataram o relacionamento em 2017 e foram viver juntas numa casa no bairro da Tijuca, junto com Luyara, filha de Marielle. Para 2018, planejavam uma festa para oficializar o casamento.

Sobre o dia do crime, contou que acordaram cedo e foram até uma academia de ginástica perto de casa. Na volta, Marielle passou na feira livre que acontece na Rua Visconde de Figueiredo para comprar frutas e legumes. Fazia isso todas as quartas-feiras, pois estava numa fase de cuidados com o corpo e preferia consumir alimentos frescos e saudáveis. Disse ainda que, em razão do compromisso de Anderson no aeroporto, a vereadora tinha ido trabalhar dirigindo o próprio veículo, um Volkswagen SpaceFox azul, ano 2012.

Disse que não era comum ir até a Câmara Municipal, mas naquele dia combinaram de se encontrar para definir algumas mudanças na decoração do gabinete. Mônica foi de metrô, após uma sessão de terapia. Disse que almoçaram juntas no próprio gabinete e que não percebeu nada diferente no comportamento da vereadora.

– E o que aconteceu depois? – perguntei.

– Depois eu me despedi. Marielle me acompanhou até a porta do elevador, porque uma reunião ia começar. Entrei no elevador, fiquei no fundo, ela jogou um beijo, disse que me amava e a porta do elevador fechou. Foi a última vez que a gente se viu.

A lembrança do último encontro a fez desabar emocionalmente. Mas era preciso prosseguir. Perguntamos sobre o que fez após deixar a Câmara Municipal, e ela confirmou o que já havíamos verificado pelas imagens das câmeras de vigilância instaladas nas imediações do prédio. Por volta de 14h30, entrou no SpaceFox e deixou o local, segundo ela, para um compromisso na faculdade.

Até a noite, as duas permaneceram trocando mensagens por aplicativo. Quando tivemos acesso ao conteúdo do celular da vítima, encontramos todas as conversas. Em uma delas, iniciada às 19h50, Marielle ainda estava participando do evento na Casa das Pretas quando – usando a linguagem comum desses meios digitais – escreveu:

– *Oi amor, to na atividade; e vc?*

– *To indo pra casa; To sem febre, mas mto mole.*

– *Jesus; Vou o mais rápido pra cuidar de vc.*

A última mensagem da vítima foi às 21h03:

– *To no carro; se quiser algo avisa.*

Já estávamos encerrando quando perguntamos a Mônica se Marielle usava senha de bloqueio no aparelho celular. A resposta nos pareceu estranha. Ela disse que geralmente não usava, porém a vereadora tinha colocado uma senha na segunda-feira, dia 12 de março, alegando que estava preocupada em deixar o celular "solto" em determinados lugares, temendo perder o aparelho ou que ele fosse clonado. Por que ela estava preocupada com isso dois dias antes de morrer? Era uma quebra de padrão.

Na manhã do dia 21 de março, quarta-feira, aconteceu a solenidade de troca oficial de comando na DH e a minha posse como delegado titular da unidade. À tarde, Rivaldo telefonou me convocando para uma reunião com o general Richard Nunes, secretário de Estado de Segurança Pública. Não entrou em detalhes, apenas comunicou:

– Amanhã, reunião com o general, na Urca. Esteja lá, sem falta!

Costumo dizer que os meus dois "braços" na DH sempre foram Marquinho e o inspetor de polícia Marcelo Galhardo, ambos muito organizados, perspicazes e com grande capacidade na gestão de pessoas. Por isso, assim que fui convocado para o compromisso com o general, chamei os dois à minha sala para discutirmos o conteúdo e definirmos a estratégia na abordagem. Depois, nos reunimos com o pessoal do Núcleo de Inteligência Policial para atualizarmos os dados. Um dos objetivos era expor as linhas de investigação admitidas até o momento. Debatemos cada uma delas para reavaliarmos e elaborarmos os tópicos nos *slides* para a apresentação.

"Latrocínio." O roubo seguido de morte era pouco provável, pois, pela dinâmica do crime, os autores não buscaram acesso aos bens da vítima. A aproximação brusca, os disparos sem descer do veículo e a fuga imediata indicavam que tinha sido uma execução. Contudo, o latrocínio não podia ser descartado, considerando que no Rio de Janeiro esse tipo de crime é muito comum.

"Crime passional." Essa é sempre uma hipótese relevante em homicídios, ainda mais com os índices alarmantes de assassinatos de mulheres no Brasil. Só em 2018, segundo dados do Atlas da Violência, uma mulher foi morta a cada duas horas no país, contabilizando 4.519 vítimas, incluindo os casos de feminicídio.

"Morte encomendada e sem relação política." Aqui considerávamos que o assassinato não tivesse relação com a atividade política da vítima. Poderia ser um acerto de contas por questões pessoais ou de negócios sem vínculos com o mandato. E, apesar de nada indicar o envolvimento da vítima com traficantes, não podíamos descartar que o crime tivesse ligação com a guerra entre facções do tráfico de drogas que atuam no Complexo da Maré.

"Retaliação por policiais." Essa linha era bastante explorada na imprensa, porque Marielle vinha fazendo denúncias nas redes sociais sobre ações criminosas por parte da polícia, especialmente em relação ao 41º BPM.

"Questões partidárias." O assassinato poderia envolver as disputas internas dentro do Psol. Era início de um ano eleitoral, existiam discussões intensas sobre candidaturas, o que envolvia muitos conflitos de interesses. A vítima pretendia se lançar ao Senado Federal, enquanto a cúpula do partido defendia o deputado Chico Alencar como seu candidato para esse cargo. Além disso, certamente existiriam discussões sobre apoios e mecanismos de financiamento das campanhas.

"Desavença com vereadores." Havia a informação de que Marielle era muito combativa na defesa de suas posições, tinha uma postura firme e sempre "peitava os caras". Também entrava a possibilidade de que alguma atitude dela tivesse ameaçado ou criado embaraços para os demais vereadores, principalmente no caso de denúncias de corrupção ou de outras práticas ilícitas.

"Crime de ódio." A morte poderia estar relacionada às temáticas envolvendo questões ideológicas ou programáticas, ou seja, relacionada ao posicionamento político de Marielle sobre determinados temas controversos. O ambiente político no país já estava conturbado, e crescia uma onda de intolerância e discriminação grave. Pelo olhar dos extremistas que ganhavam espaço no cenário político nacional, Marielle simbolizava tudo o que eles pretendiam "eliminar": mulher, negra, bissexual, favelada e ativista dos direitos humanos.

"Cadeia Velha." Era uma possibilidade aventada pelo deputado Freixo e que envolveria pessoas ligadas ao grupo político do Movimento Democrático Brasileiro (MDB), partido que tinha exercido hegemonia no governo estadual nos últimos anos. A história era a seguinte:

Como desdobramento da Operação Lava Jato no Rio de Janeiro, os procuradores do Núcleo Criminal de Combate à Corrupção do Ministério Público Federal investigaram um esquema de corrupção conhecido como "Caixinha da Fetranspor", referindo-se à Federação das Empresas de Transportes de Passageiros do Estado do Rio de Janeiro. Segundo apuraram, empresas do setor de transporte de ônibus coletivo distribuíam propinas a deputados da Alerj por meio da entidade patronal em troca de decisões que as beneficiavam, envolvendo tarifas, linhas de ônibus e isenções fiscais.

Em novembro de 2017, deflagraram a Operação Cadeia Velha. O nome era alusão ao fato de que, no período colonial, o prédio antigo da Alerj tinha sido usado como cadeia pública. Os alvos principais da operação foram os deputados estaduais Jorge Picciani, Paulo Melo e Edson Albertassi, todos filiados ao MDB e integrantes do grupo político que participou da sustentação do governo estadual no Rio de Janeiro por décadas, principalmente nas gestões do ex-governador Sérgio Cabral.

Tudo indica que os deputados ficaram sabendo da operação alguns dias antes e, por isso, tentaram uma manobra para evitar as prisões. O plano seria nomear o deputado Albertassi para a vaga de conselheiro do Tribunal de Contas do Estado do Rio de Janeiro, provocando o deslocamento de competência que obrigaria a força-tarefa a encaminhar o inquérito ao Superior Tribunal de Justiça (STJ), uma vez que os conselheiros têm prerrogativa de foro privilegiado.

Na prática, a nomeação de Albertassi tirava os pedidos de prisão das mãos do desembargador Abel Gomes, do Tribunal Regional Federal da 2ª Região, remetendo-os para algum ministro do STJ a ser definido após a distribuição do processo em Brasília.

Foi exatamente nesse ponto que a Operação Cadeia Velha cruzou com os parlamentares do Psol. O deputado Freixo era contra a nomeação de Albertassi e disse isso na tribuna. Logo após o seu pronunciamento, recebeu o telefonema da procuradora da República Fabiana Schneider, convidando-o para uma reunião. Os procuradores tinham pesquisado e encontrado um argumento jurídico capaz de barrar a nomeação do deputado, baseado no descumprimento da regra estabelecida no regimento dos conselheiros.

No Rio de Janeiro, o Tribunal de Contas é composto por sete conselheiros e existe um regulamento para as indicações. Quatro vagas são preenchidas por indicações da Alerj e as outras três, pelo Poder Executivo. Os procuradores entendiam que a vaga aberta pela aposentadoria forçada do ex-presidente Jonas Carvalho Filho, acusado de receber propina da Odebrecht e da Andrade Gutierrez, deveria ser ocupada por um auditor concursado, escolhido pelo governador. Portanto, não poderia ser um deputado indicado pela Alerj.

Com base nesse questionamento de suposta ilegalidade, o deputado Freixo e o deputado Eliomar Coelho, ambos do Psol, ingressaram com uma ação popular e criaram um imbróglio. Os parlamentares ficaram na dúvida se a nomeação era legítima ou não, e isso atrasou o processo.

Enquanto a ação era julgada, os deputados Picciani, Melo e Albertassi foram presos. A tese envolvendo o crime era de que o episódio teria provocado revolta do pessoal do MDB contra Freixo e o Psol, e, nesse sentido, a morte de Marielle poderia ser vingança de políticos e empresários afetados pela Operação Cadeia Velha.

"Milícias." Era a linha mais complexa. As milícias se tornaram um dos maiores problemas de segurança pública na cidade. Em 2020, o "Mapa dos Grupos Armados do Rio de Janeiro", estudo realizado pelo Núcleo de Estudos da Violência da Universidade de São Paulo junto com o Grupo de Estudos de Novos Ilegalismos da Universidade Federal Fluminense, estimou que elas haviam superado a supremacia do tráfico de drogas e já controlavam 57,5% do território da cidade onde vivem 2,1 milhões de pessoas, ou seja, 33,1% da população total. Em outras palavras, um a cada três habitantes do Rio de Janeiro vive em áreas dominadas por milicianos.

Apesar de existirem realidades diferentes, podemos dizer que as milícias são organizações paramilitares formadas por integrantes ou ex-integrantes da Segurança Pública – como policiais, bombeiros, guardas municipais, militares ou agentes penitenciários – que agem criminosamente exercendo o domínio de territórios, nos quais praticam extorsões e controlam de modo arbitrário as atividades econômicas.

Elas controlam praticamente tudo. Além da cobrança de "taxa de segurança" de moradores e comerciantes, fazem agiotagem, monopolizam o transporte coletivo realizado por vans, controlam os sinais de TV a cabo, conhecidos como "gatonet", venda de água e de gás e assim por diante. E, nos últimos anos, um dos negócios mais lucrativos está no setor imobiliário, no qual lucram com a grilagem de terras e a construção irregular de prédios de apartamentos que são alugados ou vendidos. Em abril de 2019, essas irregularidades imobiliárias vieram à tona quando dois prédios construídos por milicianos desabaram no bairro de Muzema, zona oeste, matando 24 pessoas e deixando muitos feridos.

Alguns especialistas defendem que a sua origem esteja na segurança privada oferecida por policiais aos comerciantes locais, o chamado "bico". Aos poucos, os agentes públicos teriam percebido que poderiam aumentar os lucros impondo o serviço em vez de apenas oferecê-lo.

Eu compartilho de outra tese. Concordo com José Cláudio Alves, professor de Sociologia da Universidade Federal Rural do Rio de Janeiro. Em seu livro *Dos barões ao extermínio: uma história da violência na Baixada Fluminense*, ele defende que as milícias têm origem nos grupos de extermínio que agiam na Baixada Fluminense durante o período do regime militar. Esses grupos, formados por policiais civis e militares, tornaram-se matadores de aluguel, que, em nome da "defesa comunitária", agiam fora da lei, executando quem eles julgavam criminosos e recebendo pelo "serviço" o pagamento dos comerciantes locais.

Conceitualmente, o sociólogo define que as atuais organizações criminosas chamadas de milícias representam, na verdade, a "fase miliciana" dos grupos de extermínio, agregando às mortes o controle violento dos segmentos econômicos nos territórios que dominam.

O pesquisador Bruno Paes Manso, do Núcleo de Estudos da Violência da Universidade de São Paulo, em seu livro *A república das milícias*, aprofunda a percepção sobre esses grupos paramilitares ao demonstrar a existência de uma espécie de "cultura miliciana", que admite a violência e o extermínio como defesa da ordem coletiva.

A primeira hipótese de participação de milícias nos assassinatos de Marielle e Anderson considerava que a vereadora, de alguma maneira, pudesse ter batido de frente com os interesses desses grupos paramilitares, quer dizer, interferido ou produzido obstáculos aos seus negócios ilícitos, principalmente envolvendo o setor imobiliário e as questões fundiárias na zona oeste.

A segunda hipótese era de vingança, por causa da Comissão Parlamentar de Inquérito (CPI) instaurada na Alerj em 2008 e que ficou conhecida como "CPI das Milícias". A relação era a seguinte. Quando surgiram, essas organizações praticavam a violência de forma ostensiva nas comunidades, porém procuravam permanecer discretas em relação ao grande público. As milícias agiam "abaixo do radar". E boa parte da sociedade carioca entendia que elas colocavam ordem onde o tráfico de drogas provocava a desordem e o terror, relativizando a ilegalidade de sua atuação. Era uma postura que refletia (e ainda reflete) o pensamento de uma parcela expressiva da população brasileira, fundamentado na legitimação da autoridade a partir da violência e na crença de que o extermínio seja um meio aceitável para restabelecer uma certa "estabilidade" na sociedade.

A percepção sobre a realidade das milícias só começou a mudar após um crime trazer à tona a brutalidade desse submundo. Por duas semanas, morando em um barraco na Favela do Batan, zona oeste, e disfarçados de moradores, uma repórter, um fotógrafo e um motorista do jornal *O Dia* preparavam uma reportagem sobre o cotidiano da comunidade dominada por milícias. No mês de maio de 2008, foram descobertos, levados a um barracão e torturados por milicianos por mais de sete horas.

O episódio não foi o primeiro nem o último, mas a repercussão foi enorme. A pressão sobre a classe política e o governo fez os deputados estaduais desenterrarem um pedido de instauração de CPI – que tinha sido apresentado por Freixo nos primeiros dias do seu mandato como deputado estadual – para investigar as práticas criminosas desses grupos paramilitares.

A CPI das Milícias durou cinco meses e propôs o indiciamento de 226 pessoas, inclusive de políticos no exercício do mandato, revelando uma relação estreita e promíscua entre política, polícia, milícia e Estado. No seu *Relatório Final*, apurou-se que entre os milicianos pertencentes às forças de Segurança Pública havia 3 militares, 3 agentes penitenciários, 11 bombeiros, 18 policiais civis e 156 policiais militares. E demonstrou a falácia do combate ao tráfico de drogas, pois, das 171 comunidades dominadas por milícias naquele momento, 119 não "pertenciam" aos traficantes antes da sua chegada.

O trabalho da comissão parlamentar provocou um abalo na estrutura desses grupos criminosos e projetou o deputado Freixo nacionalmente. Ao mesmo tempo, tornou-se o motivo para que ele passasse a viver ameaçado de morte, precisando até hoje de escolta policial. E é exatamente nesse ponto que a história se conecta com o caso. O crime poderia ser motivado por vingança por parte de milicianos e políticos indiciados pela CPI das Milícias para atingir Freixo e o Psol. Nessa hipótese, surgiu o nome do ex-vereador Cristiano Girão.

Sargento do Corpo de Bombeiros, Girão era candidato a vereador pelo Partido da Mobilização Nacional (PMN) quando foi ouvido pela CPI da Milícias. Questionado sobre o seu papel no bairro Gardênia Azul, zona oeste, negou que participasse de grupo paramilitar e disse: "O que eu faço lá é proteger a comunidade. Sou bombeiro, sou militar e não aceito que ninguém fume, cheire ou assalte na porta da minha casa e na comunidade. Quando vejo, prendo".

Documentos oficiais levantados pela comissão parlamentar citavam que em 2004, quando se candidatou pela primeira vez a vereador e ficou como suplente, um morador conhecido como Chico Palavrão foi assassinado porque se negou a colocar uma placa da candidatura de Girão no muro de sua residência. O caso foi arquivado. Em 2005, ele ocupou o cargo de assessor especial na gestão da ex-governadora Rosinha Matheus, esposa do ex-governador Anthony Garotinho.

Durante a CPI das Milícias, um dos depoimentos que chamaram a atenção foi o de Marco Moreira, o Marcão, que comandava a comunidade Novo Rio. Ele se referiu a Girão como "o todo-poderoso da Gardênia Azul, atuando como um verdadeiro xerife", e afirmou ter feito registros na 32ª DP contra o bombeiro por coação, alegando que este controlava "tudo" no bairro. Quatro meses depois de depor na comissão, Marcão foi assassinado. Estava descendo do seu carro na Rua Isabel Domingos, no interior da favela conhecida como Vila do Marcão, quando dois indivíduos, armados com pistolas calibre 9 mm, aproximaram-se numa moto e efetuaram oito disparos.

Em 2008 Girão foi eleito vereador, e a CPI das Milícias o apontou como chefe da milícia que dominava a Gardênia Azul, bairro que faz divisa com Cidade de Deus, Anil e Jacarepaguá, onde vivem cerca de 18 mil pessoas. A partir dessa acusação, passou a ser investigado por formação de quadrilha e lavagem de dinheiro e acabou sendo preso, em 2009, dentro da Câmara Municipal, por policiais da Delegacia de Repressão às Ações Criminosas Organizadas (Draco), na denominada Operação Perfume de Gardênia.

Permaneceu custodiado no Grupamento Especial Prisional do Corpo de Bombeiros, em São Cristóvão. Depois, cumpriu a maior parte da pena na Penitenciária Federal de Campo Grande, no Mato Grosso do Sul, e na Penitenciária Federal de Porto Velho, em Rondônia. Em 2016, obteve o alvará de soltura, passou para a condicional e foi residir em Natal, no Rio Grande do Norte. Em 2017, recebeu o indulto e se mudou para a cidade de São Paulo.

A suspeita sobre o ex-vereador ganhou força por dois motivos. Primeiro, porque fomos informados de que ele, por causa da prisão, havia jurado vingança a Freixo. Segundo, porque descobrimos que ele tinha aparecido na Câmara Municipal uma semana antes da morte de Marielle. Isso chamou a atenção, já que ele estava morando fora do Rio de Janeiro e havia anos não era visto no Palácio Pedro Ernesto, sede do Legislativo carioca.

Quando analisamos os arquivos dos computadores da portaria do prédio, constatamos que às 12h09 da quarta-feira, dia 7 de março, ele se registrara como visitante. Em seguida, esteve com o presidente da Casa, vereador Jorge Felippe, e visitou os gabinetes dos vereadores Jair Barbosa Tavares, o Zico Bacana, e João Francisco Inácio Brazão, o Chiquinho Brazão.

Essa descoberta vazou, e o site de notícias The Intercept Brasil publicou uma reportagem divulgando a foto de registro de Girão na portaria. Depois de contextualizar a ligação do ex-vereador com a CPI das Milícias, a matéria dizia: "Enquanto a Casa perdia uma guerreira contra os paramilitares, o miliciano ressurgia das cinzas e voltava a circular nos corredores e gabinetes".

Também pesava contra Girão a suspeita do seu envolvimento em outro homicídio ocorrido na mesma noite em que Marielle e Anderson foram mortos.

Ele foi casado com Samantha Miranda, a MC Samantha, com quem teve uma filha. Ela se casou depois com Marcelo Diotti da Mata, citado nos bastidores como rival do ex-marido nos negócios ilícitos em áreas de Jacarepaguá. Na noite de 14 de março de 2018, o casal jantou no restaurante Outback, na Barra da Tijuca, e, quando estava no estacionamento, foi surpreendido por dois indivíduos encapuzados e armados de fuzis que efetuaram mais de vinte disparos de dentro de um Fiat Doblò. Diotti morreu na hora, e Samantha se escondeu atrás do utilitário da marca Mercedes que pertencia ao casal, evitando ser atingida. Na delegacia, ela acusou Girão de ser o mandante do homicídio.

A reação do ex-vereador foi muito estranha. No dia seguinte, sem ser convocado, ele foi espontaneamente à DH para apresentar um álibi. Afirmou que no dia 14 de março permanecera por dez horas numa churrascaria na Barra da Tijuca, na companhia da esposa e de amigos. Disse que tinha chegado às 14 horas e deixara o estabelecimento à meia-noite em ponto.

Por todos esses fatos, o ex-vereador Girão "entrou no nosso radar".

CAPÍTULO 4

A GUERRA

A arquitetura de comando e transmissão de informações durante a intervenção federal no Rio de Janeiro era diferenciada e curta. O general Richard Nunes se reportava ao interventor, general Braga Netto, que tratava diretamente com o presidente Michel Temer. As decisões não passavam pelo governo do Estado. O planejamento e a execução das ações eram realizados apenas no âmbito do Gabinete de Intervenção Federal e, claro, com interferência da Presidência da República.

O presidente Temer ensaiava a campanha para a sua reeleição: havia trocado a proposta de Reforma da Previdência pela pauta de segurança pública e apostava na ação militar para melhorar a sua aprovação. Inclusive, tinha ido ao Rio de Janeiro para anunciar a liberação de R$ 1 bilhão para investimento durante a intervenção, procurando responder à desestabilidade provocada pelos assassinatos de Marielle e Anderson. O caso era importante para o governo federal e as informações repassadas ao general poderiam chegar a Brasília. Por isso, encarei aquela reunião como uma oportunidade de levar demandas que interessavam não apenas àquela investigação, mas também ao trabalho investigativo da polícia judiciária de maneira geral.

Eu conhecia o general Richard, mas não pessoalmente. Nosso contato tinha sido apenas por telefone, durante os meses em que estivera no comando da ocupação do Complexo da Maré. Batizada de Operação São Francisco, a ocupação foi regulada por uma Garantia da Lei e da Ordem e aconteceu após uma onda de violência provocada por traficantes de drogas. No período entre abril de 2014 e junho de 2015, os militares ocuparam 15 das 16 favelas do bairro, uma mobilização que custou R$ 559,6 milhões aos cofres públicos. O efetivo em torno de 2,5 mil militares – revezado a cada dois meses – chegou a ter períodos com mais de 3 mil soldados do Exército e da Marinha do Brasil em turnos diários. As tropas contavam com o apoio de blindados, viaturas, motocicletas e helicópteros.

A imprensa divulgou dados do Instituto de Segurança Pública apontando que durante a ocupação a violência foi reduzida em 30%, e o número de mortes por 100 mil habitantes caiu de 21,29 para 5,33. Na contramão desses números, uma pesquisa da organização não governamental Redes da Maré divulgou que 63,6% dos mil moradores entrevistados tiveram suas residências invadidas, 41,6% sofreram agressões verbais e 21,4% afirmaram ter sofrido agressões físicas. A operação teve sete comandantes que se revezaram ao longo de quase 15 meses.

General Richard esteve à frente das tropas entre dezembro de 2014 e fevereiro de 2015, período no qual mantivemos contato. Isso porque eu estava na DH e, quando acontecia um homicídio na Maré e precisávamos entrar para fazer o local do crime, tratava com ele o apoio dos militares para que garantissem as condições para o nosso trabalho. Ele é carioca e conhecia bem a realidade do Rio de Janeiro. Bacharel em Direito pela Universidade do Estado do Rio de Janeiro, tinha concluído o curso de Altos Estudos Estratégicos no Centro Superior de Estudos da Defesa Nacional, em Madri, na Espanha. Na época, era um general de três estrelas, ou seja, um general de Divisão, uma patente abaixo do general de Exército, atualmente o posto máximo, já que pelo novo regulamento só se chega a marechal se o país estiver em guerra.

Na tarde de quinta-feira, dia 22 de março, deixamos a DH em uma única viatura Duster. A reunião com o general estava marcada para as 18 horas. Para me auxiliar, além de Marcelo, foram Eduardo Mattos e Fábio Dutra, agentes do setor de Inteligência.

A Urca parece uma cidade dentro da cidade, um bairro tranquilo da zona sul, predominantemente residencial, com casas e prédios de gabarito baixo e clima de interior. Nele se encontram instalações militares renomadas, como o Instituto Militar de Engenharia (IME) e a Escola Superior de Guerra (ESG), esta localizada na Fortaleza de São João, praticamente no lugar onde em 1º de março de 1565 o português Estácio de Sá fundou a cidade de São Sebastião do Rio de Janeiro, em um trecho de praia entre o Pão de Açúcar e o Morro Cara de Cão.

Acreditava que a reunião seria realizada no IME ou na ESG, onde havia estrutura adequada para comportar um encontro que eu imaginava ser com toda a cúpula da Seseg. No entanto, no meio do caminho, Rivaldo informou que nos encontraríamos na própria residência do general, na Vila de Oficiais. Achei estranho, mas a ordem era essa. E o chefe mandou o pessoal da sua escolta para nos guiar até o local.

Depois de cruzarmos o bairro e passarmos próximo aos prédios imponentes das instituições militares, a paisagem foi mudando e avistamos um conjunto de casas pequenas, todas com a mesma aparência. Eram construções antigas, pintadas de branco e amarelo e muito bem conservadas. Em frente a uma delas, Rivaldo estava nos esperando. O chefe de polícia nos apressou e disse que não daria para entrar todo mundo, por isso apenas Fábio e eu o acompanhamos para dentro da residência.

Fomos recepcionados pelo ajudante de ordens – oficial militar que assessora o general –, que pediu que o aguardássemos. Observei que sentados nos sofás da recepção estavam a esposa do general e um casal de idosos, provavelmente os pais dele ou dela, os três bem-vestidos, demonstrando que estavam prontos para sair. O general Richard chegou vestindo um *blazer*, evidenciando que tinha um compromisso familiar naquela noite e que nós não poderíamos demorar.

Sou acelerado por natureza, e o aperto no horário me fez atropelar os cumprimentos – mal nos apresentamos e já fui perguntando onde havia um computador para exibir os *slides*. O general respondeu que não tinha e sugeriu tentarmos passar as imagens numa televisão. Seguimos para o interior da residência por um corredor estreito e entramos em um dos cômodos. Fixada na parede, ao lado da porta, ficava a televisão; embaixo dela havia uma pequena cômoda e, na frente, uma cama de casal. Era o quarto do general!

Constrangidos, sentamos os três na beirada da cama, de frente para a televisão, e Fábio colocou o *pen drive* no aparelho. Depois de algumas tentativas, vimos que não daria certo. O ajudante de ordens lembrou-se de um computador antigo que ficava em uma sala que servia de escritório. Fomos para esse local, um cômodo muito pequeno com uma escrivaninha, duas cadeiras e um computador, que visivelmente não era usado havia muito tempo. O general e eu nos sentamos nas cadeiras, e Rivaldo ficou em pé atrás de nós. Fábio conseguiu abrir o arquivo no computador e, finalmente, comecei a exposição.

– Como premissas do crime, admitimos a participação de pelo menos três indivíduos, o uso de pistola ou submetralhadora e um carro clonado. Eles vieram da Barra, passaram no Itanhangá, cruzaram o Alto da Boa Vista até a Tijuca e, de lá, seguiram para a Rua dos Inválidos. Após o evento na Casa das Pretas, eles a perseguiram e a mataram no Estácio. Sobre a rota de fuga, a última imagem do Cobalt é de uma câmera próxima ao Centro de Convenções SulAmérica – expliquei, em linhas gerais.

Na sequência, passei a relatar algumas das dificuldades que encontrávamos no curso da investigação. Comentei sobre as complicações provocadas pelos vazamentos de dados e como precisávamos agir para impedir que isso continuasse acontecendo. O general já tinha concordado com as primeiras medidas propostas para garantirmos o sigilo absoluto, e reforcei a necessidade de aprimorarmos o controle dentro dos próprios órgãos públicos.

Especificamente, tratamos dos efeitos prejudiciais da divulgação de que a munição pertencia ao lote UZZ18, comprado pela Polícia Federal. Tão ruim quanto o vazamento foi o modo atrapalhado pelo qual as autoridades federais reagiram. O ministro da Segurança Pública, Raul Jungmann, disse que a munição fora roubada na sede dos Correios, no estado da Paraíba. No dia seguinte, a informação foi negada pelos Correios. Dois dias depois, o Ministério da Segurança Pública corrigiu, em nota, afirmando que havia sido usada em um roubo na agência dos Correios, no município de Serra Branca, na Paraíba.

Informaram que existiam mais de cinquenta inquéritos sobre desvio de munição na Polícia Federal, inclusive apurando o envolvimento de um escrivão aposentado da Superintendência Regional do Rio de Janeiro. O escrivão, por sua vez, apareceu na imprensa negando o envolvimento e alegando que tinha se aposentado no mês de setembro, sendo que a compra do lote fora realizada em 29 de dezembro de 2006, três meses depois.

O fato é que a munição comprada por uma instituição do Estado tinha ido parar nas mãos de criminosos. É um problema que começa desde a produção e a distribuição. O lote UZZ18, por exemplo, continha cerca de 2,4 milhões de cartuchos com calibres variados e, destes, cerca de 1,8 milhão eram de calibre 9 mm. Essa situação descumpre a norma regulamentadora da fabricação de munições no país emitida pelo Comando Logístico do Exército em 2004, a qual estabelece o lote padrão com apenas 10 mil cartuchos.

É necessário melhorar o controle da munição produzida e distribuída no país, aprimorando os mecanismos de registro e compartilhamento de dados sobre armas de fogo. Atualmente, existem o Sistema de Gerenciamento Militar de Armas (Sigma), administrado pelo Exército, controlando todas as armas de unidades militares e dos Caçadores, Atiradores e Colecionadores (CAC); e o Sistema Nacional de Armas (Sinarm), gerenciado pela Polícia Federal, controlando as armas dos demais órgãos de segurança pública e aquelas de posse dos cidadãos em geral. Na prática, não existe integração eficaz entre os dois sistemas, e a alimentação dos dados é precária, principalmente quando fornecidos pelas secretarias estaduais de Segurança Pública em relação às armas apreendidas.

Todos os anos, milhares de armas de fogo são furtadas, roubadas ou extraviadas. A maioria das armas apreendidas são revólveres e pistolas com origem lícita, ou seja, são compradas legalmente pelo "cidadão de bem" – que acredita estar se defendendo –, e muitas vezes acabam caindo nas mãos dos criminosos em decorrência de furtos em residências e assaltos, por exemplo.

O Brasil também enfrenta dificuldades em combater o tráfico de armas. A maior parte delas entra no Brasil por via terrestre, e as rotas principais são pelas fronteiras com Argentina e Paraguai, enquanto as secundárias passam por Uruguai, Bolívia, Colômbia e Suriname. Existe também a modalidade conhecida como "remessa expressa", pela qual se compram as armas desmontadas nos Estados Unidos, e as peças avulsas entram no país, despistando a fiscalização, para depois as armas serem montadas e vendidas para organizações criminosas.

São práticas que alimentam o arsenal do crime. Estima-se que no Rio de Janeiro existam cerca de 56 mil criminosos em liberdade e portando armas de fogo de grosso calibre, constituindo um verdadeiro exército, maior que as forças de segurança da cidade. Para se ter uma ideia, a Polícia Militar tem um efetivo em torno de 44 mil soldados, contudo pouco mais de 25 mil são efetivamente empregados no trabalho ostensivo nas ruas. Na Polícia Civil, são cerca de 8 mil agentes na ativa.

E existe a necessidade de avançarmos no rastreio de qualquer arma ou munição, sobretudo quando isso for de interesse de uma investigação. Defendo a criação de um banco de dados com perfis balísticos, como existe nos Estados Unidos e em outros países. Quando uma arma efetua um disparo, o projétil percorre o cano e o atrito provoca algumas ranhuras, tecnicamente chamadas de raias, deixando impressões características, únicas e singulares, para cada arma de fogo. As pistolas e submetralhadoras ejetam o estojo na hora do disparo, e nesse processo mecânico, tanto pelo impacto na espoleta quanto pela culatra, a arma também deixa marcas próprias e específicas na superfície do estojo. Para criar um banco de dados com o perfil balístico é preciso efetuar disparos com as armas e registrar as marcas que elas deixam na munição, como se registrássemos as suas "impressões digitais".

Esse recurso pode ser decisivo para o aumento da elucidação de crimes violentos, somando-se ao controle efetivo capaz de monitorar o histórico, a localização e as condições de cada arma de fogo produzida e comercializada no país. Recentemente, o Brasil deu um passo nesse sentido com a aprovação do pacote anticrime apresentado pelo ex-ministro da Justiça Sergio Moro, no qual está prevista a criação do Banco Nacional de Perfis Balísticos, exatamente nesses moldes. É fundamental que a medida seja concretizada.

Na sequência da minha apresentação, passamos a tratar do desenvolvimento da investigação. O principal ponto era explicar as técnicas investigativas que estavam sendo aplicadas nos estojos coletados no local.

A primeira era a análise do perfil de percussão. Estávamos efetuando disparos com todas as pistolas e submetralhadoras de calibre 9 mm apreendidas no Rio de Janeiro para descobrir se alguma delas deixava as mesmas marcas características. No caso de submetralhadoras, como eram em menor quantidade, nosso objetivo era testar todas as armas do arsenal das polícias fluminenses e demais forças de segurança. Esse trabalho de confrontação balística era realizado pelos peritos do Instituto de Criminalística Carlos Éboli (ICCE), órgão da Polícia Civil.

A segunda era o rastreio do lote. Essa técnica havia sido fundamental na elucidação de muitos casos, inclusive do assassinato da juíza Patrícia Acioli, em 2011. Naquela investigação, os autores eram policiais militares, usaram a munição da própria corporação para cometer o crime e, quando a rastreamos, identificamos que pertencia a um lote utilizado pelo 7º BPM, de São Gonçalo, onde os suspeitos eram lotados. Não deu outra! Foi uma prova decisiva do envolvimento dos policiais daquele batalhão.

Na investigação sobre as mortes de Marielle e Anderson, analisamos os registros de todos os cartuchos de calibre 9 mm coletados em locais de crime ou em outras circunstâncias na área da capital, da Baixada Fluminense e de Niterói, procurando identificar se em algum local específico a munição do lote UZZ18 tinha sido utilizada. O mapeamento devia nos indicar uma determinada região ou grupo criminoso utilizando munição do mesmo lote.

Porém isso não funcionou. Encontramos pelo menos 18 ocorrências, na maioria homicídios, nas quais foram encontrados no local do crime alguns estojos do lote UZZ18. Eram crimes que envolviam principalmente traficantes e milicianos, distribuídos em várias localidades na capital e na região metropolitana do Rio de Janeiro. Apurou-se também que cartuchos do mesmo lote foram utilizados em crimes fora do estado, como na chacina de Osasco e Barueri, na Grande São Paulo, em 2015, quando 23 pessoas foram assassinadas.

A terceira técnica era a papiloscopia. O perito Carlos Girelli, da Polícia Federal, já tinha realizado a análise do material coletado e encontrado marcas de impressões digitais em apenas um dos estojos. Como não estavam intactas, não permitiam que se encontrassem suspeitos a partir do banco de dados da polícia. Apesar disso, o material recuperado poderia servir na confrontação com as impressões digitais de um eventual suspeito.

Passamos para o tópico seguinte. Expus ao general o problema da falta de imagens e outros registros da movimentação do Cobalt. Era fundamental conseguirmos mais dados de radares com OCR. O monitoramento do tráfego no Rio de Janeiro era falho; algumas vias importantes, como Linha Vermelha, Linha Amarela e Avenida das Américas, não tinham controle nenhum. E, como já disse, muitos equipamentos não estavam operando por falta de renovação de contrato com as concessionárias.

Entretanto, observávamos nas ruas os radares instalados e sem sinais de abandono, dando a impressão de que ainda funcionavam.

– Precisamos ir direto nas empresas – disse ao general.

– Mas os aparelhos estão funcionando?

– Acreditamos que sim. Nossa esperança é que os OCRs estejam funcionando, registrando os dados sem repassá-los para a prefeitura. Existe um custo alto em desmontar tudo, e as empresas certamente têm interesse em renovar os contratos.

A nossa percepção estava certa. Com a gestão do general junto às concessionárias, conseguimos recuperar os registros de muitos radares que foram fundamentais para o desenvolvimento da investigação.

Outra frente de trabalho era o rastreamento da clonagem do Cobalt. Todo carro clonado é produto de crime, normalmente furtado ou roubado, para o qual se produzem documentos usando dados do veículo original. É uma verdadeira indústria criminosa, cujo processo é complexo e geralmente deixa rastros, pois envolve órgãos públicos e empresas, bem como pessoas com acesso a dados restritos que exigem *login* e senha para fazer pesquisa. Nosso objetivo era levantar os nomes de proprietários no Departamento Estadual de Trânsito e conseguir o histórico de emplacamento, multas, enfim, uma série de diligências.

Na sequência, destaquei o tópico da quebra de sigilo de antenas de celular. O celular funciona como um rádio, que emite e recebe sinais intermediados por estruturas denominadas Estações Rádio Base (ERB). As operadoras de telefonia mantêm dezenas dessas estações espalhadas pela cidade, cada uma abrangendo um raio de cobertura, formando intersecções que permitem que, ao utilizarmos um aparelho celular, o seu sinal seja captado pela antena mais próxima e retransmitido para outras, até completar a comunicação.

Levantamos que no trajeto entre a Rua dos Inválidos e o local das execuções existiam pelo menos 26 antenas, de cinco operadoras diferentes. Precisávamos, agora, de uma decisão judicial afastando o sigilo de cada uma delas, possibilitando a identificação de todos os números de telefone que estavam na localidade e que utilizaram determinada ERB para se comunicar no período anterior e posterior ao crime.

A partir daí, faríamos o cruzamento dos dados dos milhares de telefones identificados para descobrir eventos suspeitos. Podia ser uma sequência de ligações repetidas de curta distância, um celular que aparentemente se "deslocasse" entre ERBs no trajeto percorrido pelos suspeitos, um número que estivesse usando uma antena da região pela primeira vez, enfim, nós procuraríamos qualquer indício que pudesse nos levar aos assassinos.

O próximo ponto foi sobre o perfil psicossocial da vítima, ou seja, reconhecer determinados aspectos psicológicos e sociais que a caracterizavam.

– A Marielle Franco era o alvo dos assassinos. O atirador mirou nela. Por isso, ela é o foco da investigação. Traçando o seu perfil psicossocial, esperamos descobrir algo sobre a motivação para o crime. Descobrindo o motivo, teremos mais chance de encontrar os autores e os mandantes – eu disse ao general.

Era necessário conhecer os seus modos de pensar e agir; identificar os seus hábitos; saber como e com quem se relacionava; enfim, era preciso "entrar" na vida de Marielle para procurarmos alguma situação que tivesse potencial para provocar o seu assassinato. Naquele caso, além dos familiares, nós dedicaríamos muita atenção aos assessores da vereadora. E expliquei ao general que um dos recursos principais seria a realização de oitivas.

Ao ouvirmos as testemunhas, podemos identificar aspectos que podem ser decisivos no processo investigativo. Evidentemente, quem tem acesso apenas ao termo de declaração – resumo técnico que é impresso, assinado e juntado ao inquérito policial – não consegue dimensionar a quantidade e a qualidade das informações que são levantadas nos depoimentos.

O comportamento da testemunha, o seu tom de voz, o modo de olhar, as emoções que afloram com determinadas perguntas, enfim, a sua linguagem não verbal muitas vezes interessa mais do que as palavras. Só quem está vivenciando o momento é capaz de perceber certos detalhes e reconhecer impressões muito específicas provocadas pelo depoimento.

Um fato que aconteceu naquela investigação ilustra bem a importância da linguagem comportamental. Nós intimamos um policial militar que fazia parte do 41º BPM, um dos batalhões que estavam sendo investigados. Desde o momento em que ele chegou na delegacia, observamos um comportamento suspeito. Estava muito nervoso e apreensivo. Quando começamos o depoimento, informei o motivo de ele estar na delegacia.

– Vamos tratar do assassinato da Marielle.

– Pô, doutor, aí é mole! Não tenho nada com isso. Achei que era para falar de algum auto de resistência – disse a testemunha, mudando sua expressão com um sorriso de alívio.

A reação transpareceu que ele não tinha envolvimento e as informações levantadas na sequência reforçaram essa percepção. A sua preocupação era com algum "auto de resistência" que certamente tivesse forjado, daí se sentir aliviado ao saber que esse não era o assunto.

Esse tipo de impressão, só quem está no momento consegue ter. E mais, as oitivas produzem informações antes, durante e depois. Muitas vezes, os depoentes já estão sendo monitorados quando chegam à delegacia e continuam sendo investigados depois que vão embora.

O último *slide* da minha apresentação listava as linhas de investigação.

– Como o senhor vê, general, são muitas possibilidades. É um crime difícil de elucidar – expliquei.

– Alguma linha mais efetiva?

– Ainda não. Todas estão em aberto.

Terminada a reunião, general Richard, Rivaldo e eu estávamos cientes de que entraríamos num verdadeiro campo minado. Ficou combinado que manteríamos uma rotina de reuniões toda semana para avaliar o desenvolvimento do trabalho e deliberar sobre os passos seguintes. Era extremamente necessário mantermos uma comunicação efetiva e sem ruídos, pois qualquer informação ou atitude desencontrada faria aumentar a instabilidade no ambiente, que se tornava cada dia mais hostil e perigoso. Havíamos percebido que os ataques começaram a surgir de vários lugares e de diferentes instituições. Deixamos a casa do general preparados para enfrentar uma verdadeira guerra.

Até o final do mês de março, enquanto realizávamos diligências e aguardávamos os resultados das perícias, dedicamos bastante tempo às oitivas com a assessoria de Marielle. Chegamos a colher três ou quatro depoimentos de assessores por dia. Esperávamos, com isso, obter informações tanto da vida pessoal quanto da vida política da vítima. E havia pressa em ouvi-los porque eu acreditava (e ainda acredito) que os criminosos tinham agido com informação privilegiada. Alguém estava monitorando os passos da vereadora e informando aos assassinos. Podia ser algum assessor? Sim. Como já disse, todos eram suspeitos.

Estabelecemos um roteiro de perguntas para serem feitas às testemunhas. Esse protocolo torna os depoimentos mais objetivos e permite identificar contradições nas versões apresentadas para os mesmos fatos. Sobre os aspectos pessoais, precisávamos saber se existia alguma desavença ou situação mal resolvida que pudesse ter motivado o homicídio. Quanto aos aspectos políticos, trabalhávamos com duas abordagens: o relacionamento dela com os demais vereadores e as ações do seu mandato. Nesse ponto, interessava-nos saber se existiam situações nas quais ela teria confrontado interesses de alguém ou de um grupo a ponto de motivar uma retaliação.

Em resumo, procurávamos pelo "gatilho", como costumamos dizer, entendido como o fato ou a situação com potencial para desencadear o crime.

Uma das primeiras testemunhas a serem ouvidas foi Renata Souza, a sua chefe de gabinete. Ela também era da Maré, conhecia a vítima desde quando estudaram no pré-vestibular comunitário do CEASM e tinha um histórico de militância política e participação em ações sociais nas favelas. Pelo cargo que ocupava, muito próxima da vereadora e conhecendo a dinâmica do gabinete, conseguimos obter informações tanto das relações interpessoais de Marielle com a sua assessoria quanto das pautas e ações do seu mandato.

Fiquei impressionado com a estrutura e a organização. Além da assessoria oficial, paga pela Câmara Municipal, existiam colaboradores voluntários que atuavam em várias especialidades. Era muita gente, e parecia que ela tinha mais assessores do que os demais parlamentares. E mantinha um organograma similar ao de um órgão executivo, que funcionava com "departamentos" bem definidos: assessoria de imprensa, assessoria de plenário, agenda, equipe de favelas e negritude, equipe de gênero, mídias sociais e assim por diante. Um modelo incomum em relação aos demais gabinetes.

Essa configuração era muito interessante para nós, pois entendíamos que, se a motivação para o crime estivesse relacionada a uma determinada pauta, os assessores responsáveis por aquela área teriam condições de nos passar informações detalhadas e aprofundadas sobre tudo que a envolvesse.

Outra característica marcante do seu mandato era a identidade política, alicerçada em três temáticas principais: favela, negritude e gênero. Marielle procurava sintetizar essa identificação com a frase "eu sou porque nós somos", uma tradução livre de *ubuntu*, conceito moral e político africano que enfatiza o sentido coletivo da vida em sociedade. Entre tantos parlamentares medíocres, fisiológicos, ou seja, movidos por interesses meramente pessoais, as particularidades do seu trabalho na Câmara Municipal a colocavam como um ponto fora da curva.

Perguntamos para Renata sobre o dia do crime. Disse que chegou ao gabinete por volta das 11 horas e Marielle estava lá, reunida com o vereador Tarcísio Motta, do Psol. Não percebeu nada estranho. Passaram o dia trabalhando normalmente e, por volta de 18h40, deixaram o prédio juntas e seguiram no mesmo carro para o evento na Casa das Pretas.

– Mais alguém foi com vocês no carro?

– O Nelson – disse, identificando-o como um colaborador.

– Quando chegaram, perceberam algo diferente?

– Não. Estávamos atrasadas. Descemos rápido do carro e entramos.

– Lá dentro, observou alguém diferente?

– Não. A maioria era gente conhecida.

A depoente concluiu dizendo que o evento transcorreu bem e, quando terminou, ela foi para a sua casa usando o Uber.

Imediatamente, intimamos o colaborador Nelson Telles para depor. Precisávamos entender qual a relação que ele mantinha com o mandato e o que fazia no prédio naquele dia. Ele explicou que foi oficial de gabinete de Marielle até abril de 2017 e que, em razão de uma decisão da Mesa Diretora, que obrigou a redução do número de funcionários, foi exonerado junto com outras pessoas. Contou que estava lá porque tinha sido chamado para assumir novamente a função, fazendo parte de um remanejamento que a vereadora estava fazendo na sua assessoria.

– Você percebeu algo estranho na Câmara?

– A única coisa que chamou atenção foi quando desci pelo elevador, para pegar carona com a Marielle, e vi três homens diferentes usando o adesivo do vereador Zico Bacana – respondeu, referindo-se às etiquetas de identificação fornecidas na portaria aos visitantes. Nós havíamos solicitado o registro de entrada no prédio de todas as pessoas naquele dia, durante o expediente ou fora dele, e essa informação seria aprofundada.

Outra assessora ouvida foi Mônica Francisco. Criada no Morro do Borel, apresentava-se como "mulher, negra, mãe e favelada", assim como Marielle, e também tinha uma história de militância política em defesa dos direitos humanos. Explicou que o encontro na Casa das Pretas fora organizado pela equipe de negritude do mandato e que o público era formado por pessoas atuantes em defesa dos direitos das mulheres negras, na maioria conhecidas da vereadora e de sua assessoria.

Quando perguntamos se ela se lembrava de algum fato que poderia ter motivado o assassinato, contou que em meados de 2017 o gabinete atendeu uma mulher, moradora do bairro Jacarepaguá, vítima de tentativa de homicídio pelo próprio marido. Marielle tomou as dores da mulher, envolveu-se com o caso e denunciou o homem, que acabou preso. A assessora não sabia dizer se no dia do crime aquele indivíduo estava fora da cadeia. Apuramos as informações, mas não encontramos relação com o caso.

Ela também citou um episódio ocorrido no dia 8 de março, poucos dias antes do crime, durante um evento na Câmara Municipal em celebração ao Dia Internacional da Mulher. Segundo Mônica Francisco, Marielle estava discursando na tribuna quando um homem desconhecido, sentado na plateia, gritou algo que a vereadora entendeu como "Ustra", supondo uma referência a Carlos Alberto Brilhante Ustra, coronel do Exército e antigo chefe do Destacamento de Operações de Informação – Centro de Operações de Defesa Interna (DOI-CODI) em São Paulo. "Não serei interrompida. Não aturo interrompimento dos vereadores desta Casa, não aturarei de um cidadão que vem aqui e não sabe ouvir a posição de uma mulher, eleita", disse Marielle, de maneira incisiva. Apesar de despertar curiosidade, a investigação não encontrou relação entre esse fato e o crime.

No dia 27 de março, ouvimos José Roberto Anastácio, o Jack. Ele parecia ser um assessor com bastante proximidade com a vítima. Quando perguntamos se ele tinha conhecimento de algum desentendimento com outros parlamentares, lembrou de uma discussão de Marielle com o vereador Carlos Bolsonaro, filho do presidente da República, Jair Bolsonaro.

Os gabinetes de Carlos e Marielle ficavam um ao lado do outro, e, em maio de 2017, um dos assessores dela estava apresentando a Câmara Municipal para dois amigos. Segundo consta, eles observaram na parede do gabinete do vereador alguns recortes de jornais que desprestigiavam o Psol, e o assessor teria comentado com os visitantes que se tratava de um parlamentar fascista.

O vereador estava no corredor, falando ao telefone, e ouviu o comentário. Ele teria partido para cima do assessor dizendo: "Repete, seu merda! Repete! Você é um merdão, diz na minha cara!". Marielle, que ouviu a confusão, precisou sair do seu gabinete e intervir. Ela e Carlos trocaram farpas e, segundo os relatos, a discussão terminou com a vereadora dizendo que deviam deixar as "diferenças políticas para o plenário".

Depois, nas oitivas com outros assessores, esse assunto surgiu novamente e apuramos que havia animosidade entre os dois parlamentares. Chegamos a ouvir histórias de que Carlos se recusava a entrar no elevador junto com o pessoal da assessoria de Marielle.

E soubemos de outros dois episódios de desentendimentos com vereadores, ocorridos também em 2017.

Em um deles, Marielle partiu para cima do vereador Ítalo Pereira Campos, o Ítalo Ciba, chegando a agarrá-lo pelo colarinho. O motivo da discussão eram os supostos comentários maldosos e pejorativos dele em relação a Lana de Holanda, assessora transexual e integrante do coletivo de gênero do mandato.

No outro, o vereador Marcello Siciliano estava no plenário cobrando do vereador Paulo Messina, líder do governo, compromissos acertados com o prefeito Marcelo Crivella. Em dado momento, disse: "Meu posicionamento tem sido a favor de tudo o que eu combinei, porque eu sou homem, o que eu trato, eu cumpro". O vereador Messina, por sua vez, procurou apaziguar a situação. Na sequência, a vereadora Marielle pediu a palavra e se intrometeu na discussão dos dois, dirigindo-se a Siciliano: "Eu queria registrar só uma coisa na sua fala, para além da questão com o Messina e com o governo. A minha palavra é uma palavra de mulher, mas vale. Não é só palavra de homem que vale, não".

As discussões eram comuns, mas os desdobramentos daquele episódio tinham causado problemas. Os assessores usaram as imagens do embate no plenário para produzir um vídeo com uma montagem colocando aquela figurinha conhecida como "óculos de lacração" na vereadora quando terminava sua fala, reproduzindo um tipo de *meme* bastante conhecido na internet. Segundo os assessores, quando Marielle ficou sabendo da existência do vídeo, advertiu duramente a sua equipe e disse: "Porra, quer me foder? Esse cara é miliciano".

Apesar de chamarem a atenção e exigirem apuração, nossa impressão era de que os estranhamentos com os três vereadores não tinham potencial de provocar o assassinato.

De modo geral, os depoimentos de integrantes da assessoria do gabinete foram muito parecidos. Sobre as ações do mandato que poderiam ter provocado uma retaliação, lembravam-se apenas das mesmas situações já divulgadas e especuladas pela imprensa naqueles dias. Em relação aos aspectos pessoais, não reconheciam nenhuma desavença capaz de provocar uma reação violenta como o assassinato. A mesma relação amorosa que a vítima mantinha com os familiares repetia-se no trato com a assessoria e com integrantes do partido.

As hipóteses de um crime passional ou por vingança pessoal eram pouco prováveis. Quanto à relação com os vereadores, praticamente todos os depoentes afirmaram que Marielle era combativa, mas ao mesmo tempo cordial com todos. As discussões e embates de plenário não fugiam da rotina da atividade parlamentar e aconteciam dentro dos limites do bom senso. Quanto às pautas e às ações do mandato, também não identificavam nenhuma situação específica que houvesse se agravado ou gerado ameaças.

Outra coisa que chamou a nossa atenção foi que nos depoimentos de quase todos eles havia o acompanhamento de advogados ligados ao Psol, especialmente a advogada Laíze Pinheiro, que era assessora parlamentar de Marcelo Freixo na Alerj. Evidentemente, isso não representava um problema do ponto de vista ético, porém acabava inibindo os depoentes quando precisávamos penetrar no universo das questões partidárias.

No geral, os depoimentos dos assessores frustraram nossas expectativas. Com eles não encontramos nada que "gritasse" sobre a possível motivação para o crime. Isso me deixou intrigado. Para mim, não havia chance de um mandato como o dela não contrariar interesses. No entanto, a percepção de que tudo corria bem e que o mandato não estava interferindo em situações capazes de produzir uma retaliação parecia uma resposta padrão. Nada de desavenças ou conflitos. A minha impressão era de que eles não conseguiam ou não queriam enxergar a realidade. No primeiro caso, por certa ingenuidade; no segundo, talvez pelo sentimento de culpa por acreditarem que as suas ações poderiam ter provocado a morte de Marielle.

Na segunda-feira, dia 2 de abril, realizamos a oitiva com a mãe de Marielle, Marinete da Silva. Na delegacia, nós nos referíamos a ela carinhosamente como dona Marinete. Sabíamos que não estava passando bem e decidimos adiar o seu depoimento até que estivesse em condições de ser ouvida. É sempre difícil ouvir a mãe de uma vítima assassinada. É doloroso para ela e para nós, porque reconhecemos o seu sofrimento e a dor da perda e, ao mesmo tempo, somos obrigados a fazer perguntas invasivas. Os questionamentos provocam lembranças, mexem com os sentimentos, e os depoimentos produzem muita carga emocional.

Dona Marinete foi à DH acompanhada da outra filha, Anielle Silva, que seria ouvida pela segunda vez. Sua trajetória era interessante. Nasceu no município de Alagoa Grande e cresceu em João Pessoa, na Paraíba, em uma família de onze irmãos. Foi a primeira a estudar na faculdade, cursando Direito na Universidade Federal da Paraíba. Mudou-se para o Rio de Janeiro aos 26 anos, quando se casou com o carioca Antônio Francisco da Silva, o Toinho, após quatro anos de namoro a distância, à base de cartas e visitas. Cursou Magistério no Centro Universitário Augusto Motta e trabalhou como professora. Viveu por muitos anos no Complexo da Maré e depois foi morar em Bonsucesso. Atuava como advogada especialista em Previdência Social.

Muito abatida, chorou em vários momentos da oitiva. Mesmo assim, conseguiu responder às perguntas com firmeza. Perguntamos sobre os relacionamentos amorosos da filha. Ela contou dos casamentos com Caco e Edu, mas deixou claro que não aceitava a versão de Mônica. Dona Marinete discordava daquele desenho de uma relação que resistiu ao tempo. Aliás, ela nem sequer admitia a existência de um casamento entre elas.

Lembro-me de que houve um momento de desconforto envolvendo a advogada que a acompanhava. Isso porque eu buscava saber algo sobre a relação de Marielle com o partido e, pretendendo ter um momento a sós com a mãe e a irmã da vítima, comuniquei que conversaria com elas em uma sala ao lado. A advogada não gostou. Ligada ao Psol, reclamou bastante e se sentiu ofendida. Apesar disso, consegui ficar a sós com as duas e tratamos de vários aspectos, principalmente sobre as movimentações no período pré-eleitoral. Marielle queria disputar uma vaga para o Senado Federal e o partido forçava a indicação para ser candidata a vice-governadora. Embora isso tivesse produzido desgastes, não identificamos nada de relevante que despertasse suspeita.

O que considerei confuso foi a história da carta. A mãe da vítima contou que, dias depois dos assassinatos, uma mulher desconhecida apareceu na porta de sua casa e entregou uma carta que supostamente continha informações sobre o crime. Sem coragem para abrir e ler, Dona Marinete disse que preferiu entregar o envelope ao deputado Marcelo Freixo. Até então não tínhamos conhecimento disso. Contudo, depois Freixo encontrou a carta e a levou à DH, mas a análise do conteúdo não trouxe nada de expressivo. Constatamos que eram só especulações, que não traziam informações úteis. Não trazia nomes ou qualquer referência que pudesse servir à investigação.

Em casos de repercussão é comum o surgimento de denúncias falsas e coisas desse tipo, resultado da comoção coletiva que provocam.

Outro ponto que me chamou a atenção foi um fato envolvendo Freixo e Mônica Benício. A depoente contou que recebeu uma ligação do deputado convidando-a para uma reunião e, ao chegar ao local, percebeu que se tratava de uma solenidade de casamento *post mortem*. Mônica estava formalizando juridicamente a sua união com Marielle após a morte da vereadora. Dona Marinete teria assinado o documento, contrariada. O que se sabe é que a família entrou em conflito com a viúva, inclusive disputando na justiça os bens e a pensão da vítima.

No final, perguntei sobre a última vez que estivera com a filha. Pela experiência, sabia que essa pergunta era uma das mais difíceis de responder. Foi o momento mais emotivo. Ela contou que fora na terça-feira, um dia antes do assassinato. Elas se encontraram na Câmara Municipal.

– A senhora ia sempre lá?

– Não. Foi só a segunda vez que fui. As pessoas me encontraram, elogiaram por causa dela, ofereceram água, café, lanche. Até anunciaram minha visita no Plenário. Eu me senti orgulhosa, mas fiquei com vergonha.

– Ficou muito tempo com ela?

– Tomamos um chá juntas e conversamos muito. Coisas da casa, da família. Ela me deu umas recomendações sobre a Luyara, que estava passando um tempo comigo para tratar de uma conjuntivite. Disse que era para cobrar dela que estudasse, lesse mais, porque tinha o Enem. Saímos de lá quase de noite.

– E foram para onde?

– Rodamos pelas farmácias procurando um colírio contra a conjuntivite da Luyara. O Anderson foi dirigindo. E ela me deixou em casa.

– E o que aconteceu depois?

– Não demorou. Já estava quase acabando a novela. Só demos tchau, com um abraço apertado. E ela foi embora.

O depoimento dela não trouxe informações novas, apenas reforçou os traços que já havíamos delineado no perfil da vítima, demonstrando que Marielle era preocupada e presente na vida dos pais.

Daquele dia em diante tivemos muitos encontros, e me aproximei de dona Marinete, seu Antônio (como chamávamos o pai da Marielle) e Anielle. A aproximação foi por intermédio do defensor público Fábio Amado, o qual os assistia em questões jurídicas relativas à morte da vereadora. Algumas vezes foram à sede da Defensoria Pública do Estado do Rio de Janeiro para falar sobre o caso, e o Fábio me ligou perguntando se eu poderia conversar com eles. Eu preferia ir até lá porque na DH era impossível recebê-los sem que ficassem expostos aos jornalistas, os quais não saíam da frente da unidade.

Sem revelar detalhes da apuração, as conversas serviam para transmitir a eles otimismo e conforto, informando sobre alguns passos que estávamos tomando e desmentindo as notícias falsas. Aliás, é preciso que as pessoas entendam que a propagação de notícias falsas causa prejuízos à investigação e aumenta muito o sofrimento dos familiares das vítimas.

Apesar da emoção, da dor e do sofrimento, nossos encontros foram sempre marcantes e enriquecedores. Seu Antônio era mais contido e falava pouco. Dona Marinete conversava mais. Ela me chamava de "magrinho", e eu a admirava, vendo nela uma mulher em reconstrução de si mesma.

Até hoje me lembro de uma história muito interessante que ela contou. Católica fervorosa, pouco antes da missa de sétimo dia da filha, realizada na Igreja Nossa Senhora do Parto, no Centro, recebeu uma ligação no celular. Mesmo sem reconhecer o número estranho na tela, atendeu. De repente, começou a ouvir a voz do papa Francisco, que falava em português com um pouco de sotaque. Emocionada, só entendeu o pontífice dizer que lamentava a morte da sua filha e que rezava pela família. Chegou a pensar que fosse um trote, mas a informação depois foi confirmada. Meses depois ela foi recebida pelo papa Francisco no Vaticano, junto com uma comitiva, para debaterem sobre as violações dos direitos humanos.

Eu também admirava a postura de Anielle, vendo que buscava forças para manter vivo o legado da irmã. Em uma dessas ocasiões, ela virou-se para mim e perguntou:

– Doutor, eu sei que o senhor não pode falar muito, mas preciso saber. O senhor acredita que tem alguém do partido envolvido nesse crime?

– É muito cedo para dizer, estamos checando e nada está afastado. Mas posso saber o porquê dessa pergunta?

– É porque tenho planos, doutor. Na próxima eleição pretendo ser candidata a vereadora pelo Psol.

A não participação de alguém do partido no assassinato era condição para o seu projeto político. No fim, soube pela imprensa que Anielle desistiu de se candidatar nas eleições municipais e se dedicou a criar e a dirigir o Instituto Marielle Franco, organização não governamental criada pela família com "a missão de inspirar, conectar e potencializar mulheres negras, LGBTQIA+ e periféricas a seguirem movendo as estruturas da sociedade por um mundo mais justo e igualitário", como é apresentado no site da instituição. Quem se candidatou em 2020 pelo Psol e foi eleita vereadora, com 22.999 votos, foi a viúva, Mônica Benício.

O tempo passou e nós perdemos o contato, mas aqueles nossos encontros me trazem boas recordações. O problema é que, assim como aconteceu com os assessores, não tivemos êxito com as oitivas de familiares.

Ainda tínhamos a expectativa de conseguir algo com o conteúdo do celular de Marielle. O aparelho tinha sido apreendido no local do crime e estava sendo periciado. Utilizamos dois recursos para acessá-lo.

Um deles era uma ferramenta desenvolvida pela empresa israelense Cellebrite, capaz de "sugar" os dados armazenados na memória de celulares. O equipamento consegue não apenas extrair os dados em uso, como também é capaz de recuperar registros que foram apagados do aparelho ou mesmo na nuvem digital de qualquer aplicativo de troca de mensagens, como WhatsApp, Telegram e outros. Não escapa nada.

A única exigência para a sua utilização é que o software seja compatível com a versão do sistema operacional do celular a ser vasculhado. O ICCE possuía um desses aparelhos. Não era novo, mas tinha condições de acessar os dados do celular da vítima, um modelo relativamente antigo. Com autorização judicial, tivemos acesso ao conteúdo de áudios, imagens, mensagens, fotos, vídeos e contatos do aparelho. Após analisá-lo, os peritos não encontraram nada que parecesse ter ligação com o crime.

O outro recurso era bastante peculiar. Marielle tinha baixado no seu celular um aplicativo de gravação de chamadas telefônicas, realizadas e recebidas. Todas as conversas estavam registradas. A instalação poderia ter sido feita por outra pessoa? Pouco provável, primeiro porque exigiria dados restritos e senha para baixar; segundo, porque, se fosse isso, certamente a pessoa esconderia o aplicativo dentro do sistema operacional do aparelho e não o deixaria exposto na área de trabalho, como nós o encontramos. Então, por que ela estava preocupada em gravar as suas ligações? Não conseguimos responder.

No entanto, quando soubemos da existência do aplicativo, ficamos confiantes de que descobriríamos alguma coisa. Por vários dias ouvimos as gravações de todas as suas ligações telefônicas realizadas no período de um ano, tempo em que o manteve funcionando no aparelho. À medida que ouvíamos as conversas, aumentava a nossa percepção de que se tratava de uma pessoa especial. Ouvindo suas ligações telefônicas sem filtros ou manipulações, reconhecemos uma mulher forte, carismática, bem-resolvida e muito amável. Costumo dizer que era impossível ouvir suas conversas no celular sem se apaixonar por ela como ser humano.

Após a análise minuciosa das gravações de todas as suas conversas telefônicas realizadas durante um ano, os peritos me apresentaram o relatório. O que encontramos nele? Nada! Nenhuma situação suspeita. Nenhuma ameaça. Nada.

CAPÍTULO 5

BANCADA DA BALA

O modo de matar era uma pista. Com a experiência de oito anos trabalhando com investigações de homicídios, eu sabia que o *modus operandi* empregado podia ser interpretado como uma espécie de assinatura dos matadores. Na delegacia, nós tínhamos conhecimento da existência de grupos que matavam dessa ou daquela forma e acreditávamos que poucos seriam capazes de cometer aquele tipo de crime.

Os executores pareciam treinados; conheciam as técnicas investigativas da polícia; usaram armamento diferenciado e disparos em rajada; utilizaram veículo clonado; atacaram com brutalidade, sem se preocupar em atingir quem não fosse o alvo; não voltaram para conferir se a vítima visada estava morta; enfim, características próprias de um modo de operar a ação criminosa. Partindo dessas premissas, a pergunta era: qual organização criminosa costuma matar desse jeito?

Logo que assumi o comando da investigação, pedi um levantamento de todos os casos de homicídios ocorridos na cidade nos últimos anos e que apresentavam características semelhantes. A análise indicou que a execução da vereadora tinha reproduzido um padrão comum de crimes nos quais os autores (ou suspeitos da autoria) eram policiais ou ex-policiais e os mandantes (ou suspeitos do mando) eram pessoas ligadas à contravenção.

Do ponto de vista jurídico, o termo "contravenção" compreende as infrações penais menos graves que os crimes; enquanto estes são punidos com reclusão ou detenção que pode chegar a até quarenta anos, aquelas são punidas com prisão simples, por no máximo cinco anos. Do ponto de vista histórico, porém, a contravenção no Rio de Janeiro é outra coisa. Ela envolve organizações criminosas que exploram diversas atividades econômicas ilícitas, entre elas, algumas que são consideradas contravenções penais, como o jogo do bicho, os bingos clandestinos e as máquinas caça-níqueis.

A origem desse segmento criminoso está no jogo do bicho, mas, a partir dos anos 1980, a contravenção no Rio de Janeiro introduziu as máquinas caça-níqueis, modalidade que fez o seu faturamento crescer e se tornar um negócio milionário, que funciona de modo pulverizado, com máquinas espalhadas pelos bares, padarias e lanchonetes da cidade. Com isso, o faturamento aumentou absurdamente e, junto com ele, cresceram as disputas sangrentas pelo domínio dos territórios. Nos últimos anos, aconteceram dezenas de homicídios e atentados, inclusive contra integrantes das principais famílias que controlam o jogo do bicho e as máquinas caça-níqueis.

Uma das tarefas era analisar detalhadamente os inquéritos que apuravam esses crimes, para identificarmos características que pudessem ser comuns às mortes da vereadora e do motorista dela.

Paulinho de Andrade (filho do bicheiro Castor de Andrade) foi executado em 1998, com dez tiros de pistola calibre 9 mm, quando parou o seu utilitário Jeep Cherokee numa esquina da Avenida das Américas, na Barra da Tijuca. Estava sentado no banco do carona e um segurança dirigia o veículo. Os dois morreram no local.

Em 2004, o contraventor Waldemir Paes Garcia, o Maninho, estava saindo de uma academia de ginástica no bairro Freguesia, em Jacarepaguá, numa motocicleta Kawasaki Ninja, com o filho de 15 anos na garupa. Eles foram fechados por um Fiat Brava e os criminosos atiraram à queima-roupa. Maninho morreu com quatro tiros de fuzil e o filho sobreviveu.

Em janeiro de 2009, Rogério Mesquita (braço direito de Maninho) foi assassinado na esquina entre as ruas Visconde de Pirajá e Maria Quitéria, em Ipanema, zona sul, em plena luz do dia. Ele saiu de uma academia de ginástica e seguia para casa, quando um indivíduo desceu da garupa de uma motocicleta Honda Falcon e atirou com uma pistola na sua nuca. No chão, recebeu mais dois tiros e morreu no local.

Em 2011, José Luiz Lopes, o Zé Personal (casado com Shanna Garcia, filha de Maninho), estava conversando com um pai de santo, dentro de um terreiro localizado no bairro Praça Seca, quando três homens encapuzados entraram atirando com pistolas de calibre ponto 40. Ele morreu no local.

Em maio de 2016, Geraldo Antônio Pereira, sargento reformado da Polícia Militar, foi assassinado quando chegava pela manhã a uma academia de ginástica no Recreio dos Bandeirantes. As imagens de câmeras de segurança do local captaram o momento do crime, mostrando indivíduos encapuzados e armados com fuzis, descendo de um veículo estacionado e efetuando dezenas de disparos. Houve troca de tiros. Pereira foi atingido e morreu no local.

Em setembro do mesmo ano, Marcos Vieira Souza, o Falcon, ex-policial militar, presidente da escola de samba Portela e candidato a vereador, estava em seu comitê eleitoral na zona norte, reunido com muitas pessoas. Dois indivíduos encapuzados e armados com fuzis chegaram atirando. Ele morreu com pelo menos seis tiros.

Em 2017, Haylton Escafura (filho de José Escafura, o Piruinha) estava com a namorada no interior de um hotel de luxo na Barra da Tijuca, quando indivíduos fortemente armados e encapuzados subiram do estacionamento do prédio pelas escadas, arrombaram a porta do quarto e executaram o casal com vários disparos produzidos por fuzis.

Analisamos esses e outros homicídios atribuídos à guerra da contravenção e identificamos alguns pontos comuns. Eram crimes planejados para não deixar vestígios, e a maior parte usava armamento pesado e técnicas que demonstravam treinamento operacional. Consideramos que isso podia ser uma pista sobre os autores dos assassinatos de Marielle e Anderson. Numa reunião com a equipe da delegacia, avaliamos a situação.

– Algum indício de participação da contravenção? – questionei.

– Não – respondeu um dos policiais.

– Mas podem ser os mesmos matadores. Vamos investigar todos os suspeitos de autoria nessas mortes. Não tem muita gente no Rio de Janeiro capaz de matar desse jeito.

O fato é que grande parte dos homicídios na capital é cometida por criminosos envolvidos com tráfico, milícias ou contravenção. E, cada vez mais, esses segmentos se misturam e estendem os seus tentáculos no Estado. Em certas situações, a política e o crime caminham juntos no Rio de Janeiro, e, para mim, os assassinatos de Marielle e Anderson pareciam produzidos por esse submundo. Era isso que passava pela minha cabeça quando começamos a investigar o que tinha acontecido dentro e fora da Câmara Municipal.

No dia 3 de abril, recebi um extenso relatório elaborado pelo inspetor de polícia Eduardo Fonseca, especialista do Núcleo Audiovisual da DH, reconstituindo a dinâmica dos fatos.

O Palácio Pedro Ernesto, onde funciona a Câmara Municipal, é um patrimônio histórico e arquitetônico na área central da cidade. Sua fachada monumental e simétrica tem uma grande escadaria e dois *tempiettos* (pequenos templos) nas extremidades. É um prédio imponente, localizado na Praça Floriano, na Cinelândia, e não dispõe de estacionamento, por isso são reservadas vagas nas ruas no seu entorno para uso dos parlamentares. No dia do crime, Marielle chegou dirigindo o próprio veículo e o estacionou em sua vaga cativa, na Rua Álvaro Alvim, próximo ao Teatro Rival Refit. É uma via com paralelepípedos, estreita e que termina na portaria do lado esquerdo do prédio.

Durante a manhã, um dos compromissos de Marielle foi atender um grupo representando os ambulantes da Vila Kennedy, zona oeste, que tiveram as suas barracas e quiosques derrubados por agentes da prefeitura. O motivo seria que eles estavam ocupando irregularmente uma praça. Ela também se reuniu com o vereador Tarcísio Motta, do Psol.

Pelas imagens externas, vimos que o motorista Anderson chegou às 13h43 e estacionou o carro na Rua Álvaro Alvim, só que mais distante do prédio, pois a vaga da vereadora estava ocupada. Desceu e seguiu para uma lanchonete nas imediações. O tempo todo ele permaneceu sozinho. Às 14h28, deixou o estabelecimento falando ao celular. Ao mesmo tempo, vimos Mônica Benício saindo do prédio, caminhando até o SpaceFox, que era delas, e deixando o local. Na sequência, o motorista aproveitou para manobrar e estacionar o Agile na vaga cativa de Marielle e foi para a Câmara Municipal.

Por volta das 17 horas, o motorista desceu no elevador junto com duas assessoras carregando bolsas e cartolinas. Saíram do prédio pela porta lateral, seguiram pela Rua Álvaro Alvim em direção ao Agile, embarcaram e deixaram o local. Anderson as levou para a Casa das Pretas, onde seria realizada a roda de conversa agendada para aquela noite.

A sessão da Câmara Municipal começou por volta das 14 horas. Em nenhum momento verificamos qualquer atitude suspeita entre os vereadores. Quando a sessão terminou, por volta das 17h30, Marielle saiu do plenário sem pressa, acompanhada pelo colega de bancada, vereador Tarcísio Motta. Os dois entraram no elevador e desceram no nono andar, onde ficavam os seus gabinetes. O dela era o de número 903.

Às 18h39, com uma mochila nas costas, a vereadora deixou o prédio acompanhada de duas pessoas: um homem de camiseta vermelha e uma mulher. Exatos oito segundos depois, um homem de camiseta branca saiu pela mesma porta lateral e seguiu na direção dela. Anderson parou o carro próximo à portaria e Marielle embarcou, sentando-se no banco do passageiro. A mulher e o homem de camiseta branca também embarcaram, acomodando-se no banco de trás. O de camiseta vermelha não embarcou. Identificamos que todos eram assessores e colaboradores da vítima, que inclusive já tinham sido ouvidos. A mulher era Renata Souza, o de camiseta branca era Nelson e o de camiseta vermelha era Jack.

O relatório era minucioso, e os policiais tinham analisado todas as imagens disponíveis. Contudo, com ele não alcançamos nenhum resultado. Toda a movimentação parecia rotineira e não levantava suspeitas. Eu acreditava que alguém estivesse dentro da Câmara Municipal mantendo contato com os criminosos, mas não tínhamos evidências disso.

O próximo passo era ouvir os vereadores. As primeiras oitivas estavam concentradas em dois grupos: um deles formado pela bancada do Psol, e outro por parlamentares que tinham sido citados em depoimentos já colhidos, mencionados em denúncias anônimas ou apontados como integrantes do bloco parlamentar que Marielle chamava de "bancada da bala", composto por policiais ou ex-policiais que, segundo ela, seriam milicianos ou mantinham relações com as milícias.

No dia 4 de abril, realizamos a oitiva com Renato Athayde Silva, o Renato Cinco, da bancada psolista. Estava no segundo mandato e conhecia a vítima desde 2006. Disse que, dois dias antes do crime, Marielle confidenciara a ele sua decisão de aceitar a indicação do partido para se candidatar a vice-governadora, abandonando a pretensão de disputar uma vaga para o Senado Federal. Segundo Renato, ela faria o anúncio oficial na reunião partidária agendada para quinta-feira, dia 15 de março.

No mesmo dia, ouvimos o vereador João Batista Oliveira de Araújo, o Babá, que tinha sido deputado estadual e federal pelo PT e era um dos fundadores do Psol. Na condição de suplente, tinha acabado de assumir a vaga deixada pela vereadora e, supostamente, era um dos beneficiados com a morte dela. Ele foi monitorado por um tempo, contudo a possibilidade de estar envolvido com o crime foi descartada com o avanço da investigação.

Mais adiante, foi a vez de Tarcísio Motta. Quando tratamos das manifestações da vereadora na internet sobre as supostas ações truculentas do 41º BPM, uma das linhas investigadas, o vereador lembrou que não era a primeira vez que ela fazia esse tipo de crítica aos policiais daquele batalhão. Em 2017, uma menina de 13 anos tomava água em um bebedouro no pátio da Escola Municipal Jornalista Daniel Piza, em Acari, zona norte, durante uma aula de Educação Física, quando foi atingida por um disparo de fuzil. O inquérito da DH concluiu que os tiros foram disparados por um policial militar do 41º BPM que participava de uma operação com troca de tiros contra criminosos no Conjunto Habitacional Fazenda Botafogo, na Avenida Sá Lessa. Na época, Marielle acompanhou a família da vítima em atendimento pela Comissão de Direitos Humanos e Cidadania da Alerj e publicou nas redes sociais duras críticas sobre a ação, cobrando a responsabilidade do estado.

Questionamos sobre a CPI dos Ônibus, comissão de inquérito que estava sendo realizada na Câmara Municipal e na qual o Psol nos parecia bastante ativo. Era um tema sensível, existia muita conversa de bastidores referindo-se à "máfia dos ônibus", que envolveria empresas prestadoras de serviços de transporte coletivo e políticos, e, de certa forma, esse tema poderia ter conexão com a história da Operação Cadeia Velha, outra linha investigativa.

– A Marielle era atuante nessa comissão?

– Não.

– Mas o partido está engajado, não está?

– Sim, está. Mas ela não participava dos trabalhos. Nunca se manifestou publicamente sobre o assunto.

Esses e outros depoimentos dos vereadores do Psol frustraram as nossas expectativas, pois não acrescentaram muito à investigação, e eles não reconheciam nenhuma ação do mandato de Marielle que fosse capaz de provocar o assassinato. Mantiveram o discurso em relação ao ambiente partidário, defendendo que não havia problemas.

Confesso que não conseguimos atravessar uma barreira que criaram, seguramente para proteger o partido. Eles se mostraram muito fechados e, de forma notória, esforçaram-se para parecer uma espécie de "irmandade". A impressão era de que estavam muito bem doutrinados na arte de fazer crer que no Psol tudo era harmonia, permanentemente. Nada de conflitos, divergências ou algum sinal que pudesse remeter a desvios ou corrupção. Ouvindo-os, parecia que no partido era só "paz e amor".

Nós sabíamos que as coisas não eram bem assim. Como todo partido político, eles também tinham problemas. Sem contar as dificuldades que Marielle enfrentava dentro do Psol, principalmente em relação à candidatura naquele ano. E também percebíamos uma tensão interna permanente entre grupos divergentes. No conteúdo do celular da vítima encontramos mensagens e áudios que demonstravam a sua indignação com o comportamento de algumas lideranças partidárias que, na sua visão, subestimavam o papel dela e das mulheres em geral na política.

Em todo caso, não parecia que alguém dali tivesse participação nos assassinatos. Em dado momento, até chegou uma informação da Inteligência de que o crime poderia ter ocorrido com engendramento de autoria de lideranças partidárias de São Paulo, porém isso não avançou.

O que parecia ser comum entre os vereadores do Psol era a percepção de que, direta ou indiretamente, o assassinato de Marielle tivesse ligação com milicianos, particularmente com indiciados pela CPI das Milícias.

Do outro grupo de vereadores a ser ouvido, o primeiro foi Ítalo Pereira Campos, o Ítalo Ciba, do Avante, policial militar reformado que tinha sido citado em vários depoimentos de assessores em razão do episódio de desentendimento com Marielle, por causa de comentários pejorativos à assessora transexual. Ao ser perguntado sobre isso, Ciba minimizou o ocorrido, dizendo que mantinha boa relação com a vereadora e que o estranhamento fora apenas uma alteração de ânimos.

Sobre pertencer à "bancada da bala", respondeu que isso se tratava apenas de uma brincadeira dos colegas, por ser policial e apoiar as ações da polícia. Logo após a sua ida à DH, algumas ligações telefônicas foram recebidas pelo Disque-Denúncia afirmando que ele estava envolvido com as milícias atuantes em bairros da zona oeste.

No dia 5 de abril recebemos o vereador Jair Barbosa Tavares, o Zico Bacana, do Partido Humanista da Solidariedade (PHS). Diferentemente dos demais colegas do grupo que prestou depoimento, o policial militar reformado afirmou pertencer à "bancada da bala". Ele chegou a ser citado durante os trabalhos da CPI das Milícias por suposto envolvimento com grupos paramilitares no bairro de Guadalupe, zona oeste, contudo o seu nome não foi incluído no relatório final.

Havia o interesse em esclarecermos a história relatada pelos assessores de Marielle sobre três pessoas "estranhas" que teriam circulado na Câmara Municipal com adesivos de identificação em nome de "Zico Bacana" no dia do crime. Sobre essa situação, exibimos as fotografias e o vereador conseguiu identificar apenas dois deles. Um seria seu assessor, outro seria o sobrinho de um de seus assessores. Quem era o terceiro indivíduo? Ele disse que não conhecia.

Na sexta-feira, dia 6 de abril, ouvimos o vereador Marcello Siciliano, também do PHS. Empresário do ramo imobiliário, mantinha projetos sociais em comunidades do Rio de Janeiro e era vice-presidente da Comissão de Assuntos Urbanos da Câmara. Com ele pretendíamos entender a discussão que gerou um vídeo depreciativo produzido pela assessoria de Marielle. Ao ser perguntado sobre o episódio, respondeu que mantinha bom relacionamento com a vereadora e afirmou que a intervenção dela no plenário e o vídeo tinham sido irrelevantes. Seguimos com outros questionamentos.

– Onde estava na noite do crime?

– Em casa.

– E como ficou sabendo da morte da Marielle?

– Por um assessor. Depois vi as notícias e fui até o local.

– No local, encontrou outros vereadores?

– Sim. Estavam lá a Rosa Fernandes, o Messina e o Dr. Jairinho.

Sobre a "bancada da bala", disse que se tratava de uma brincadeira dos colegas da Câmara Municipal com os vereadores ligados à polícia, a exemplo de Zico Bacana e Ítalo Ciba.

Nessa mesma etapa de oitivas, colhemos o depoimento do vereador Carlos Bolsonaro, do Partido Social Cristão (PSC). Sabíamos da discussão dele com Marielle no corredor dos gabinetes e precisávamos checar as informações sobre a suposta animosidade existente entre os dois. Questionado sobre essas duas situações, afirmou que o episódio da discussão fora pontual e sem importância e que não era verdade a história de discriminação em relação à vereadora e seus auxiliares.

O que me pareceu estranho foi ele fazer questão de tratar sobre as disputas internas dentro do próprio Psol.

– Ouvi comentários na Câmara de que o partido está dividido – disse.

– Como assim?

– Tem um racha. Um grupo que quer apoiar o PT. A Marielle e o Freixo fazem parte desse grupo. O outro defende a candidatura própria.

Era um fato novo. Por que isso não fora dito nas oitivas do pessoal do partido? E por que justamente ele tinha essa informação? Fiquei intrigado.

Sobre a existência de um bloco parlamentar conhecido como "bancada da bala", o vereador respondeu ter conhecimento da sua existência e que o termo se referia aos vereadores policiais e ex-policiais.

De modo geral, os depoimentos dos vereadores não acrescentaram muito à investigação. Eles procuraram minimizar os problemas e transparecer que não havia conflitos nem desentendimentos. Apenas uma das oitivas rendeu informações relevantes naquele momento. Foi a de João Francisco Inácio Brazão, o Chiquinho Brazão, que havia sido eleito pelo MDB em 2016 e estava indo para o Avante.

O primeiro ponto era esclarecermos sobre a visita do ex-vereador Cristiano Girão ao seu gabinete uma semana antes do crime. Ele respondeu que tinha ficado sabendo pelo presidente, Jorge Felippe, e que devia ser só uma visita de cortesia.

O segundo ponto que nos interessou estava relacionado com o seu trabalho como presidente da Comissão de Assuntos Urbanos da Câmara. Nessa condição, era conhecedor das pautas que estavam sendo discutidas, e nós buscávamos informações sobre os supostos conflitos pela regularização de terras e alterações nas leis relativas ao uso e parcelamento do solo.

O dado mais importante trazido por Chiquinho Brazão, e que admitimos como um fator potencial que poderia estar ligado com o crime, era sobre o projeto de verticalização da favela de Rio das Pedras.

Em meados de 2017, o prefeito Marcelo Crivella deu início aos procedimentos para um projeto ambicioso e polêmico que previa construir 35 mil apartamentos no lugar da favela de Rio das Pedras. A proposta se baseava numa Operação Urbana Consorciada, ou seja, numa parceria público-privada da prefeitura com as construtoras. As empresas arcariam com as obras de infraestrutura e urbanização e, em troca, poderiam construir os prédios com até 12 andares, extrapolando o gabarito previsto pela legislação urbanística para a região. Pelo projeto, os moradores deixariam suas casas, receberiam indenização pelo imóvel e iriam para um local próximo, de modo provisório. Os apartamentos seriam construídos e vendidos aos próprios moradores com incentivos fiscais e financiamento pelo programa Minha Casa, Minha Vida.

A proposta gerou uma enorme confusão. Os moradores de Rio das Pedras iniciaram uma campanha contra a proposta do prefeito. A mobilização pela não remoção das casas foi intensa e, em outubro de 2017, lotaram as galerias da Câmara Municipal para acompanhar uma audiência pública convocada para discutir o assunto.

A vereadora Marielle era contrária ao projeto de verticalização. Mais que isso, ela colocou o seu mandato à disposição dos moradores e atuou em parceria com a Pastoral das Favelas e a Defensoria Pública do Estado do Rio de Janeiro na mobilização de resistência. Foram realizadas reuniões especificamente para orientar os manifestantes sobre como agir para inviabilizar o avanço da proposta.

Apesar de outros vereadores também terem se engajado na luta contrária à verticalização, a aparente atuação incisiva de Marielle poderia ter confrontado diretamente os negócios de milicianos que dominavam Rio das Pedras e esperavam ganhar muito dinheiro com as transformações urbanísticas na região. Em outras palavras, a vereadora poderia ter entrado em rota de colisão com os interesses das milícias na região e isso ter motivado o seu assassinato. Era uma pista. E não se tratava de uma milícia qualquer.

Apesar de terem surgido em vários lugares ao mesmo tempo, existe uma espécie de "mito fundador" que considera a favela de Rio das Pedras o berço das milícias no Rio de Janeiro. Ainda nos anos 1970, um grupo de comerciantes, revoltados com a criminalidade no local, decidiu capturar, espancar e até matar os assaltantes e os traficantes de drogas que atuavam na favela. Liderados pelo casal Otacílio e Dinda, eles agiam em parceria com a Associação de Moradores. Naquela época, o grupo armado ilegalmente foi apelidado de "Mineira" ou "Polícia Mineira".

No início, a ideia de oferecer "autodefesa" em relação aos criminosos foi aceita por boa parte dos moradores. Ao longo do tempo, além da taxa de segurança, o grupo começou a lucrar com o controle do transporte alternativo feito pelas vans e com outros negócios ilícitos e estabeleceu um poder paralelo que ditava a própria lei, julgava e executava quem as descumprisse.

Há relatos de uma sucessão de assassinatos na disputa pelo controle dos negócios. Otacílio morreu numa emboscada. Dinda liderou o grupo até o início dos anos 2000, quando Félix dos Santos Tostes, inspetor da Polícia Civil, assumiu o comando. Como agente público e com certa influência em alguns quadros das polícias, ele foi um dos pioneiros a implementar o modelo que hoje conhecemos como milícia.

Junto com Tostes, ascendeu como liderança local o então comerciante Josivaldo Francisco da Cruz, conhecido como Nadinho, eleito vereador em 2004. Os dois estiveram à frente do grupo até 2007, quando Tostes foi morto numa emboscada. Na época, Nadinho foi preso, acusado de ser o mandante. Poucas semanas depois, segundo dados levantados pela CPI das Milícias, ele foi posto em liberdade e tentou assumir o comando da milícia em Rio das Pedras, mas encontrou resistência de milicianos fiéis a Tostes. Em 2009, Nadinho foi assassinado quando saía do prédio onde morava, na Barra da Tijuca, e o comando do grupo teria ficado em definitivo com os irmãos Dalmir e Dalcemir.

Quando a investigação sobre as mortes de Marielle e Anderson começou, a informação que tínhamos era de que a milícia em Rio das Pedras estava sendo chefiada pelo subtenente da Polícia Militar reformado Maurício Silva da Costa, conhecido como Maurição, que contaria com o apoio do dirigente da Associação de Moradores, Jorge Alberto Moreth, o Beto Bomba.

Em relatórios de inteligência que recebemos da Subsecretaria de Inteligência da Polícia Civil, constava que um dos negócios mais lucrativos dessa organização criminosa era justamente a grilagem de terras e a construção irregular de prédios de apartamentos. Por isso, era possível que estivessem interessados no projeto de verticalização apresentado pela prefeitura, especialmente nos investimentos e empreendimentos projetados para a região.

Foi a partir daí que a "milícia de Rio das Pedras" entrou no radar.

No sábado, dia 14 de abril de 2018, o caso completou um mês. A data foi lembrada com manifestações em vários lugares do Brasil e do mundo. No Rio de Janeiro, foram realizados atos em diversos locais da cidade, intitulados "Amanhecer por Marielle e Anderson". Logo cedo, no Largo do Machado, zona sul, os manifestantes entoavam "Marielle perguntou, eu também vou perguntar: quantos mais vão morrer, para essa guerra acabar?". Na Tijuca, a concentração foi na Praça Saens Peña. Cerca de dez mil pessoas se reuniram à noite no bairro da Lapa, e de lá marcharam entoando palavras de ordem até a Rua João Paulo I, repetindo: "Por Marielle eu digo não, eu digo não à intervenção". Na frente da delegacia, um grupo ligado à Anistia Internacional exibiu cartazes com a principal pergunta: "Quem matou Marielle?".

Exatamente nesse dia, às 17h07, o Disque-Denúncia recebeu uma informação que parecia ter potencial para mudar o rumo da investigação.

O denunciante, um morador da zona oeste, apontou que o mandante do assassinato de Marielle era o vereador Marcello Siciliano. Afirmou que o parlamentar tinha encomendado a morte para "Orlando de Oliveira Araújo", apontado como chefe de milícia, e o crime teria custado R$ 500 mil. Disse que o elo entre os dois era "Carlos Alexandre Pereira", assassinado poucos dias depois do crime, segundo a denúncia, porque teria "revelado os fatos" sobre o assassinato da vereadora para milicianos do grupo. Por fim, citou que um policial militar conhecido como "Ferreira" e lotado no "15º BPM" era integrante da mesma milícia.

Recebemos denúncias anônimas o tempo todo, e o procedimento padrão de qualquer investigação séria e técnica é buscar qualificar a informação antes de qualquer conclusão ou atitude. No relatório elaborado pela Inteligência da DH, constava que o citado vereador Marcello Siciliano seria o mesmo parlamentar ouvido uma semana antes na delegacia.

Em relação a "Orlando de Oliveira Araújo", as pesquisas alcançaram a identificação civil de Orlando Oliveira de Araújo, conhecido como Orlando Curicica ou Joe, que seria o chefe do "Bonde do Joe", apontado como uma das maiores milícias da zona oeste.

Nascido e criado em Campos Elíseos, bairro do município de Duque de Caxias, na Baixada Fluminense, a história de Orlando Curicica chegava a ser lendária entre os criminosos. Ingressou na Polícia Militar em maio de 1996 e, em agosto de 1997, foi preso em flagrante pela Polícia Rodoviária Federal dirigindo um carro com chassi adulterado, usando-o para roubar carga na rodovia Rio-Teresópolis, na região de Guapimirim. Tinha 23 anos, e o episódio rendeu a ele uma condenação de cinco anos e oito meses de prisão e a expulsão da polícia.

Ficou um ano em regime fechado, progrediu para o semiaberto e poucos meses depois estava em liberdade. Nos dados da Inteligência constava que, após sair da cadeia, Orlando teria atuado como informante da polícia. A informação era de que ele andava armado, dentro de viaturas, apontando os criminosos para serem presos pela Polícia Civil e pela Polícia Militar. Esse "trabalho" seria oferecido principalmente para a Divisão Antissequestro e para a Delegacia de Repressão a Armas e Explosivos (Drae) em troca de dinheiro e bens "confiscados" durante as prisões, o que chamavam de "espólio de guerra". Em 2011 a Drae foi fechada após denúncias de corrupção, o que teria levado Orlando a perder boa parte dos seus ganhos.

A ajuda a Orlando teria vindo do policial militar reformado Geraldo Antônio Pereira, que estaria envolvido com milícias e contravenção na zona oeste. Trata-se do policial assassinado em 2016 quando chegava à academia de ginástica no Recreio dos Bandeirantes, um daqueles crimes atribuídos à guerra da contravenção.

Orlando foi trabalhar para Pereira e teria assumido os negócios ilícitos em algumas áreas, entre elas o bairro de Curicica, em Jacarepaguá. Com a morte do policial, ele teria "herdado" os negócios e aumentado bastante a sua influência na região. A informação era de que em pouco tempo ele havia se tornado o chefe de uma das maiores milícias do Rio de Janeiro.

Uma reportagem do jornal *O Globo* levantou que, meses antes das mortes de Marielle e Anderson, ele controlava as localidades de Boiuna, Camorim e Pau da Fome, em Jacarepaguá, além do Terreirão, no Recreio dos Bandeirantes, cobrando taxas de segurança e explorando os serviços de "gatonet", transporte coletivo e venda de água mineral, gás e cigarros. Estimaram que ele, pessoalmente, lucraria algo em torno de R$ 200 mil por semana.

Em outubro de 2017, na sua casa em Vargem Grande, Orlando foi preso pela Draco, com o apoio da Coordenadoria de Recursos Especiais. Havia vários mandados de prisão pendentes; entre eles, um pela suspeita de ser o mandante do homicídio de Wagner Raphael de Souza, o Dádi, presidente da escola de samba do bairro de Curicica, em junho de 2015.

A morte de Dádi ocorreu num domingo, por volta das 19h30. Consta que ele seguia em um Fiat Strada pela Estrada da Curicica, acompanhado de uma sobrinha que trabalhava com ele no quiosque, no Recreio dos Bandeirantes. Quando estavam próximos à quadra da escola de samba, um veículo emparelhou ao lado e de dentro foram efetuados os primeiros disparos. A vítima perdeu o controle e bateu em um muro. Os criminosos pararam, desceram do carro e atiraram mais algumas vezes.

Além dos mandados pendentes, no momento da prisão os policiais encontraram na casa de Orlando duas pistolas sem registro, 64 munições, seis carregadores e um colete balístico. Por causa disso, ele também foi preso em flagrante pelo crime de porte ilegal de arma de fogo.

Quando Marielle e Anderson foram assassinados, Orlando Curicica estava preso no Complexo Penitenciário de Gericinó, zona oeste, precisamente na Penitenciária Bandeira Stampa, a Bangu 9, unidade em que comumente ficam presos os acusados de envolvimento com milícias.

Quanto a "Carlos Alexandre Pereira", mencionado na denúncia anônima, foi possível identificá-lo como sendo Carlos Alexandre Pereira Maria, conhecido como Alexandre Cabeça, assassinado no dia 8 de abril, poucos dias depois do duplo homicídio que vitimou a vereadora e o motorista.

Naquela noite de domingo, segundo foi apurado, Alexandre estava em frente a um bar na Estrada Curumau, no bairro de Taquara, quando encostou uma moto com dois indivíduos usando capacetes e roupas pretas. O carona desembarcou e, com a arma de fogo em punho, teria avisado as pessoas: "Chega pra lá que a gente tem que calar a boca dele". Foram seis disparos de pistola à queima-roupa. Alexandre morreu na hora.

Quando os agentes da DH chegaram ao local para a investigação preliminar, presenciaram os familiares da vítima ligando para o vereador Siciliano para pedir ajuda com os custos do funeral. Depois descobriram que Alexandre fazia parte do "Time Siciliano", um grupo de colaboradores do mandato que trabalhava informalmente levantando as demandas dos bairros e as encaminhando para o gabinete. Os integrantes desse grupo, para serem reconhecidos, usavam coletes azuis com o nome do vereador e o número do colaborador. O da vítima era o de número 75.

Sobre o policial militar "Ferreira", mencionado na denúncia, as pesquisas ainda não tinham os resultados que levassem à identificação civil.

Até aquele momento, na linha de investigação que estabelecia os fatos dentro da perspectiva de que o crime tivesse envolvimento de milícias e fosse uma retaliação por interferência da vereadora nos negócios ilícitos, principalmente envolvendo o setor imobiliário e a grilagem de terras, estávamos monitorando a milícia de Rio das Pedras. A partir dessa denúncia e dos primeiros resultados das diligências realizadas para apurá-la, o vereador Siciliano e Orlando Curicica entraram no nosso radar.

PARTE 2

LABIRINTO

A perícia apurou que a munição usada para matar Marielle veio de lote comprado pelo Estado

CAPÍTULO 6

A TESTEMUNHA-CHAVE

Vizinho ao Museu do Amanhã, na Zona Portuária do Rio de Janeiro, fica o imponente prédio inaugurado nos anos 1940 pelo presidente Getúlio Vargas para sediar a Imprensa Nacional. Ocupando todo o quarteirão, o edifício de quatro andares tem a forma de um quadrado, em torno de um enorme pátio central, e possui um pórtico com torre de 43 metros de altura, localizado na fachada virada para a Avenida Rodrigues Alves. Atualmente, o edifício é a sede da Superintendência Regional da Polícia Federal do Rio de Janeiro.

Na manhã de quarta-feira, dia 18 de abril, numa de suas salas e por intermédio de um amigo comum, a advogada Camila Nogueira foi recebida pelo delegado federal Hélio Khristian Cunha de Almeida.

A advogada representava um policial militar, ex-integrante da milícia conhecida como Bonde do Joe e que alegava ter informações relevantes sobre homicídios supostamente cometidos por Orlando Curicica. Segundo ela, o cliente estava sendo ameaçado de morte pelo ex-chefe e pretendia revelar tudo o que sabia sobre os crimes, em troca de proteção. Aparentemente, no primeiro encontro, o assunto não despertou o interesse do delegado federal.

No dia seguinte, a advogada Camila voltou a procurar o delegado Hélio na sede da Polícia Federal. Desta vez, manteve-se em contato permanente com seu cliente pelo WhatsApp. Percebendo que o desinteresse persistia, o policial militar tentou uma última cartada. Pediu à advogada que transmitisse a mensagem de que ele também tinha informações decisivas sobre o envolvimento de Orlando nos assassinatos de Marielle e Anderson. Aí o delegado se interessou.

No dia 24 de abril, mais uma vez na sede da Superintendência Regional, reuniram-se a advogada Camila, o delegado Hélio, outros dois colegas delegados e a tal testemunha. Nesse dia, desenvolveu-se uma espécie de interrogatório informal, e o policial militar relatou diversos casos de homicídios nos quais Orlando teria tido participação como executor ou mandante.

Em relação às mortes de Marielle e Anderson, o policial não tinha muito o que dizer e apresentou apenas suposições, dizendo que "acreditava" no envolvimento do ex-chefe por causa dos fatos que havia presenciado, especialmente uma conversa entre Orlando e o vereador Marcello Siciliano em um restaurante em 2017. Segundo ele, os dois teriam discutido sobre a necessidade de "dar um jeito" na vereadora.

Com o consentimento da testemunha e da advogada, o depoimento informal foi gravado com um aparelho celular.

Na tarde de quarta-feira, dia 25 de abril, Rivaldo me telefonou para dizer que tinha acabado de atender algumas pessoas que haviam fornecido informações relevantes sobre o caso. Não entrou em detalhes, apenas me orientou a atendê-los. E disse que as pessoas já haviam deixado o prédio da Chefia de Polícia e estavam a caminho da DH.

Pouco tempo depois, uma agente entrou na minha sala e avisou:

– Doutor, tem três delegados federais querendo falar com o senhor.

– Três delegados federais? Estranho. Manda entrar.

Seriam as pessoas às quais Rivaldo havia se referido? E se fossem, por que três delegados da Polícia Federal iriam até a delegacia da Polícia Civil para tratar de um caso de duplo homicídio? E por que procurar primeiro o chefe de polícia? As respostas surgiriam ao longo da conversa.

Os delegados entraram na minha sala, nós nos cumprimentamos formalmente, tranquei a porta e me coloquei à disposição para ouvir o que tinham a dizer. Eu não os conhecia; só depois que deixaram a delegacia é que fui levantar informações sobre cada um deles.

O delegado federal Hélio Khristian trabalhava na Superintendência Regional. Quando atuava na Delegacia de Repressão a Crimes Fazendários, chegou a ser denunciado por concussão – tipificação penal usada quando o servidor público usa o cargo para obter vantagem indevida – e acabou sendo condenado por corrupção em 2013, pelo Tribunal Regional Federal da 2ª Região. O mesmo tribunal depois anulou a condenação, porque a defesa demonstrou que ele fora condenado por um crime diferente daquele pelo qual tinha sido acusado.

O delegado federal Lorenzo Pompílio estava lotado no Núcleo de Repressão a Crimes Postais, na sede dos Correios, no Centro, que fazia parte da estrutura da Delegacia de Repressão a Crimes contra o Patrimônio e o Tráfico de Armas. A informação era de que ele se dedicava mais à carreira acadêmica como professor na Universidade Federal do Rio de Janeiro. Lorenzo já conhecia Rivaldo e tomou a iniciativa de agendar a reunião com o chefe de polícia.

O delegado federal Felício Laterça era titular da delegacia da Polícia Federal em Macaé, município da Região dos Lagos. Em fevereiro de 2018, foi indicado para assumir a Superintendência Regional no Rio de Janeiro, mas não chegou a ser nomeado porque surgiram denúncias de irregularidades no aluguel do prédio da delegacia em Macaé. Quando foi à DH, ele já se apresentava como pré-candidato a deputado federal pelo Partido Social Liberal (PSL), na época a mesma legenda do então candidato a presidente da República, Jair Bolsonaro. Aliás, nas eleições daquele ano ele conseguiu ser eleito, com 47.065 votos.

Os três estavam ali para falar comigo sobre o tal policial militar que pretendia testemunhar contra Orlando e alegava ter informações sobre o caso Marielle e Anderson. De início, então, soltaram um áudio do depoimento informal que eles haviam gravado para eu ouvir.

Era uma gravação bastante confusa; todos falavam ao mesmo tempo e interrompiam toda vez que a testemunha começava a contar alguma história. As intervenções impediram que o policial desenvolvesse uma narrativa com começo, meio e fim.

À medida que ouvia, eu procurava identificar as vozes de quem estava naquela reunião. Identifiquei a voz da testemunha, da advogada e as vozes dos delegados, todas elas se encaixavam. Porém, em determinado momento, percebi a participação de uma voz masculina diferente. Eu não consegui identificar de quem era, mas notei que a pessoa fazia observações e sugestões de encaminhamentos o tempo todo. Muito curioso, olhei para o delegado Hélio e perguntei:

– Quem é esse que está falando aqui e eu não estou identificando?

– Esse é o Werneck, o Antonio Werneck.

– O Werneck, jornalista?

– Isso. Nós achamos por bem chamá-lo para garantir a segurança da testemunha.

Aquilo me desconcertou. Fiquei quieto, baixei a cabeça, apoiei a testa com a mão esquerda e pensei: "Ai, meu Pai! Isso vai dar merda".

E não foi preciso esperar muito tempo para saber o que ia acontecer. No áudio, em dado momento, Werneck se dirigiu à testemunha e disse que do ponto de vista dele já havia conteúdo suficiente para elaborar a reportagem e que, a partir do momento que ela oficializasse o seu depoimento na DH e tivesse garantida a sua proteção, ele já poderia publicar. A testemunha consentiu e disse "sim"; na sequência, o delegado Hélio completou dizendo: "evidente!".

Imagine como fiquei. Nós estávamos empenhados em manter a investigação em absoluto sigilo, principalmente por se tratar de um caso de grande repercussão no Brasil e no mundo. Ficou claro para mim que aquela história seria um furo de reportagem que, certamente, o jornalista acreditava ter potencial para ser decisivo na solução do caso.

Manifestei minha preocupação para os delegados federais, e eles disseram que manteriam tudo sob controle. Eu não acreditei. Para mim, era inevitável que o conteúdo vazasse, mais cedo ou mais tarde. Contudo, qual era a minha opção? Negar-me a ouvir a testemunha que eles estavam trazendo? Isso não mudaria nada.

E tem mais. Aquelas informações poderiam também contribuir na resolução de outros inquéritos em andamento na delegacia. Esse ponto precisa ficar claro. A DH precisava de produtividade, ou seja, existia a cobrança pela quantidade de casos solucionados, e aquelas declarações poderiam colaborar com outras investigações que estavam abertas. Isso porque Orlando era suspeito em outros homicídios, poucas pessoas haviam sido localizadas pela justiça para depor e, quando encontradas, voltavam atrás naquilo que haviam afirmado para a polícia, mudando totalmente as suas versões, por medo de represálias. O que explicava, inclusive, o motivo de até aquele momento Orlando responder a processo por homicídio e não ter condenação por esse crime.

Depois de ouvirmos o áudio, conversamos um pouco sobre a importância daqueles relatos, e os delegados federais explicaram que a testemunha estava disposta a depor, mas só o faria se fossem atendidas algumas exigências. A primeira era que o depoimento não fosse realizado na DH, justificando que tinha receio de que alguém dentro da delegacia informasse ao Orlando as suas declarações. A segunda envolvia medidas de segurança. Ele não queria ser incluído no programa estadual de proteção à testemunha, pois o considerava insuficiente, e pretendia outro tipo de tratamento. E propunha, de imediato, que fosse transferido de batalhão, pois acreditava que onde estava lotado existiam policiais ligados ao ex-chefe.

Na hora, não tive como responder. Disse apenas que trataria dessas demandas com os meus superiores e voltaríamos a conversar. Nós trocamos os números de telefone, e o delegado Hélio, antes de sair, encaminhou para mim pelo WhatsApp o áudio do depoimento informal.

Minha leitura daquele episódio era de que os delegados federais acreditavam que a testemunha fecharia a investigação sobre as mortes de Marielle e Anderson. Cada um deles, com os seus interesses específicos, ganharia muito ao se tornar protagonista na elucidação do caso. Eu tive a impressão de que eles estavam confiantes de que entrariam para a história das investigações criminais.

Assim que deixaram a delegacia, liguei para Rivaldo. Expliquei que os tinha recebido e que acreditava que a testemunha pudesse contribuir com a investigação. E manifestei a minha preocupação com o conteúdo do áudio:

– Não sei se reparou, mas ali tem um personagem diferente.

– Não, não percebi.

– Então, é o Werneck, do jornal *O Globo*. Os caras colocaram um jornalista para ouvir a testemunha e deixaram gravar toda a conversa. Isso vai vazar, chefe! E vamos ter muita dor de cabeça.

– Vou falar com o Lorenzo – ele disse, bastante irritado.

– E sobre as exigências?

– Resolvemos isso junto com o general na sexta – concluiu, referindo-se à reunião que já estava agendada na Seseg.

A Secretaria de Segurança funcionava no Edifício Dom Pedro II, conhecido como Central do Brasil, patrimônio histórico da cidade. Desde o período imperial, naquele lugar funcionou a estação de trem que interligava o Rio de Janeiro a São Paulo e Minas Gerais; depois, a partir de 1946, foi construído o prédio no estilo *art déco*, com uma torre alta, a qual ostenta o relógio de quatro faces que é maior que o famoso Big Ben, de Londres. Na tarde de sexta-feira, dia 27 de abril, o general Richard, Rivaldo e eu nos reunimos lá para tratar da investigação e deliberar sobre como agiríamos em relação à testemunha.

Explicamos ao general que a testemunha afirmava ter feito parte da milícia e que estaria sendo ameaçada de morte por Orlando. Aproveitei para comentar que, pela minha experiência, quando os milicianos se encontravam na condição de ameaça, geralmente se tornavam excelentes colaboradores, por isso minha opinião era que deveríamos fazer o possível para conseguir colher o seu depoimento. E entramos no assunto da gravação. Coloquei o áudio para o general ouvir, e ele também ficou indignado, ciente da gravidade.

– Falei com o Lorenzo. Ele me garantiu que estão mantendo a situação sob controle. Existe o compromisso do Werneck em não publicar nada sem autorização – disse Rivaldo.

– Mas dá pra confiar? – questionou o general.

– Não. Vamos ter que correr o risco – respondi, intervindo.

Na sequência, apresentei as condições exigidas pela testemunha, começando pela sua pretensão de transferência. A primeira era transferi-lo de batalhão. O general disse que conseguiria atender.

– A segunda exigência é mais simples, general. Ele não aceita depor na DH. Precisamos definir um local que seja neutro e discreto – expliquei.

– Pode ser na Chefia de Polícia. Ou, se acharem melhor, pode ser no Círculo Militar ou no Forte de Copacabana. Eu viabilizo isso.

Avaliamos que seria melhor no Círculo Militar, um clube recreativo do Exército, localizado na Praia Vermelha, na Urca. Na hora, troquei mensagens com o delegado Hélio. Ele fez contato com a advogada e retornou dizendo que aceitavam a proposta. Combinamos que a testemunha seria ouvida na segunda-feira seguinte, pela manhã.

Deixei a Central do Brasil e voltei para a delegacia. Quando cheguei, já era quase noite e Marcelo veio ao meu encontro:

– Agora à tarde entrou essa denúncia – ele disse, entregando-me um relatório.

– Pelo Disque-Denúncia?

– Não. A pessoa ligou aqui na DH. Na percepção do agente que atendeu, é um homem de meia-idade, com tranquilidade para se expressar, e falava de um local sem ruídos externos.

Comecei a ler o registro. Constava que a ligação tinha sido recebida às 15h45 daquela sexta-feira, dia 27 de abril. O denunciante passou nomes e números de telefones dos supostos envolvidos nos assassinatos. Segundo ele, o vereador Marcello Siciliano e o ex-vereador Cristiano Girão tinham encomendado a morte de Marielle para Orlando Curicica. E disse que Orlando havia contratado o "Capitão Adriano" e "Major Ronald" para a execução.

Aquela denúncia chamou a nossa atenção porque apontava possíveis conexões entre Siciliano, Girão e Orlando Curicica. E também porque ligava o crime ao Capitão Adriano e ao Major Ronald, dois nomes conhecidos na delegacia por suposta ligação com a milícia de Rio das Pedras. O setor de Inteligência da DH já estava trabalhando para identificá-los civilmente e produzir as análises. Assim como fizemos com outras denúncias, essa foi encaminhada à equipe que atuava no caso, para qualificar as informações.

Na manhã da segunda-feira, 30 de abril, o policial Henrique Silva, Marquinho e eu fomos para a Urca. Era véspera de feriado de 1º de maio, muita gente emendara o fim de semana, fazia um sol de rachar e a Praia Vermelha estava lotada. Passamos em frente ao prédio do IME e paramos no final da praia, no Círculo Militar, um clube com boa infraestrutura, piscinas, quadras de esporte, ampla área social com salões e restaurante.

Fomos recepcionados pelo comandante da instalação, que nos direcionou a uma sala reservada na área administrativa, onde já estavam os três delegados federais, a advogada e a testemunha. Foi aí que conhecemos Rodrigo Jorge Ferreira, o Ferreirinha, policial militar lotado no 15º BPM, de Duque de Caxias, na Baixada Fluminense. Ele tinha a patente de segundo-sargento e estava havia dezessete anos na corporação. Tinha atuado por muitos anos no 18º BPM, de Jacarepaguá, batalhão responsável pelo policiamento em bairros como Pechincha, Freguesia, Tanque, Taquara, Curicica, Anil e Gardênia Azul, localidades sob a influência de milicianos, inclusive do Bonde do Joe.

Quando ele se apresentou, na hora me veio à lembrança a denúncia anônima recebida no dia 14 de abril, que mencionava um policial militar chamado "Ferreira", que era lotado no "15º BPM e integrante da milícia". Não parecia ser mera coincidência.

Como é comum, antes de iniciar a redução a termo do depoimento, ou seja, a transcrição resumida do que ele testemunharia, nós conversamos bastante, informalmente. Nessas situações, não se pode ter pressa, damos "corda" na conversa e voltamos várias vezes ao mesmo assunto para ver se surgem contradições. Ele contou um pouco da sua história na polícia e relatou que tinha sido miliciano do grupo chefiado por Orlando.

Percebi que Ferreirinha estava apreensivo, talvez intimidado com a presença dos delegados federais. Embora o depoente já tivesse se reunido com eles na sede da Polícia Federal, ser ouvido formalmente era uma situação bem diferente. Eu precisava tirá-los de lá para evitar interferências.

Como já estava próximo do almoço, pedi lanches e refrigerantes para os policiais, a testemunha e a advogada, e convenci os delegados a irmos almoçar no restaurante do clube. Escolhemos uma mesa próxima à janela, de onde era possível ver a praia e o Pão de Açúcar com os bondinhos subindo e descendo, pendurados nos cabos de aço. O local e o horário eram propícios para uma cerveja gelada, mas estávamos em serviço, então pedimos a comida acompanhada de sucos e refrigerantes. Ficamos ali um bom tempo.

Em determinado momento, os delegados se lembraram de que havia documentos que Ferreirinha tinha deixado com eles e estavam na sede da Superintendência Regional. Eu disse que seriam importantes para a investigação e eles se dispuseram a ir buscá-los. Enquanto isso, aproveitei para voltar à sala e acompanhar a oitiva até o final. Quando eles retornaram, o depoimento tinha acabado.

Ferreirinha disse que a motivação para depor eram as ameaças de Orlando, feitas de dentro do presídio Bangu 9. Disse que o ex-chefe acreditava que ele tinha passado a informação de sua localização para a Draco quando tinha sido preso, pois era um dos poucos que sabiam do esconderijo.

O policial militar contou como havia se aproximado da milícia. Disse que em 2015 ele e dois sócios mantinham serviços clandestinos de venda de sinal de internet e de ligações de "gatonet" em comunidades, como Teixeiras, Santa Maria e Pau da Fome, na zona oeste. No segundo semestre daquele ano, receberam o "recado" de Orlando comunicando que assumiria o controle daquelas localidades e que o serviço de "gatonet" passaria a ser administrado pela sua organização criminosa. Segundo Ferreirinha, não aceitaram entregar os negócios, e um dos sócios, o policial militar Rafael Silva, conhecido como Leão, "peitou" Orlando, respondendo que não entregariam as áreas, pois ele "não era nada".

Trinta dias depois, Leão estava na estrada da Boiuna, em Taquara, acompanhado da namorada, quando indivíduos fortemente armados chegaram atirando. Ele morreu na hora e ela ficou ferida. Ferreirinha afirmou que, nesse crime, Orlando teria participado pessoalmente da emboscada.

Afirmou que dias depois foi chamado pelo ex-chefe para uma conversa na casa dele, por volta das dez da noite. Disse que, quando chegou, encontrou Orlando com seguranças armados com fuzis.

– Ele falou que me daria uma chance de sobreviver se eu entregasse a minha parte do negócio – disse a testemunha.

– E você, o que fez?

– Acabei aceitando. Ele abriu o porta-malas de um carro que estava na entrada da garagem. Aí mostrou que tinha corda, algema e touca ninja. Virou pra mim e disse: "Quer morrer igual o Leão?". Não tive escolha.

Prosseguiu o depoimento contando que começou recolhendo o dinheiro arrecadado nas localidades dominadas pela milícia e, com o tempo, conquistou a confiança do ex-chefe e passou a atuar como segurança e motorista da esposa e da filha dele. Além do salário de policial militar, recebia quase o mesmo valor pelos serviços prestados para o grupo paramilitar. Contou que outros policiais, inclusive do Bope, também trabalhavam para Orlando.

Na sequência, passamos a tratar de homicídios que, segundo ele, teriam a participação do ex-chefe como mandante ou autor.

Um deles era o de Wagner Raphael de Souza, o Dádi, presidente da escola de samba União do Parque Curicica. Afirmou que o motivo da morte era o fato de a vítima ter alugado um terreno para a instalação de um circo sem a permissão da milícia. Tratava-se do mesmo crime pelo qual Orlando tinha sido preso pela Draco.

Outro caso era o dos policiais militares José Ricardo da Silva e Rodrigo Severo Gonçalves. Segundo a testemunha, Orlando acreditava que os dois policiais estavam armando um "golpe de estado", ou seja, pretendiam entregá-lo à polícia a fim de assumir o comando dos negócios. Por isso, no sábado de Carnaval de 2017, ele os teria convidado para um churrasco no seu sítio, conhecido como Quinta do Vale, localizado ao pé do Parque Nacional da Serra dos Órgãos, em Guapimirim, na Baixada Fluminense, junto com vários integrantes da milícia.

Ferreirinha disse que os policiais estavam aproveitando o churrasco, como se tudo estivesse bem, quando, de repente, Orlando sacou uma pistola e atirou no rosto de Ricardo, que caiu morto. Severo, percebendo que também era um alvo, saiu correndo em direção ao portão do sítio, levou um tiro na perna e caiu. Os indivíduos conhecidos como "Cachorro Louco" e "Claudinho" se aproximaram e fizeram novos disparos à queima-roupa, matando-o na hora. E Orlando teria dito: "Isso é o que acontece com quem me trai".

– Colocaram os corpos no porta-malas do carro do próprio Ricardo. O Claudinho foi dirigindo e o Cachorro Louco foi na escolta com o carro dele – completou.

Segundo ele, os dois foram até a zona norte do Rio de Janeiro, um percurso de pouco mais de 60 quilômetros, e, quando chegaram à Rua Jorge Coelho, em Brás de Pina, atearam fogo no veículo com os cadáveres dentro, deixando-os carbonizados. O veículo incendiado, um Hyundai ix35, pertencia a uma das vítimas. O carro de apoio dirigido pelo "Cachorro Louco" era um Honda Civic de cor prata. A testemunha disse, ainda, que depois eles voltaram para o sítio e contaram toda a história.

Até ali, os relatos se referiam a casos que já eram investigados pela DH e podiam ajudar nas resoluções. Faltava saber o que a testemunha tinha de informações em relação aos assassinatos de Marielle e Anderson.

Ferreirinha disse que pela proximidade que mantinha com o ex-chefe, frequentava a sua casa e participava de confraternizações em família. Contou que, em um churrasco, ouvira Orlando comentar que Marielle o estava incomodando. Ele teria dito que a vereadora era ligada aos traficantes do Comando Vermelho que dominavam a Cidade de Deus e o estaria confrontando por causa de uma disputa territorial.

A história era que, por meio da Associação de Moradores da Cidade de Deus, Marielle teria mandado o "recado" para Orlando parar de esculachar os moradores, pois os "garotos" (referindo-se aos traficantes) estavam prontos para invadir e dominar a Vila Sapê, até então controlada pelo Bonde do Joe.

– Ela estava ameaçando o Orlando?

– Foi o que ele falou. Ele disse: "A Marielle é uma filha da puta, nega safada, envolvida com vagabundo. É piranha do Freixo".

Aquela narrativa me pareceu forçada. Mas a testemunha colocava a suposta ameaça da vereadora, junto com os traficantes da Cidade de Deus, como o primeiro indicativo do envolvimento de Orlando no crime.

Na sequência, Ferreirinha passou a tratar da possível relação entre Siciliano e Orlando. Contou que, em junho de 2017, presenciou uma reunião entre os dois no restaurante Oficina do Chopp, na Avenida das Américas, no Recreio dos Bandeirantes. A conversa teria começado por volta das 16 horas. Disse que o vereador e o ex-chefe se sentaram a uma mesa separada, encostada na parede, enquanto ele, Mingau, Cachorro Louco e Claudinho, os mesmos que teriam participado dos homicídios no sítio, ficaram numa mesa ao lado.

– Você ouviu a conversa entre os dois?

– Eles falavam baixo. Não dava para ouvir. Mas teve uma hora em que o Siciliano se exaltou, bateu na mesa e disse em voz alta: "Aquela Marielle filha da puta, com aquele Freixo maconheiro, bando de safados, eles já passaram dos limites. Precisamos resolver isso. Não aguento mais!".

– E qual foi a reação do Orlando?

– Ele falou: "Calma, calma. Vou resolver. Calma, fala baixo".

Prosseguiu contando que dias depois presenciou Orlando e Siciliano reunidos na pizzaria La Cena, no Terreirão, região do Recreio dos Bandeirantes. Era um estabelecimento pequeno, com poucas mesas, porta metálica de enrolar e aberto para a calçada. Ferreirinha disse que ficou do lado de fora, por isso não conseguiu ouvir a conversa.

Além desses episódios, disse que, assistindo às notícias na televisão, reconheceu nas imagens o Cobalt utilizado no crime. Segundo ele, o veículo era o mesmo em que criminosos do Bonde do Joe circulavam na região do Campo do 15, em Curicica, semanas antes dos assassinatos. E mencionou dois outros homicídios recentes que teriam sido a mando de Orlando e manteriam relação direta com as mortes de Marielle e Anderson. Para ele, os dois crimes seriam "queima de arquivo".

O primeiro era o de Carlos Alexandre Pereira Maria, o Alexandre Cabeça, colaborador do mandato de Siciliano, o mesmo crime citado no Disque-Denúncia no dia 14 de abril. De acordo com ele, Alexandre tinha sido assassinado porque andava "falando demais". Afirmou que a morte fora encomendada por Orlando junto com "Nem" e "Diogo da Boiuna", de dentro de Bangu 9. E que entre os executores estava "Thiago Macaco".

O outro era o do policial militar reformado Anderson Cláudio da Silva, o Andinho, ocorrido na noite de 11 de abril. Ele tinha acabado de entrar no seu carro, um BMW que estava estacionado na Praça Miguel Osório, no Recreio dos Bandeirantes. Conforme a apuração no local do crime, um veículo se aproximou e parou na frente, impedindo-o de sair. Um segundo veículo parou do lado, e dele desceram vários criminosos atirando com pistolas e fuzis. O policial militar e os seus seguranças reagiram e houve uma intensa troca de tiros. Andinho morreu na hora e os seguranças sobreviveram. A perícia identificou mais de 30 impactos de disparos de arma de fogo no BMW.

Esse crime não parecia ter ligação com o caso. Isso porque tínhamos a informação de que Andinho atuava na segurança do contraventor Fernando Ignácio e já havia sofrido um atentado alguns meses antes, indicando que poderia ser mais uma vítima da guerra da contravenção.

Fui enfático e perguntei sobre as mortes de Marielle e Anderson:

– Quem participou da execução?

– Não tenho como afirmar. Mas acredito que sejam os homens de confiança do Orlando.

– Quem seriam eles?

– Mingau, Cachorro Louco, Renatinho Problema, William Negão, Shell, Pepa, Ricardinho e Cara de Lata. De alguma forma, eles devem estar envolvidos.

Depois de ouvir os relatos, abrimos a pasta com as fotos de suspeitos. Para cada indivíduo reconhecido pela testemunha, elaboramos um Auto de Reconhecimento de Pessoa, uma forma de fazer a identificação civil dos nomes citados no depoimento. Entre aqueles que Ferreirinha reconheceu, chamou a atenção Diogo da Boiuna, identificado como Diogo dos Santos.

Isso porque Diogo estava preso em Bangu 9, junto com Orlando, e havia uma história que precisava ser aprofundada. Em 2016, ele se envolveu numa confusão dentro de um bar e atirou em uma mulher. A Polícia Militar foi chamada e o prendeu dentro do apartamento dele, em Copacabana. Essa ocorrência foi lembrada porque, na época, os policiais encontraram no imóvel armas e munição pertencente ao lote UZZ18, o mesmo desviado da Polícia Federal e utilizado nos assassinatos de Marielle e Anderson.

Encerramos a oitiva. Os três delegados federais se dispuseram a assinar o termo de declaração da testemunha, fato bastante incomum e que reforçou a minha percepção de que eles estavam convictos de que aquela testemunha fecharia o caso e que, de certa forma, o documento assinado entraria para a história. Eles até pediram uma cópia, mas eu neguei, justificando que a investigação permanecia sob sigilo absoluto e que naquele momento não era possível disponibilizar os documentos.

Na quarta-feira, dia 2 de maio, a primeira coisa que fiz na delegacia foi reunir a equipe responsável pelo caso para avaliarmos o depoimento. Nossa percepção foi de que tinha valor, contudo era precipitado apontarmos a participação de Orlando no crime, baseando-nos apenas nos relatos da testemunha. Diferentemente do que parte da imprensa insistiu em divulgar, não houve empolgação da nossa equipe, e as informações foram tratadas com prudência. Em nenhum momento Ferreirinha foi considerado por nós como uma testemunha-chave.

Objetivamente, iniciamos as diligências para qualificar aqueles dados. Levantamos todos os inquéritos relativos aos homicídios mencionados por ele e estabelecemos prioridade nas apurações. A estratégia era aproveitar as informações para concluir os casos que estavam abertos e nos quais faltavam provas e testemunhas para elucidar os crimes. A ideia era avançar nos inquéritos de modo paralelo e, lá na frente, cruzá-los com o caso Marielle e Anderson.

A lógica era simples. Fechar os inquéritos, prender os criminosos e, com isso, obter provas sobre o possível envolvimento de Orlando nas mortes da vereadora e de seu motorista. Uma coisa é ouvir alguém na condição de testemunha e estando em liberdade, outra é ouvi-lo quando está na "pica", ou seja, na prisão.

Na reunião, também definimos o esquema de segurança para a testemunha. Eu tinha certeza de que Ferreirinha seria assassinado se ficasse desprotegido, e era nossa responsabilidade mantê-lo vivo. Conseguimos que ele saísse de férias até que o general Richard pudesse efetivar a sua transferência do 15º BPM para o Comando Geral da Polícia Militar, no Centro.

Outra providência foi encontrarmos um lugar seguro e de fácil acesso para quando precisássemos ouvi-lo novamente. Ele tinha manifestado formalmente que não queria ser incluído no Programa de Proteção a Vítimas e Testemunha, e o estado não dispunha de recursos específicos para esse tipo de estrutura. O jeito foi improvisar.

Acomodamos Ferreirinha num apartamento desocupado que pertencia a um amigo de um dos meus policiais e ficava na Barra da Tijuca. E colocamos agentes na frente do prédio, fazendo a vigilância 24 horas por dia. Era uma atitude arriscada, não convencional, mas foi a única maneira que encontramos para garantir a sua vida.

Determinei a Marquinho que ficasse responsável pela testemunha. Era preciso acompanhar de perto o trabalho de vigilância e manter contato direto com Ferreirinha e com a advogada Camila. Sabíamos que era necessário protegê-los, inclusive do pessoal da delegacia, por isso "paguei a missão" para alguém da minha confiança. Cabia a Marquinho fazer o contato e agendar os depoimentos. Havia muita apreensão, e coube a ele orientá-los para que permanecessem calmos e pudessem colaborar com a investigação.

Essa articulação foi usada na noite de sábado, 5 de maio, quando Ferreirinha foi ouvido novamente. Dessa vez, a oitiva aconteceu na própria DH. Como o pessoal da imprensa fazia plantão em frente à delegacia, entramos com ele pela porta dos fundos do prédio.

Em seu segundo depoimento, ele ratificou todas as declarações dadas quando depôs pela primeira vez e as complementou, dizendo acreditar que o Cobalt utilizado no crime havia sido viabilizado por "Rafael da Merck", apontado como clonador de veículos do Bonde do Joe e cuja identidade civil era Rafael Guimarães, segundo apuramos. Essa era uma pista nova e relevante.

No domingo, dia 6 de maio, estava em casa à noite quando recebi uma mensagem no celular avisando que o programa *Domingo Espetacular*, da Rede Record, tinha anunciado uma reportagem sobre o caso. "Exclusivo: revelações que podem mudar o rumo da investigação sobre a morte da vereadora Marielle Franco. Erros da perícia inicial encobriram pistas preciosas, entre elas a que levou à arma do crime, uma submetralhadora de fabricação alemã utilizada por tropas de elite. Informação mantida sob sigilo até agora", dizia a chamada.

Liguei a televisão e consegui assistir à matéria. O repórter Vinícius Dônola disse que um erro da investigação tinha levado a Polícia Civil a considerar, inicialmente, o uso de uma pistola, e que a perícia tinha verificado que as marcas deixadas nos estojos da munição correspondiam às de uma submetralhadora, modelo HK MP5, de fabricação alemã e de uso restrito das forças de segurança.

Na verdade, os jornalistas tiveram acesso a um documento sigiloso da DH encaminhado à Coordenadoria de Fiscalização de Armas e Explosivos, solicitando informações sobre quantas submetralhadoras daquele modelo existiam com as forças de segurança do Rio de Janeiro, onde estavam e quem tinha recebido treinamento para usá-las.

Era mais um vazamento. A reportagem revelou que havia poucas submetralhadoras desse modelo no estado, cerca de 40 unidades com a Polícia Civil e um lote menor distribuído para as forças especiais da Polícia Militar, inclusive para o Bope.

Na matéria, um delegado especialista em armas demonstrou, em um estande de tiros, o funcionamento da submetralhadora. Afirmou que para ter precisão com ela o atirador precisaria ser treinado e possuir experiência de pelo menos mil tiros disparados. Portanto, sugeria que o assassino fosse especialista em atirar, provavelmente alguém com formação nas forças de segurança. E, de certa forma, a reportagem serviu para "avisar" aos criminosos que estávamos na busca de uma submetralhadora HK MP5.

Na terça-feira, dia 8 de maio, eu ainda estava "catando os cacos" do estrago feito pela divulgação do modelo da arma, quando fui convocado pelo general Richard para uma reunião de urgência na Seseg. O secretário também convocou o chefe de polícia, pois havia a informação de que o depoimento de Ferreirinha tinha vazado e o jornal *O Globo* estava prestes a publicar uma reportagem.

Eu sabia que não era isso. O termo de declaração da testemunha estava impresso, anexado ao inquérito e guardado dentro de um armário com chave que ficava na minha sala, na delegacia. Só existia uma possibilidade: o áudio gravado pelo jornalista.

A caminho da reunião, liguei para o delegado Hélio Khristian e disse:

– O jornal pretende publicar uma matéria sobre o depoimento. Só pode ser com base no áudio. Preciso que me ajude a contornar a situação com o Werneck. A gente precisa impedir a divulgação.

– Tu não deu moral pra ele. O cara tá achando que vai levar bola nas costas. Não acredito que dê pra segurar – disse, de modo irônico.

Joguei o telefone no banco do carona e pensei: "Ele sabe da publicação, provavelmente até já revisou o texto". Fiquei revoltado.

Cheguei à Central do Brasil bastante alterado. No gabinete do secretário estavam o general Richard, Rivaldo e Marcelo Ahmed, assessor de imprensa da Polícia Civil. Procurei esclarecer que o vazamento não tinha sido da delegacia e contei que no caminho tinha conversado com o delegado Hélio para tentar impedir a publicação, e ele havia simplesmente lavado as mãos.

O que fazer? Era a pergunta que nós quatro nos fazíamos. O general estava muito preocupado e decidiu telefonar para a direção do jornal.

Percebi que cada vez que ele argumentava sobre a necessidade de manter o conteúdo sob sigilo, aumentava ainda mais a crença dos jornalistas de que aquela informação seria decisiva para o caso e que a deveriam publicar. As conversas e as ponderações acerca de prejuízos à investigação não deram resultado. Por volta das 19 horas, Ahmed recebeu a ligação de uma funcionária de sua equipe. Observei a sua expressão se tornando cada vez mais apreensiva e, sem afastar o celular, olhou para nós e disse:

– A matéria acabou de subir no site.

Cada um pegou o seu celular para ler: "Exclusivo: testemunha envolve vereador e miliciano no assassinato de Marielle Franco". Logo abaixo da manchete, uma pequena descrição: "Ameaçado de morte pela milícia, homem cita o político Marcello Siciliano e Orlando de Curicica, que está preso, em depoimento à polícia".

A matéria era assinada por Werneck e não revelava a identidade da testemunha, mas relatava como ela tinha chegado à DH, por intermédio dos três delegados federais, citando os nomes de cada um deles. Também transcrevia trechos do suposto depoimento, demonstrando que a base eram as declarações feitas na sede da Polícia Federal, e não no Círculo Militar ou na delegacia.

A reportagem citou trechos de falas da testemunha: "O ex-PM [Orlando] era uma espécie de capataz do vereador [Siciliano], que passou a apoiar a expansão do grupo. Pelo que sei, era apoio político, mas ouvi comentários de que a milícia agia em grilagem de terras na zona oeste, especialmente no Recreio dos Bandeirantes". Em outro trecho: "Ela [Marielle] peitava o miliciano e o vereador. Os dois (o miliciano e Marielle) chegaram a travar uma briga por meio de associações de moradores da Cidade de Deus e da Vila Sapê. Ela tinha bastante personalidade. Peitava mesmo".

Na sequência, dizia que a testemunha tinha fornecido datas, horários e locais das reuniões entre Siciliano e Orlando e que as conversas haviam começado em junho de 2017, destacando o suposto encontro deles no restaurante Oficina do Chopp. Nesse ponto, reproduziu: "O vereador falou alto: 'Tem que ver a situação da Marielle. A mulher está me atrapalhando'. Em seguida, bateu forte com a mão na mesa e gritou: 'Marielle, piranha do Freixo'. Depois, olhando para o ex-PM, disse: 'Precisamos resolver isso logo'".

Foi uma bomba. Pouco depois, a matéria estava sendo divulgada no *Jornal Nacional*, da Rede Globo, tornando-se assunto no país.

No dia seguinte, Ferreirinha e a advogada Camila foram à DH, desesperados, temendo pelas próprias vidas. Os dois afirmaram que haviam autorizado a gravação da conversa porque Werneck explicou que seria apenas para "não perder as informações". Disseram que tinham a palavra do jornalista de que qualquer informação só seria publicada com expressa autorização de ambos. Camila contou que, no dia anterior, uma mulher que se identificou como editora-chefe de *O Globo* insistiu com ela para que desse uma autorização, mas ela se negara.

O vereador Siciliano reagiu, convocando uma entrevista coletiva pela manhã numa sala de conferências de um hotel no Recreio dos Bandeirantes. Sobre a mesa estavam os microfones da imprensa amontoados e, atrás dele, um telão exibia uma foto sua abraçado com a vereadora Marielle.

Defendeu-se com um tom bem emotivo: "Quero expressar minha indignação como ser humano. Estou perplexo. Minha relação com a Marielle era muito boa. Podem buscar as câmeras da Câmara. Ela sentava na minha frente, a gente conversava muito, se abraçava, se beijava. Nunca teve conflitos políticos. Ela participou da minha festa de aniversário. Estou sendo massacrado nas redes sociais. Mais do que nunca, quero que o caso seja resolvido".

Questionado sobre o suposto encontro dele com Orlando Curicica, o vereador respondeu: "Falo com muitas pessoas, é muito difícil saber os nomes. Se em algum momento interagi com alguém chamado Orlando, não sei. Mas nunca tive reunião. Esse encontro nunca aconteceu".

Orlando Curicica reagiu por meio de uma carta encaminhada à redação do jornal *O Dia*. O jornal publicou trechos nos quais ele negava o envolvimento com os assassinatos e procurava desacreditar o depoimento da testemunha, afirmando que Ferreirinha não tinha credibilidade porque era "chefe de milícia no Morro do Banco".

Como ele conseguiu enviar a carta para o jornal de dentro da penitenciária? Estando preso, não tinha permissão para isso. E como não havia registro de que tivesse recebido a visita de algum jornalista naquele dia, a hipótese mais provável era de que a carta tivesse sido entregue por meio do seu advogado. E como sabia o nome da testemunha, que permanecia em sigilo e não tinha sido divulgado pela reportagem? Também não existia uma resposta.

O fato é que o episódio da publicação da carta gerou constrangimento para a Secretaria de Administração Penitenciária (Seap) e para a direção da unidade prisional, provocando uma reação rápida e dura.

A unidade de Bangu 9 é formada por galerias identificadas por letras de "A" a "I", cada uma com 12 celas numeradas. No final da tarde daquela quarta-feira, por volta das 17 horas, uma equipe de agentes penitenciários realizou uma revista na cela número 4, da galeria D, onde ficava Orlando com outros presos acusados de serem milicianos. Nela encontraram um celular escondido num buraco na parede, embaixo de uma cama de concreto.

Os agentes revistaram outras duas celas na mesma galeria, e em cada uma foram encontrados celulares escondidos em buracos nas paredes. Como estavam em áreas comuns, ou seja, não estavam junto a pertences de algum preso, especificamente, não foram atribuídos a nenhum deles. Os três aparelhos celulares foram apreendidos, entregues à DH, e nós os encaminhamos para a perícia.

O procedimento de revista tumultuou a galeria, os presos ficaram agitados e começaram a falar em fuga. Os agentes penitenciários ficaram apreensivos com a situação. Pouco depois das 21 horas, a Seap decidiu transferir Orlando para a Penitenciária Laércio da Costa Pellegrino, conhecida como Bangu 1, o presídio de segurança máxima do Rio de Janeiro.

CAPÍTULO 7

AS PORTAS DO INFERNO

O Complexo Penitenciário de Gericinó está localizado na zona oeste do Rio de Janeiro e reúne 25 unidades prisionais, sendo 12 penitenciárias, 6 cadeias públicas, 3 institutos penais, 2 hospitais penais, 1 sanatório penal e 1 unidade materno-infantil, destinada às internas mães de recém-nascidos. Segundo dados do Departamento Penitenciário Nacional (Depen), compilados entre janeiro e junho de 2020, a população carcerária no Brasil ultrapassa 702 mil presos (considerando aqueles em regimes aberto, semiaberto, provisório, tratamento ambulatorial e medida de segurança). Nesse padrão, cerca de 48 mil estão no estado do Rio de Janeiro, 33 mil só na capital e, destes, 28 mil apenas em Gericinó.

A partir de 1957, começaram a ser construídas as primeiras unidades, a princípio localizadas no bairro Bangu. Em 2004, o prefeito César Maia decretou a criação do bairro Gericinó, compreendendo o complexo prisional e uma extensa área livre para a construção de novas unidades. Apesar de seus nomes oficiais, muitas unidades ainda são chamadas de "Bangu", acompanhado de um número. Informalmente, cada uma delas acabou desenvolvendo um perfil diferente, ou seja, quando o preso é traficante, por exemplo, ele declara a qual das facções pertence e é mandado para a unidade que abriga integrantes da mesma facção. Quando é miliciano, vai para Bangu 9. E quando o preso dá problema ou é muito perigoso, ele é mandado para Bangu 1.

Considerado de segurança máxima, o presídio foi construído nos anos 1980 para abrigar os presos mais perigosos do Rio de Janeiro. É um prédio relativamente pequeno, com paredes de concreto revestidas com placas de metal e quatro galerias com 12 celas cada uma, abrigando no máximo 48 detentos. As celas são individuais e pequenas, medem cerca de seis metros quadrados, apenas com uma fresta entre o teto e a parede para a entrada de luz. Elas têm cama de concreto com colchonete antichama, mesinha de concreto no canto e uma divisória delimitando o espaço onde fica o cano de chuveiro e o *boi*, um buraco no chão usado para urinar e defecar. Não é permitido ter televisão, celular, rádio ou ventilador, num lugar em que a sensação térmica, no verão, bate os 50 graus.

Os presos são submetidos ao Regime Disciplinar Diferenciado e permanecem trancafiados dentro das celas vinte e duas horas por dia. O banho de sol, de duas horas, é realizado dentro da própria galeria, no corredor entre as duas fileiras de celas, um local estreito com grades fechando toda a parte de cima. Em cada galeria há uma sala blindada, de onde os agentes ficam monitorando pelo vidro a movimentação dos presos no corredor.

As portas das celas são de aço e totalmente fechadas, tendo apenas uma pequena abertura retangular para comunicação e entrega de alimento. O sistema de abertura e fechamento é eletrônico e realizado na sala de controle, e, depois que as travas internas da porta são acionadas, os agentes ainda colocam dois cadeados bem grandes, trancando pelo lado de fora.

As visitas são limitadas e quinzenais, sem contato físico, apenas nas salas apropriadas chamadas de parlatórios, onde o preso e a visita ficam separados por uma parede com vidro, sem nenhum ponto por onde possam passar papel ou outro objeto, e as conversas são realizadas por meio de interfone.

O sistema de segurança melhorou depois da histórica rebelião em setembro de 2002, quando integrantes do Comando Vermelho mataram quatro presos de facções rivais. Com a colaboração de agentes penitenciários, eles saíram da galeria armados com pistolas, renderam outros funcionários e foram para a galeria "D", onde estavam os presos da Amigos dos Amigos e do Terceiro Comando. Foi uma carnificina.

Arrancaram as portas de aço das celas, fuzilaram os presos. Enrolado em um colchão dentro da própria cela, queimaram o corpo do alvo principal, Ernaldo Pinto de Medeiros, conhecido como Uê. Por vinte e três horas os rebelados mantiveram oito reféns amarrados a botijões de gás. O episódio inspirou as cenas do filme *Tropa de Elite 2: o inimigo agora é outro*, no qual o personagem Diogo Fraga é baseado em Marcelo Freixo, na época ativista dos direitos humanos, que participou da negociação com os detentos.

A transferência de Orlando para Bangu 1 foi tumultuada. Em Bangu 9 ele era considerado líder de milícia, tratado como "senhor Orlando", só comia alimentos levados pelos familiares, por medo de ser envenenado, e conseguia se comunicar com o lado de fora pelo celular. Agora, seria colocado num presídio de segurança máxima, em total isolamento, e ficaria exposto aos inimigos, principalmente aos traficantes. Tudo isso o deixou muito alterado. Como nós dizemos, o preso "bateu panela". Durante o traslado, dentro da viatura da Seap, ele foi esbravejando e, aos berros, dizia que entregaria tudo e que não assumiria nada sozinho.

Os agentes que o levaram na van relataram os fatos ao secretário de Administração Penitenciária, David Anthony, que, por sua vez, relatou o ocorrido ao general Richard Nunes.

Já passava da meia-noite quando o general Richard falou comigo por telefone, contou o que tinha acontecido e disse que o ambiente estava muito tenso, inclusive com presos falando em fuga. Explicou que Orlando estava sendo monitorado por câmeras e estava alardeando a sua intenção de "abrir tudo". Em sua opinião, era importante aproveitarmos o momento. No fundo, havia a expectativa de conseguirmos informações que pudessem contribuir para a elucidação do caso.

Em parte, eu concordei com ele. Fiquei na dúvida se aquele era o momento adequado para o depoimento. Liguei para Marquinho e discutimos a situação. Entendíamos que Orlando deveria ser ouvido mais adiante, sobretudo após algum avanço com os inquéritos paralelos que o envolviam. Entretanto, as circunstâncias colocaram as coisas de outro jeito, forçando-nos a considerar que não teríamos outra oportunidade como aquela. Mesmo receosos, decidimos ir.

Na manhã de quinta-feira, dia 10 de maio, Marquinho, o agente Henrique Silva e eu tomamos o caminho para Gericinó. As vias de acesso à entrada do complexo prisional ficam repletas de familiares que vão visitar os detentos. São, predominantemente, mulheres, formando uma multidão de cerca de 2 mil pessoas em todos os dias de visita. O comércio local, com pequenos estabelecimentos e barracas de ambulantes, fica movimentado nas horas que antecedem a abertura, e, quando chegamos, havia muita gente.

Identificamo-nos na portaria principal e seguimos pela Estrada General Emílio Maurell Filho. Passamos em frente às unidades prisionais Penitenciária Esmeraldino Bandeira, Cadeia Pública Jorge Santana e Instituto Penal Vicente Piragibe, até chegarmos à Penitenciária Laércio da Costa Pellegrino, a Bangu 1. Eram 7 horas, e, na portaria, o delegado federal Fábio Andrade, corregedor da Seap, estava nos esperando. Ele também ouviria Orlando, por causa das denúncias que o preso estava fazendo sobre o sistema prisional.

Submetidos a uma revista minuciosa, precisamos deixar as armas e os celulares na recepção. Não chegamos ao local das galerias onde ficavam as celas; fomos levados até uma sala na parte administrativa da unidade, cedida para a realização do depoimento. Ficou combinado que nós ouviríamos o preso primeiro, e depois ele seria ouvido pelo corregedor da Seap.

Escoltado por dois agentes penitenciários, Orlando chegou vestindo camiseta branca e bermuda azul – uniforme obrigatório para os detentos naquela unidade prisional – e estava algemado com os braços para trás. Estava incomodado com isso, reclamou da situação e pediu que fosse algemado com os braços para a frente. Na Polícia Civil, por padrão, nós também algemamos com os braços para trás e com as palmas viradas para fora, uma cautela para impedir que a pessoa tente alguma reação e possa agredir o policial. Como a disposição da sala nos mantinha a certa distância, e a minha estratégia era ganhar a confiança dele, permiti que os agentes mudassem a posição e o algemassem com os braços para a frente. Era um gesto demonstrando que eu não estava lá para esculachá-lo.

Fiquei sentado em uma cadeira atrás de uma mesa, e ele, na minha frente, um pouco distante, sentado em outra cadeira. Marquinho ficou em uma poltrona ao lado e Henrique usou uma escrivaninha com o computador.

– Somos da Delegacia de Homicídios. Estamos aqui para te ouvir sobre o caso da vereadora Marielle – iniciei, fazendo a apresentação.

– Não tenho nada com isso, doutor.

– Entenda o seguinte. Esse caso é como um furacão. Eu fui jogado para dentro dele. E você também foi. E esse furacão continua girando, arrastando tudo que encontra. Então vou te colocar qual é a situação, e você pensa em como pretende sair disso.

Ele ficou em silêncio. Prossegui "desenhando" para ele um quadro real do que estava acontecendo. Quando falei que uma testemunha tinha envolvido o nome dele no caso, ele disse que já sabia que era o Ferreirinha. Apenas confirmei e emendei:

– Então, você conhece o Ferreirinha. Sabe que ele não é qualquer um. Ele foi da sua organização e esteve bem próximo a você. Pô, o cara foi segurança da sua mulher e da sua filha! Vai me dizer que ele não tem informações sobre o que acontecia?

Ele não respondeu. Enquanto eu descrevia os fatos, ele permanecia em silêncio e balançava a cabeça, de um lado para o outro, negando tudo o que eu estava dizendo. Depois da exposição inicial, perguntei:

– O que tem a dizer sobre a morte da Marielle?

– Nada. Não tenho nada a ver com isso.

– Você disse na transferência que ia abrir tudo. Estou aqui para ouvir.

– Como funciona a delação premiada?

"É isso que ele quer", pensei. O que se chama comumente de "delação premiada" se trata de colaboração premiada, até porque nem sempre o réu delata alguém. Previsto na Lei de Organizações Criminosas, de 2003, é um mecanismo judicial pelo qual um acusado se dispõe a colaborar com as investigações revelando detalhes do crime e dos comparsas, em troca de alguns benefícios negociados caso a caso; entre eles, a redução da pena de um a dois terços do tempo previsto, substituição do regime fechado pelo semiaberto, extinção da pena ou até o perdão judicial. Contudo, esse tipo de acordo só é válido depois de homologado pela justiça e confirmadas todas as informações que o réu oferece. Tudo o que é dito precisa estar acompanhado de provas.

Expliquei tudo isso em detalhes. Quando perguntei se ele tinha interesse, respondeu que não, demonstrando que não trataria de uma colaboração naquele momento sem antes discuti-la com seu advogado.

O interrogatório prosseguiu. Ele contou um pouco da sua história de vida, desde a época em que foi policial militar e acabou sendo expulso, até quando passou por dificuldades, a partir de 2011, e teve a ajuda do policial militar reformado Geraldo Antônio Pereira, que controlava as máquinas caça-níqueis em parte da zona oeste e foi assassinado numa academia de ginástica no Recreio dos Bandeirantes.

Depois disso, começamos a tratar especificamente do caso.

– Conhece o vereador Marcello Siciliano?

– Como pessoa pública. Não tenho amizade.

– Vocês têm negócios juntos?

– Não.

– Esteve com o Siciliano no restaurante Oficina do Chopp?

– A gente se cruzou um dia. Cumprimentei e fui embora.

– Chegaram a conversar?

– Já disse, doutor. Só cumprimentei. Não falei com ele.

– Nesse dia, o Ferreirinha estava junto?

– É possível.

– Ele diz que viu vocês dois na pizzaria La Cena. Você confirma?

– Não me lembro.

Percebi que ele não avançaria no assunto, por isso procurei mostrar que nós estávamos trabalhando em várias frentes e sabíamos de muita coisa.

– Você está envolvido na morte do Pereira?

– Não! – respondeu, irritado.

– Participou dos assassinatos dos policiais Ricardo e Severo?

– Não.

– Eles foram assassinados dentro do seu sítio. A informação é que você, Claudinho e Cachorro Louco os mataram. Depois queimaram os corpos em Brás de Pina – expliquei, enquanto ele permanecia em silêncio.

– Mandou matar o Alexandre Cabeça?

– Não.

– A informação é que você e o Diogo da Boiuna são os mandantes – esclareci, enquanto ele silenciava.

Perguntei sobre a morte de Wagner Raphael de Souza, o Dádi, presidente da escola de samba de Curicica. Ele negou a participação. Questionei sobre outros homicídios nos quais era suspeito e, a cada pergunta, ele respondia que não tinha envolvimento. Aí eu relatava os detalhes de cada crime, inclusive sobre como seria a sua participação em cada um. Ele ficava calado e balançava a cabeça de um lado para o outro.

Por um tempo, a oitiva seguiu esse enredo. Em determinado momento, ele apoiou os braços sobre as coxas, abaixou a cabeça, como se olhasse para o próprio umbigo, e ficou calado. Observei as suas mãos se mexendo com os dedos se entrelaçando. Ficamos todos em silêncio. Olhei para Marquinho e, pelo seu olhar, percebi que estava pensando a mesma coisa: "Ele vai confessar".

Já tinha visto aquela cena em muitos depoimentos. Chega um momento em que o indivíduo percebe que não tem alternativa. Para o investigador, são instantes de ansiedade. Se Orlando decidisse confessar os crimes, a partir dali nós poderíamos fechar diversos casos e, quem sabe, o de Marielle e Anderson. Foram segundos angustiantes, pareciam nunca acabar. Fiquei apenas olhando, deixando-o à vontade, esperando que começasse a falar. De repente, sem levantar a cabeça, ele quebrou o silêncio:

– A história é essa, doutor. Vocês já sabem de tudo. Pode botar no papel que eu assino.

– Deixa eu te dizer uma coisa. Se quiser falar, nós vamos te ouvir. É só chamar o advogado e resolvemos isso. Agora, tudo o que for falado, precisa ter provas. Sem provas, nada feito. Entendeu?

– Vou assinar, doutor. O que mais o senhor precisa?

– Não basta. Não vou aceitar só conversa. Só vale se tiver provas.

Ele ficou calado por um tempo. Dessa vez, olhando para mim. Um olhar frio e distante. Permaneci indiferente. Aí ele quebrou o silêncio mais uma vez:

– Então não tenho nada a dizer, doutor.

– Vamos embora! Não tem mais nada a fazer aqui! – gritou Marquinho, bastante irritado e se levantando da poltrona. E começou uma discussão entre os dois. Foi o momento mais tenso.

– Então você é santo, não é, Orlando? Não tem crime nenhum.

– E você é quem pra me acusar de alguma coisa?

– Eu sou o policial que prende criminosos. Tenho 33 anos de polícia e sei quando estão mentindo. O doutor Giniton te passou o quadro real, demonstrou boa vontade e mostrou o que é possível fazer. Mas se você não quer colaborar, o problema é seu. Você sabe que não vai sair impune disso. Sabe que essas acusações vão te pegar.

Intervim, dizendo que não deviam discutir. Acalmamos os ânimos e, quando estávamos nos preparando para sair da sala, Orlando se aproximou de mim, bruscamente. Pensei que fosse me agredir, mas percebi que não estava com essa intenção e dei sinal com a mão para que Marquinho e Henrique ficassem parados. Estava tudo sob controle. Bem próximo de mim, ele disse:

– Doutor, me manda de novo pro 9. Eu posso te ajudar ficando lá.

– Não fui eu quem te botou aqui no 1. Não sou eu que vou te mandar de volta pro 9. Sou delegado da Homicídios da capital. Não posso fazer nada sobre isso. Agora, quando quiser depor, marca com o advogado e a gente volta. Fora isso, não tenho o que fazer.

Deixamos o Complexo Penitenciário de Gericinó por volta das 11 horas e fomos direto para a delegacia. Havia muito trabalho para a realização da reprodução simulada dos fatos, comumente chamada de reconstituição do crime, programada para acontecer à noite.

Trata-se de um procedimento previsto no artigo 7º do Código de Processo Penal, que pode ser realizado na fase do inquérito policial na busca de informações decisivas sobre a autoria e a materialidade dos fatos. No caso Marielle e Anderson, consideramos imprescindível a sua realização, principalmente porque não havíamos arrecadado imagens registrando o momento dos disparos contra o veículo das vítimas, e também pretendíamos confirmar o tipo de armamento utilizado no crime.

A preparação tinha começado pela manhã. Por volta das 10 horas, seis caminhões e um ônibus do Exército estacionaram em uma das faixas da Rua João Paulo I, e dezenas de soldados começaram a montar a estrutura. O local foi cercado com grades de ferro e protegido com lonas plásticas pretas. No chão, ao longo de toda a zona de tiro, foram empilhados sacos de areia, criando uma parede de contenção para os projéteis disparados.

Perto do início da reprodução, as ruas nas intermediações foram interditadas e o espaço aéreo foi fechado, proibindo até mesmo aproximação de *drones*. Além do Exército, participaram também a Polícia Civil, a Polícia Militar, a Guarda Municipal e agentes de trânsito.

Aquela reprodução simulada dos fatos entrou para a história das investigações criminais como a primeira realizada no Brasil utilizando armas e munição reais. Efetuar centenas de disparos com armas de fogo em um local aberto exige um nível de controle da situação incomum, pois os projéteis percorrem longas distâncias, e os riscos de acidentes são grandes. Nós só conseguimos realizar a reconstituição nesse formato porque tivemos a participação do Exército. O general Richard viabilizou toda a estrutura. Um trabalho que exigiu muito planejamento e organização.

Utilizamos um Cobalt para simular o veículo utilizado pelos assassinos. Para representar o das vítimas, utilizamos dois modelos, um Chevrolet Onix e um Volkswagen Gol, este mais velho, usado para receber os tiros.

Era necessário compreendermos a dinâmica e as características dos acontecimentos. A arma utilizada foi mesmo uma submetralhadora? Os disparos foram em rajada ou de modo intermitente? Foram estridentes ou abafados? O atirador tinha muita ou pouca habilidade no manuseio da arma? Eram perguntas às quais buscávamos responder. As referências para aquela reprodução eram os laudos periciais, os achados criminalísticos do local e as impressões auditivas e visuais de três testemunhas presenciais.

Para isso, organizamos a atividade em duas fases. Na primeira, o objetivo era reconstituir a dinâmica envolvendo os veículos. Reproduzimos a aproximação do carro dos criminosos com o das vítimas, simulando o momento do emparelhamento dos dois e a manobra de afastamento após os disparos.

Chamávamos de "passada" cada repetição que fazíamos das encenações. Fizemos diversas vezes, seguindo as orientações de cada uma das testemunhas. Naquele caso, elas tinham pontos de vista diferentes, pois no dia do crime se encontravam em locais e posições distintas. Isso era um complicador, e tornava mais difícil e demorada a reprodução. Foi necessário trabalharmos com cada uma das testemunhas em separado.

A primeira foi a assessora Fernanda Chaves. Ela estava morando fora do país e foi ao Rio de Janeiro apenas para participar da reprodução; logo depois, embarcou de volta à Europa. O seu ponto de vista era de quem estava dentro do carro atingido. A percepção era quase que exclusivamente auditiva, pois estava distraída no momento dos disparos e não tinha visão do que acontecia do lado de fora. Confirmou que os tiros foram em rajada e abafados, correspondendo à arma com silenciador. Ficou muito emocionada. Estar de volta ao local do crime e de alguma maneira revivê-lo, por meio da reprodução simulada, foi algo muito doloroso.

Na sequência, realizamos as encenações com base nos relatos das outras duas testemunhas. Uma delas era um educador social que no dia do crime estava posicionado próximo ao portão do abrigo Dom Helder Câmara, na Rua João Paulo I, e viu apenas o carro das vítimas se deslocando lentamente, até parar do outro lado da rua, arrastando as rodas no meio-fio da calçada. Ele não viu a dinâmica dos disparos e apenas confirmou ter ouvido a rajada e que os estampidos pareciam abafados.

A terceira testemunha havia sido descoberta no início do mês de abril, após uma reportagem do jornal *O Globo*. Uma repórter esteve no local do crime uma semana depois e conseguiu encontrar duas testemunhas oculares que não constavam do inquérito. As duas pessoas presenciaram as execuções e foram dispensadas pela Polícia Militar, resultado da falha nos procedimentos iniciais de preservação da cena. Nós tínhamos ido atrás das duas testemunhas, mas encontrado apenas uma. A outra só foi localizada depois que havíamos realizado a reprodução.

Por segurança, vamos chamá-la apenas de Lúcia (nome fictício). Na noite do crime, ela estava na calçada, esperando o sinal fechar para os carros e abrir para os pedestres para atravessar a avenida e chegar à Praça do Estácio. Observou o "carro branco" iniciando a conversão à esquerda para pegar a Rua João Paulo I, caminho para a Tijuca. Nesse instante, viu o "carro prata" emparelhar bruscamente, ficando um pouco atrás. "O motorista do carro branco pensou que ia bater e quase parou", relatou. Ouviu os disparos, e o som era abafado. "O carro branco ficou todo furado e o carro prata partiu na direção do Centro de Convenções. O carro branco começou a andar devagar, até parar em frente ao abrigo de menores", disse.

Lúcia contou que, após o crime, ouviu um morador de rua afirmar que o atirador era negro e usava uma camisa do Flamengo. Ela se referia justamente à segunda testemunha descoberta pelo jornal e que seria localizada por nós apenas alguns dias depois.

Tudo foi gravado em vídeo e fotografado pelos peritos criminais.

Na segunda fase, reproduzimos o momento dos disparos. Levamos várias armas semiautomáticas com calibre 9 mm e de modelos diferentes. Elas já tinham sido testadas e periciadas no ICCE, e precisávamos confirmar as percepções dos peritos. As três testemunhas diziam que o som parecia abafado, como se a arma utilizasse um silenciador.

Nós tínhamos quase a convicção de que a arma utilizada era uma HK MP5. Levamos uma submetralhadora do mesmo modelo e efetuamos diversos disparos nos três modos de ação que ela permite. No regime semiautomático, dispara um tiro cada vez que o gatilho é pressionado. No chamado *burst*, realiza pequenas rajadas de três tiros por vez. E, no automático, produz uma rajada contínua. Nesse modo, a arma é capaz de efetuar até 800 disparos por minuto. Foi o momento mais tenso.

Para cada passada, uma sirene tocava, deixando todos em estado de alerta. Já era madrugada, tudo ficava em silêncio, e o carro simulando o dos criminosos se aproximava do das vítimas e, de repente, ouvíamos a rajada. Dentro do carro atingido, um boneco de silicone e isopor levava os tiros. Foi perturbador. Eu fiquei imaginando a cena real. Um segundo! Apenas um segundo e os dois estavam mortos.

O atirador tinha treinamento específico para o manuseio da arma. Foi utilizada uma submetralhadora HK MP5 com silenciador acoplado. Os disparos foram realizados no modo rajada e a poucos centímetros de distância, no exato instante em que o veículo das vítimas iniciava a conversão à esquerda para entrar na Rua João Paulo I. O Agile continuou na sua trajetória e só parou depois de as rodas se arrastarem no meio-fio da calçada. Os criminosos fugiram pela Rua Joaquim Palhares, na direção do Centro de Convenções SulAmérica. Na fuga, chegaram a raspar a lataria do Cobalt num poste de metal no meio do canteiro. Não desceram do carro nem voltaram para conferir, confiantes de que haviam acertado o alvo. Essas foram algumas das conclusões.

Antes de irmos embora, perguntei ao perito atirador:

– E aí, quem atirou era bom?

– Doutor, o atirador era excelente. Eu só consegui colocar os tiros no local correto, com a mesma precisão, depois da quarta ou quinta passada.

O assassino era um exímio atirador. E, para mim, o método escolhido para executar o homicídio já tinha sido utilizado por ele em outros crimes, quer dizer, seguramente não era a primeira vez que tinha matado daquela maneira.

Estava amanhecendo na sexta-feira, dia 11 de maio, quando cheguei em casa. Depois de um banho e uma xícara de café bem forte, voltei à DH. Estava *virado*, sem dormir e com muita coisa agendada para aquele dia. Perto da hora do almoço, avisaram-me que o advogado Renato Darlan tinha ido a Bangu 1 pela manhã e conversado com o seu cliente, Orlando Curicica. Informaram que, após o encontro, o advogado tinha concedido uma entrevista coletiva e contado uma história absurda.

Diante de microfones de vários repórteres, disse que não existia negociação para delação premiada e que eu tinha ido à penitenciária coagir o preso a confessar o envolvimento dele e do vereador Siciliano no crime. Segundo o advogado, eu teria feito duas ameaças. A primeira seria a de "embuchar" outros crimes, ou seja, atribuir a Orlando a execução ou mando de outros homicídios. A segunda seria transferi-lo para a Penitenciária Federal de Mossoró, no Rio Grande do Norte, caso ele não assumisse o envolvimento nas mortes de Marielle e Anderson.

Nas palavras do advogado: "Ontem à noite, o Araújo [Orlando] recebeu a visita do delegado da Divisão de Homicídios, em Bangu, que claramente o ameaçou. O Giniton disse que ele deveria assumir esse homicídio e que, dessa forma, poderiam prender o vereador e dar a ele o perdão judicial. Caso contrário, mais dois homicídios seriam colocados na conta dele, e ele seria ainda transferido para Mossoró".

Eu tinha ido a Bangu 1 de manhã, não à noite. Expliquei para o preso como funcionava o instituto da colaboração premiada, mas não prometi o perdão judicial, até porque isso não é da competência do delegado de polícia. Não fiz ameaças. Porém, aquela história distorcida ganhou as manchetes dos jornais, e no fim de semana muitos veículos de comunicação reproduziram a fala do advogado. A palavra do preso estava prevalecendo em relação à minha.

No domingo, 13 de maio, no *Fantástico*, a onda de difamação cresceu e atingiu o auge. O programa deu espaço, em rede nacional, às acusações infundadas com uma longa reportagem, que começou com os apresentadores Tadeu Schmidt e Poliana Abritta dizendo que o caso tinha mudado de rumo: "A investigação sobre os assassinatos da vereadora Marielle Franco e do motorista Anderson Gomes tomou um novo rumo esta semana", disse Tadeu. "Uma testemunha apontou como mandantes do crime o miliciano Orlando Curicica e o vereador Marcello Siciliano", disse Poliana.

Mostraram um vídeo do vereador Siciliano negando qualquer envolvimento com o "poder paralelo" das milícias e, depois, reproduziram trechos de um áudio dele capturado pela polícia por meio de escutas telefônicas, no qual aparecia conversando com um suposto miliciano que pedia a sua intervenção no 31º BPM, localizado no Recreio dos Bandeirantes, área onde o parlamentar mantinha influência.

Na sequência, a reportagem passou a descrever Orlando, falando de sua prisão e de sua prática como chefe de milícia. Depois disseram que ele, por carta, tinha negado qualquer participação nas mortes de Marielle e Anderson e que estava me acusando de coação. Mostrou uma imagem minha sem som, depois cortou para o advogado Darlan dizendo o seguinte: "Ele [Orlando] foi visitado pelo delegado titular da DH, doutor Giniton, que fez uma proposta, que eu considero uma ameaça, dizendo a ele o seguinte: ou você assume esse crime ou eu vou embuchar mais dois homicídios na sua conta e vou transferi-lo para Mossoró. Se você assumir, eu consigo pra você um perdão judicial".

A reportagem continuou exibindo rapidamente a imagem de uma nota da Polícia Civil sobre o episódio com um trecho destacado em amarelo. A nota dizia: "Por meio de comunicação da Secretaria de Estado de Segurança (Seseg), o delegado Giniton Lages, titular da Delegacia de Homicídios da Capital (DH), esteve na unidade para ouvir o preso sobre o homicídio da vereadora Marielle Franco. Em conversa, mesmo após ter pedido a presença do delegado, o detento disse que não prestaria depoimento formal. O delegado informou ao preso os seus direitos e propôs que ele conversasse com o advogado, antes de tomar uma decisão. O pedido de transferência [para uma penitenciária federal] do detento já havia sido realizado em 25/4/2018, por conta de condutas criminosas que lhe são imputadas em outras investigações".

Duvido que algum telespectador tenha conseguido ler o conteúdo da nota na íntegra, pois a imagem foi rápida. E a repórter que narrava adaptou o texto, "lendo" a nota da seguinte forma: "Segundo a assessoria de imprensa da Polícia Civil, o delegado Giniton Lages foi ao presídio tomar o depoimento de Orlando sobre o assassinato de Marielle, mas ele não quis falar".

Só isso. E, da maneira como o episódio foi divulgado, ficou a impressão de que eu tinha violado os direitos de Orlando e o tratado com truculência e ameaças. Assim, da noite para o dia, me transformaram no "delegado torturador de presos". Foi um ataque à minha reputação – não fui à penitenciária ameaçar Orlando, não o coagi e não descumpri as regras. Mas isso já não fazia diferença, pois a mentira tinha ocupado o lugar da verdade.

No dia seguinte, cheguei arrasado à delegacia. Era 14 de maio e, dessa vez, as manifestações cobravam os "dois meses sem respostas" para o crime. Os protestos tomaram a cidade e foram destaque no noticiário. Em frente ao prédio da Seseg, houve um ato com a presença dos pais de Marielle. Na Cinelândia, duas enormes faixas brancas foram estendidas na escadaria da Câmara Municipal, e os manifestantes se alternaram em discursos inflamados, pedindo justiça.

O ambiente tinha se tornado mais hostil depois das acusações infundadas do preso feitas contra mim. E, para piorar, naquela segunda-feira, uma decisão da juíza da 5ª Vara Criminal da Capital, Paula Fernandes Machado, sem querer, acabou jogando mais lenha na fogueira. A magistrada acatou o pedido feito pelo Ministério Público do Rio de Janeiro e determinou a transferência de Orlando Curicica para uma penitenciária federal. Conforme o despacho, o preso deveria permanecer em Bangu 1 até que o Departamento Penitenciário Nacional (Depen) definisse para qual das unidades federais ele seria transferido.

A solicitação era anterior à minha ida a Bangu 1. A Subsecretaria de Inteligência da Seseg apenas tinha encaminhado informações à Justiça Estadual referendando o seu perfil como chefe de organização criminosa, um dos requisitos para ser mantido em presídio federal. Portanto, diferentemente do que foi divulgado pela imprensa, não fui eu quem determinou que Orlando fosse para uma penitenciária federal – aliás, como delegado, eu não tenho esse poder. Mas prevaleceu a versão de que eu estava cumprindo a ameaça.

Hoje, distante dos fatos, penso que foi um erro não ter rebatido as acusações do preso e desmentido publicamente essa história da transferência. Na época, minha reação foi aguentar calado e procurar manter o equilíbrio.

Na quarta-feira, dia 16 de maio, Orlando foi ouvido novamente. Por causa dos desgastes causados pelas acusações dele contra mim, decidi enviar o delegado Luiz Otávio Franco até a penitenciária de Bangu 1 para realizar a oitiva. O preso estava sendo assistido pelos advogados Renato Darlan e Pablo Soares de Andrade. No depoimento, repetiu o que já havia dito antes, sem oferecer fatos novos. Perguntado se conhecia a vereadora Marielle Franco, respondeu que nunca tinha ouvido falar dela antes da divulgação do crime pela imprensa.

Sobre o vereador Marcello Siciliano, respondeu que o encontrara duas vezes, mas de maneira ocasional. A primeira vez foi no restaurante Oficina do Chopp, e a segunda na localidade conhecida como Terreirão, no Recreio dos Bandeirantes, onde teriam "se cruzado" andando pela rua. Nas duas vezes, segundo ele, apenas se cumprimentaram com um aperto de mão e trocaram algumas palavras de cordialidade.

A sua versão para a contratação de Ferreirinha em 2015 foi que este era miliciano e estava sendo ameaçado por um grupo rival. Além disso, Orlando tinha interesse na viatura da polícia que Ferreirinha colocaria à sua disposição. Afirmou que, depois de dois anos, dispensou o serviço porque o policial militar era emocionalmente instável e comandava uma milícia envolvida com o tráfico de drogas no Morro do Banco, no bairro Itanhangá.

Quando o delegado Luiz Otávio perguntou se Ferreirinha estava junto com ele quando "cruzou" com Siciliano no restaurante, na Avenida das Américas, Orlando respondeu que "acreditava" que sim, pois na época ele o acompanhava em seus compromissos.

Por fim, questionado se havia utilizado telefone celular de dentro da penitenciária, ele negou, categoricamente. O depoimento acabou sem trazer informações relevantes.

Naquele mesmo dia, um agente foi até a minha sala avisar:

– Doutor, tem uma pessoa aqui querendo testemunhar sobre o caso. É um morador da zona oeste. Está querendo falar com o senhor.

Uma testemunha ir espontaneamente à delegacia é algo que acontece, mas é incomum. Aqui vamos chamá-lo apenas de Tiago (nome fictício). Ele afirmou que tinha informações que confirmavam a ligação entre Orlando e Siciliano. Alegou que estava sendo ameaçado de morte por integrantes do Bonde do Joe e, temendo por sua vida e de sua família, pretendia colaborar com a investigação em troca de ser integrado ao programa de proteção a testemunhas, junto com a esposa e as filhas menores de idade. Nós conseguimos incluí-los, e as suas identidades permanecem preservadas.

Ele disse que presenciou dois encontros entre Orlando e Siciliano.

– O primeiro foi na eleição de 2016. O Siciliano estava reunido com moradores em Taquara, na frente de uma padaria – relatou, referindo-se ao bairro localizado na zona oeste.

– O Orlando estava nessa reunião?

– Não. Ele chegou no fim, com uma caminhonete. O André Primo desceu, falou para o Siciliano que o Curicica estava querendo conversar com ele dentro da caminhonete.

– E o que aconteceu?

– Ele se despediu dos moradores, entrou na caminhonete do Curicica e saíram. O motorista do Siciliano foi atrás com o carro dele.

– E a segunda vez?

– Foi em 2017. Os dois estavam andando juntos, cercados por um monte de gente, numa praça em Taquara.

– Como assim?

– Estavam conversando e andando. O Siciliano já era vereador.

Se as informações de Tiago fossem confirmadas, somando-se às declarações de Ferreirinha, seriam pelo menos quatro ocasiões em que Siciliano e Orlando estiveram juntos nos meses que antecederam o crime.

O depoimento prosseguiu e trouxe outras informações relevantes que poderiam ter ligação com as mortes de Marielle e Anderson.

A primeira era que integrantes do Bonde do Joe circulavam na região exibindo fuzis e utilizando pelo menos três veículos diferentes: um Renault Sandero cinza, um Nissan Sentra prata e um Cobalt prata, que podia ser o mesmo utilizado nos assassinatos.

A segunda era que Orlando tinha se reunido com "milicianos de Rio das Pedras" num posto de combustíveis localizado na Estrada dos Bandeirantes, na zona oeste. Tiago disse que avistou, de longe, o grupo reunido. Ele não conhecia as pessoas, mas um amigo que estava junto disse que se tratava de integrantes da milícia.

Esse fato reforçou a nossa suspeita de que poderia existir uma conexão entre o Bonde do Joe e a milícia de Rio das Pedras. A denúncia anônima recebida no dia 27 de abril afirmava que Orlando tinha contratado Capitão Adriano e Major Ronald para a execução do crime e, naquele momento, a Inteligência da DH já tinha identificado civilmente os dois como sendo, respectivamente, Adriano Magalhães da Nóbrega e Ronald Paulo Alves Pereira. A informação era de que ambos seriam milicianos em Rio das Pedras. As peças pareciam se encaixar.

No dia 22 de maio, conseguimos ouvir uma nova testemunha ocular. Era o morador de rua que a jornalista de *O Globo* tinha encontrado no mês de abril na região do Estácio. Nós levamos semanas para encontrá-lo. Na noite do crime, ele estava na esquina da Policlínica da Polícia Civil, bem em frente ao local das execuções. Manterei a sua identidade preservada.

– Pode descrever o atirador?

– Era negro. Vi o braço e a mão dele. Tinha o braço bem forte. Usava touca ninja e camisa vermelha e preta, parecida com a do Flamengo.

– Como era a arma?

– Parecia alongada. Como se tivesse um silenciador.

A informação de que o atirador fosse negro era estranha, pois nas imagens captadas na Rua dos Inválidos observamos o braço direito dele sendo esticado no encosto do banco traseiro, e nos pareceu ser de pele clara, coberto de tatuagens. A hipótese era que estivesse usando uma luva preta. Depois que a testemunha deixou a delegacia, discutimos sobre essa possibilidade.

– Ele pode ter coberto o braço também – disse Marcelo.

– Pode ser. Como se chama aquilo que os jogadores de basquete usam no braço? – perguntei.

– Manguito – respondeu, referindo-se ao acessório de tecido que cobre o braço, desde o punho, e é comum no meio esportivo.

– Pode ser que ele tenha usado um desses – concluí.

Naquela semana, a minha situação pessoal tinha piorado bastante. Além de enfrentar os problemas da investigação, fui surpreendido por uma informação do setor de Inteligência da Polícia Civil identificando uma ameaça de morte contra mim. Uma denúncia anônima recebida pelo Disque-Denúncia mencionava que milicianos, supostamente ligados a Orlando e com vínculos também com o vereador Siciliano, teriam alugado um apartamento próximo da minha casa para me monitorar. A mensagem ainda dizia que estavam circulando nas redondezas portando fuzis e dentro de um Duster com giroscópio no teto para parecer uma viatura da polícia.

Eu já tinha recebido outras ameaças. Infelizmente, isso acaba sendo comum na vida de um delegado, sobretudo no Rio de Janeiro. E, quando isso acontece, cabe ao setor de Inteligência apurar se há veracidade na informação, e, quando há indícios de que a ameaça é concreta, recomendam a adoção de medidas de segurança. Foi o que aconteceu.

A denúncia era qualificada e eu estava correndo risco de vida. A recomendação era para que fosse empregada maior segurança, com adoção de medidas protetivas, principalmente nos períodos em que eu não estivesse de serviço. Uma delas era usar um carro blindado.

A primeira atitude foi procurar o chefe de polícia. Falei com Rivaldo sobre a necessidade e ele disse que, naquele momento, a Polícia Civil não dispunha de uma viatura blindada para me ceder. Insisti que a situação era preocupante. A resposta foi a mesma. Aí os ânimos se alteraram e começamos a discutir. Ele, de um lado, justificava a falta de condições para atender à demanda, e eu, de outro, explicava que o momento era excepcional e precisava existir uma alternativa.

A discussão não deu em nada. No fim, Rivaldo sugeriu que eu procurasse o general Richard e tentasse conseguir o carro com ele.

Entrei em contato com o general, expliquei a situação e ele disse que não haveria economia de meios para a minha segurança pessoal. Terminou a ligação pedindo apenas um tempo para resolver a demanda. Eu acreditava que isso levaria alguns dias, mas me surpreendi quando, em menos de uma hora, ele retornou indicando o local onde uma equipe minha poderia buscar o veículo, que já estava disponível, por meio de contrato já existente entre a Seseg e uma locadora de veículos.

A partir desse dia, passei a usar um Toyota Corolla prata, seminovo e blindado. Além dessa medida, precisei redefinir a minha rotina e alternar meus deslocamentos. Quando sentia que o nível de exposição era alto, fazia uso de escolta com equipes da delegacia.

Eu encontrava muita dificuldade para fazer a investigação avançar. Estava sendo difamado pela mídia em razão das acusações infundadas do preso. E, agora, precisava me privar de muita coisa para garantir minha segurança, principalmente para preservar a minha família. A minha vida estava virada de cabeça para baixo. Parecia que as portas do inferno estavam abertas.

CAPÍTULO 8

O FIO DA MEADA

O nosso foco estava direcionado para o que acontecia na zona oeste do Rio de Janeiro, região caracterizada por extensas planícies, lagoas e rios que cercam os maciços da Pedra Branca e da Tijuca. Sua área corresponde a 71% de todo o território do município. Em 1936, Armando Magalhães Corrêa publicou o livro *O sertão carioca*, que a descrevia como um espaço predominantemente rural, bucólico e de natureza exuberante, onde as pessoas viviam do plantio, da caça e da pesca, destoando da vida urbana e agitada da cidade.

Em 1969, o governo escalou o arquiteto Lúcio Costa – o mesmo que projetou Brasília – para elaborar o *Plano Piloto da Baixada de Jacarepaguá*, projetando a ocupação urbana da faixa litorânea de modo planejado e humanizado, a partir da Barra da Tijuca para o extremo da zona oeste. Historicamente, a racionalidade do plano foi substituída por crescimento urbano desordenado, ocupação de reservas ambientais, loteamentos clandestinos, grilagem de terra e especulação imobiliária.

Em poucas décadas, a região viu surgirem bairros com áreas urbanizadas, favelas e assentamentos que, já em 2010, segundo o Censo, abrigava uma população em torno de 2,37 milhões de pessoas. A infraestrutura da região contrasta áreas supervalorizadas e localidades que não têm sequer acesso a esgoto coletado e tratado.

É na zona oeste que estão os bairros Barra da Tijuca, Recreio dos Bandeirantes, Vargem Pequena, Vargem Grande, Anil, Curicica, Freguesia, Gardênia Azul, Jacarepaguá, Pechincha, Praça Seca, Taquara, Bangu, Gericinó, Campo Grande, Cosmos, Santa Cruz, Barra de Guaratiba, Deodoro, Jardim Sulacap, Magalhães Bastos e Realengo.

O seu desenho geográfico, além de expor suas diferenças e contradições, divide-se em regiões administrativas, estruturas com repartições públicas, cargos e recursos para a execução dos serviços. As indicações dos gestores são estratégicas para a formação de base eleitoral, principalmente entre os vereadores. E existe, muitas vezes, uma espécie de "parceria" entre o Poder Público e criminosos envolvidos com contravenção, tráfico de drogas e milícias – que exercem o domínio "onde o Estado não chega", como cinicamente se costuma dizer.

A partir da década de 2010, o setor imobiliário na região se tornou uma das fontes mais lucrativas para milicianos. Quando Marielle e Anderson foram assassinados, estimava-se que apenas nos bairros Vargem Grande e Vargem Pequena existissem cerca de 400 loteamentos irregulares, muitos deles controlados pelos grupos paramilitares. A prática mais comum é a construção de prédios de apartamentos sem licença e em áreas ocupadas ilegalmente.

Para se ter uma ideia, em 2020, a prefeitura interditou um terreno de 10 mil metros quadrados que estava dividido em 116 lotes, e, destes, 21 já tinham prédios construídos, que ofereciam 80 unidades. Em outra operação, foram interditados prédios no Terreirão, no Recreio dos Bandeirantes, onde já havia 200 apartamentos comercializados ilegalmente, por até R$ 270 mil cada um. Apesar de o número ser expressivo, ele é apenas uma pequena amostra do que acontece. Além disso, em comunidades dominadas pelos milicianos, as próprias transações imobiliárias são controladas, ou seja, existe cobrança de taxas para a compra e a venda de imóveis. E, em alguns casos, os criminosos expulsam os moradores de suas casas e as comercializam clandestinamente.

A principal linha de investigação apontava para a zona oeste, considerando a possível participação de milícias no crime com a motivação relacionada a questões fundiárias. E, até ali, estavam no nosso *radar* a milícia de Rio das Pedras e o Bonde do Joe.

Foi nesse contexto que entrou na delegacia a informação sobre Novo Palmares. Localizada em Vargem Pequena, a comunidade surgiu como assentamento emergencial no verão de 1988, depois que as chuvas intensas na cidade deixaram muitos moradores da região desabrigados. Na época, centenas de famílias foram alojadas em barracas cedidas pelo Exército, instaladas em área pública localizada às margens da Estrada dos Bandeirantes. Com o tempo, as barracas foram substituídas por barracos, e depois estes foram substituídos por casas de alvenaria. Trinta anos após seu surgimento, Novo Palmares se tornou uma ilha cercada de condomínios de luxo e loteamentos irregulares por todos os lados, empreendimentos que só se viabilizam pela prática conjunta de milicianos e políticos.

Assim como acontece nas comunidades vizinhas, os moradores não possuíam títulos de propriedade dos seus imóveis. Esse era o ponto central. A luta pela regularização fundiária em Novo Palmares podia ser o fio da meada para a elucidação do caso.

A história era interessante e simbólica. O arcebispo do Rio de Janeiro, cardeal Dom Orani Tempesta, visitou a comunidade em 1º de outubro de 2016. Na ocasião, celebrou uma missa comemorando a inauguração da Capela de Santo Expedito e recebeu de um grupo de moradores uma carta pedindo ajuda no processo de regularização. O sacerdote solicitou à Pastoral das Favelas que enviasse um advogado para orientá-los em relação aos trâmites legais.

Ao longo de 2017, houve diversas atividades. Em 11 de março, os moradores realizaram um fórum nas dependências da Capela de Santo Expedito. Nesse encontro, estiveram presentes representantes da Pastoral das Favelas, do Núcleo de Terras e Habitação (Nuth) da Defensoria Pública do Estado do Rio de Janeiro, do Instituto de Terras e Cartografia do Estado do Rio de Janeiro (Iterj), da Procuradoria de Justiça do Estado do Rio de Janeiro e representantes da vereadora

Marielle Franco, precisamente as assessoras Mônica Francisco, Rossana Brandão e Roberta Eugênio.

Foram discutidos os procedimentos burocráticos necessários para a regularização fundiária e o impacto do Plano de Estruturação Urbana (PEU) das Vargens, projeto que estabelecia um conjunto de regras para o uso e a ocupação do solo na região e que tinha semelhança com a proposta de verticalização em Rio das Pedras. Ou seja, também previa a parceria público-privada com empreiteiras que ficariam responsáveis pelas obras de infraestrutura e, em troca, poderiam construir prédios de apartamentos e investir em outros empreendimentos imobiliários. E, assim como em Rio das Pedras, na região das Vargens existiam milicianos interessados no plano da prefeitura.

Durante o fórum, a presidente da Associação de Moradores de Novo Palmares (AMNP), Maria da Graça, sentiu-se afrontada pela iniciativa, alegando que o evento não era promovido pela associação e, portanto, não teria legitimidade para representar os moradores. Houve discussão. Depois do bate-boca, ficou deliberada a criação de uma comissão independente para acompanhar o processo de regularização, chamada de Comissão de Moradores de Novo Palmares (CMNP). Apesar do discurso de que as duas entidades trabalhariam juntas, na prática, criaram um "poder paralelo" e confrontante. A intermediação com a prefeitura era feita sob a orientação do Nuth e dos representantes de Marielle.

O movimento que começou em Novo Palmares se estendeu para comunidades vizinhas e incomodou muito os milicianos que dominavam a região, até o ponto de fazerem ameaças de morte aos líderes da mobilização. Começou uma onda pela regularização fundiária na zona oeste. Para se ter uma ideia, de 88 comunidades pertencentes à AP-4, pelo menos 26 delas estavam se envolvendo no processo de regularização.

Além disso, descobrimos que, em dezembro de 2017, a vereadora Marielle apresentou na Câmara Municipal o Projeto de Lei nº 642, visando instituir "assistência técnica pública e gratuita para projeto e construção de habitação de interesse social para as famílias de baixa renda". Na prática, a lei facilitaria a regulamentação da ocupação do solo em favelas e outras ocupações habitacionais, criando dificuldades para a grilagem de terras e construções irregulares.

O engajamento de Marielle na luta pela regularização fundiária parecia ser a motivação para o seu assassinato.

No dia 30 de maio, começamos a colher os depoimentos das testemunhas, preferencialmente de pessoas que tinham participado do fórum. Nos depoimentos, soubemos que houve uma reunião no mês de abril de 2017, na sede da Defensoria Pública, com a participação da CMNP, do Iterj e de assessoras de Marielle. O objetivo era ajustarem os trâmites legais para o processo de regulamentação junto à prefeitura.

Os acontecimentos em Novo Palmares também poderiam ter ligação com o vereador Siciliano. Isso porque no mesmo dia nós interceptamos uma conversa dele com uma moradora da região, identificada com o nome "Maria". Nessa ligação telefônica interceptada, ele disse que precisava falar urgente com "Graça do Palmares", supostamente a presidente da AMNP. E também perguntou, especificamente, sobre o fórum realizado na Capela Santo Expedito.

No diálogo, Maria se esquivou do assunto, dizendo apenas que o pessoal do Iterj estava envolvido e que isso estava trazendo problemas para a comunidade. Quando o vereador insistiu em saber o que estava acontecendo, ela advertiu que não poderia falar por telefone, mas que se tratava de alguns conflitos "até ligados a um caso aí". Ele perguntou se havia algum político envolvido, ela respondeu que não sabia. Por fim, perguntou se Graça estava sendo ameaçada, e a interlocutora respondeu que sim, da mesma forma que ela e outros moradores também estavam sendo ameaçados.

Em outra conversa interceptada, o vereador conversou com uma pessoa chamada "Mônica". Ele disse para ela que fora contatado por Chico Otávio, jornalista de *O Globo*, a respeito de uma matéria que sairia no dia seguinte.

No dia 31 de maio, abri o jornal *O Globo* e lá estava a manchete: "Apoio de Marielle à regularização fundiária na zona oeste pode ter ligação com assassinatos". A reportagem dizia que "por trás da tentativa de regularização fundiária da comunidade Novo Palmares, em Vargem Pequena, e de áreas vizinhas na zona oeste do Rio, pode estar a motivação para o assassinato da vereadora Marielle Franco".

Apesar de todas as medidas que tomávamos para manter a investigação sob sigilo, as informações fugiam ao controle. A simples circulação das pessoas na delegacia bastava para que a imprensa descobrisse algum fato investigado e desse publicidade a ele.

E, mais uma vez, essa atitude provocou prejuízos, visto que causou temor nas testemunhas. Além de moradores, havia pessoas ligadas a associações, órgãos públicos e outras entidades que se sentiram expostas e ameaçadas com a reportagem. Com medo de represálias, houve gente que chorou o tempo todo no depoimento e evitou entrar em detalhes.

Qual era o interesse do vereador Siciliano em Novo Palmares?

Na quarta-feira, dia 6 de junho, essa foi uma das perguntas que fizemos a ele durante a realização de uma nova oitiva na delegacia. O vereador foi ouvido pela primeira vez no mês de abril, e o chamamos novamente após as declarações de Ferreirinha que o apontava como possível mandante do crime, juntamente com Orlando.

Havíamos aprofundado as buscas e descoberto que Siciliano era outorgante em dezenas de contratos de compra e venda de terrenos em Vargem Pequena, Vargem Grande e adjacências. Sabíamos que ele atuava politicamente na região das Vargens e, especificamente em relação a Novo Palmares, existia uma indicação dele na Câmara Municipal solicitando ao prefeito Marcelo Crivella a instalação de uma UPA, sugerindo um vínculo com aquela comunidade.

Em seu depoimento, ele disse que ficou sabendo pela imprensa sobre o envolvimento de Marielle na questão fundiária em Novo Palmares e que não tinha participado das discussões sobre o processo de regularização.

– Conhece Maria da Graça, presidente da associação?

– Sim. Ela me apoiou para deputado em 2010.

– Tem falado com ela?

– Não. Depois da eleição acabamos perdendo o contato.

Além desse assunto, pretendíamos checar a informação da testemunha Tiago, que afirmou ter visto o então candidato a vereador se encontrando com Orlando após uma reunião com moradores na Taquara.

– Conhece André Primo?

– Sim. Em 2016 ele me ajudou na eleição, a pedido do Pereira – disse, referindo-se a Geraldo Antônio Pereira, que teria dado autorização para ele fazer campanha eleitoral em áreas sob o seu domínio, especialmente nos bairros de Curicica e Taquara. Tratava-se do mesmo policial que ajudara Orlando a ascender no mundo do crime.

Esse era um ponto convergente com o depoimento da testemunha. André Primo tinha sido designado por Pereira para viabilizar a entrada de Siciliano nos bairros e agregar apoiadores para a sua candidatura. Ele seria a mesma pessoa que, em frente à padaria, avisou o vereador de que Orlando estava na camionete e queria conversar.

Questionado se mantinha contato com Orlando, afirmou que não o conhecia e disse que nunca esteve reunido com ele no restaurante Oficina do Chopp. Quando perguntamos se o havia encontrado em outra ocasião, respondeu:

– Sou uma pessoa pública. Posso ter cruzado em algum lugar. Não lembro. Mas não me reuni com ele.

A imprensa repercutiu bastante esse segundo depoimento de Siciliano. A apuração sobre a possível participação dele e de Orlando nas mortes de Marielle e Anderson era apenas uma das linhas de investigação, porém atraiu de forma mais contundente a atenção da mídia, tornando-a predominante no noticiário por alguns meses. A consequência dessa exposição foi levar a opinião pública a acreditar que o nosso trabalho estivesse concentrado apenas nessa linha, o que não era verdadeiro.

Outro problema foi que a forma da abordagem jornalística utilizada expôs um prejulgamento que não representava a minha percepção. Sempre fui muito profissional e técnico nas investigações, respeitando o princípio da presunção de inocência e os limites do inquérito policial, que não se presta a julgar. Minha tarefa, como delegado de polícia, é arrecadar provas sobre os fatos, e não emitir juízo em relação a eles. Nós apenas fizemos o trabalho investigativo.

Além disso, as informações trazidas por Ferreirinha sempre foram encaradas por nós com ressalvas, como manda a boa técnica investigativa. Claro que na própria equipe de investigação existiam pessoas mais confiantes do que outras na veracidade das declarações dele e que, nesse sentido, manifestavam informalmente seus posicionamentos, para mim e até para o pessoal da imprensa. Mas sempre mantive um pé atrás. E tem mais: a entrada dele no caso tinha sido estranha. Todos nós víamos isso.

Percebemos uma movimentação suspeita nos bastidores, que trazia outros questionamentos. Havia pessoas, inclusive alguns policiais, fazendo o trabalho de contrainformação, para emplacar na DH as teses que afastavam a participação de Siciliano no crime. Com essa tática, tentavam influenciar o rumo da investigação, tirando o vereador do foco investigativo e indicando que Ferreirinha estivesse fazendo parte de uma grande armação que envolvia o delegado federal Hélio Khristian e Domingos Brazão, ex-vereador, ex-deputado estadual do MDB e conselheiro do Tribunal de Contas do Estado do Rio de Janeiro (TCE-RJ).

Na CPI das Milícias, Domingos Brazão teve o nome citado por ter, supostamente, feito campanha eleitoral em Rio das Pedras com o apoio de milícias. Em 2017, foi afastado do cargo de conselheiro após ser acusado de receber propina, chegando a ter a prisão decretada durante a Operação O Quinto do Ouro, deflagrada pelo MPF e pela Polícia Federal. O nome da operação fazia referência ao imposto de 20% cobrado de mineradores pela Coroa Portuguesa no período colonial. Foram cumpridos 43 mandados de prisão, e cinco dos sete conselheiros do TCE-RJ foram presos, temporariamente.

A Operação O Quinto do Ouro começou com as delações de ex-executivos das empreiteiras Odebrecht e Andrade Gutierrez, apontando que Jonas Lopes Carvalho Filho, então presidente do TCE-RJ, teria liderado um esquema de cobrança de propina. Lopes e seu filho fizeram um acordo de colaboração premiada e relataram que integrantes do órgão, responsável por fiscalizar o uso de dinheiro público no estado do Rio de Janeiro, recebiam propina para fazer vista grossa aos contratos com as empreiteiras e empresas de ônibus na gestão do ex-governador Sérgio Cabral.

Esse ponto é relevante porque foi o afastamento de Lopes que abriu caminho para a indicação do deputado Albertassi em meio à Operação Cadeia Velha, uma das linhas investigadas.

Domingos Brazão estava armando para Siciliano? Siciliano estava armando para Domingos Brazão? Eram perguntas que nos fazíamos, em meio a uma confusão de informações que chegavam à delegacia. E se alguma dessas hipóteses fosse verdadeira, qual seria o motivo do conflito entre os dois?

A resposta poderia ser a disputa política na zona oeste. Os dados da Inteligência indicavam que a região seria um "campo de guerra" entre eles. O estranhamento maior seria com o irmão do conselheiro, vereador Chiquinho Brazão. Existiam pelo menos três fatos que reforçavam essa tese.

O primeiro é que no bairro Gardênia Azul existe uma área pública com campo de futebol e uma edificação recreativa onde funciona a sede do Esporte Clube Gardênia Azul. A política do clientelismo, baseada na troca de favores entre políticos e cidadãos, fez daquele local uma mina de votos. Por muitos anos, o espaço contou com o apoio da família Brazão, inclusive na manutenção do campo de futebol. Havia até faixas penduradas nos alambrados mencionando a colaboração da "Família Brazão".

De alguma forma, Siciliano assumiu o controle do campo, trocou as faixas para "Time Siciliano" e investiu em projetos como escolinhas de futebol para crianças, as quais passaram a usar coletes com o nome de Siciliano estampado. Ele conseguiu, ainda, por intermédio do prefeito Marcelo Crivella, a reforma do espaço, colocando grama sintética nova, trocando os alambrados e as traves e promovendo obras de urbanização no entorno do campo.

Para a investigação, essa movimentação também era relevante, porque parecia aproximar tanto os irmãos Brazão quanto o vereador Siciliano do ex-vereador Cristiano Girão, que, segundo dados da Inteligência, ainda exercia influência no bairro Gardênia Azul.

O segundo fato estava relacionado com as eleições daquele ano. Alguns meses antes os irmãos Brazão tinham almoçado com Siciliano no restaurante Terraço, no Centro do Rio de Janeiro, e discutido sobre possíveis candidaturas. Os dois vereadores pretendiam ser candidatos a deputado federal, e, como disputavam eleitoralmente as mesmas áreas na zona oeste, a proposta foi para que Siciliano desistisse. "Marcello, vou te pedir um favor. Não me atrapalhe, porque precisamos ganhar essa eleição", teria dito o vereador Chiquinho Brazão.

No fim, Siciliano desistiu de se candidatar, Chiquinho Brazão se lançou candidato e foi eleito deputado federal, obtendo 25.817 votos.

Meses depois, em março de 2019, essa história foi abordada pelo próprio vereador Siciliano na tribuna da Câmara Municipal. Naquele dia, a imprensa tinha divulgado que ele continuava sendo investigado pela DH no caso. Em seu discurso inflamado, disse: "Não posso admitir toda hora essa palhaçada com meu nome, essa falácia com meu nome. E vou mais além, deve ter gente muito grande, deve ter tido muito dinheiro envolvido para colocar meu nome nisso. E vou dizer quem está por trás. Esse policial federal bandido, Hélio Khristian, que trabalha sob liminar na PF, por diversos crimes que cometeu. E ele é muito amigo do Domingos Brazão, que me ameaçou num restaurante para eu não atrapalhar a família dele vindo candidato" *(sic)*.

O terceiro fato, certamente o mais relevante, tinha a ver com a estrutura político-administrativa na zona oeste, especificamente com a indicação para um cargo estratégico pertencente à prefeitura. Uma matéria publicada pelo portal G1, no mês de junho de 2018, descreveu bem a situação ao afirmar que "Siciliano tomou das mãos dos Brazão o direito de indicar o responsável pela Região Administrativa de Jacarepaguá. Há 16 anos era Domingos Brazão quem mandava ali nas administrações do PMDB. Em 5 de outubro do ano passado [2017], João Carlos Macedo da Silva, o Dom, indicado por Brazão, foi trocado por Diego Martins Hoche, nome escolhido por Siciliano".

No dia 18 de junho, realizamos a oitiva de Domingos Brazão e tentamos esclarecer essa situação de aparente conflito.

– Desde quando conhece o Siciliano?

– Há uns dez anos, antes mesmo de ser vereador.

– Existe alguma disputa ou divergência política entre vocês?

– Não.

– Tem conversado com ele?

– A última vez foi num almoço, no Terraço.

O depoente procurou minimizar a tese de disputa pela influência na Gardênia Azul. Na mesma abordagem, ao ser perguntado se conhecia ou se se relacionava com Orlando Curicica, respondeu que não o conhecia.

– Conhece o delegado Hélio Khristian?

– Apenas socialmente.

– Encontrou com ele recentemente?

– Não. A última vez foi no ano passado, quando fui depor na PF.

Questionado se havia algum envolvimento do seu ex-assessor Gilberto Costa com a intermediação entre a advogada de Ferreirinha e o delegado Hélio, Brazão respondeu que ficou sabendo dessa "história" apenas pela imprensa e negou veementemente qualquer participação. O depoimento foi encerrado sem novidades.

Na terça-feira, 19 de junho, Orlando foi transferido para a Penitenciária Federal de Mossoró, no Rio Grande do Norte.

O Sistema Penitenciário Federal mantém cinco unidades no país. Além de Mossoró, fazem parte as penitenciárias de Porto Velho, em Rondônia; Catanduvas, no Paraná; Campo Grande, no Mato Grosso do Sul; e Brasília, no Distrito Federal. A escolha da unidade prisional foi feita pelo próprio Depen, mas, evidentemente, isso reforçou a falsa ideia de que eu tinha participação na transferência. Ficou a impressão de que era a concretização da ameaça de "mandá-lo para Mossoró".

A transferência começou cedo e teve forte esquema de segurança. Por volta de 6 horas, uma van da Seap escoltada por viaturas do Grupamento de Intervenção Tática deixou o Complexo Penitenciário de Gericinó levando o preso direto para o Aeroporto Santos Dumont. Após longo tempo de espera conseguiu decolar, e por volta de 18 horas o avião Cessna C-208B Grand Caravan, da Polícia Rodoviária Federal, aterrissou no Aeroporto Governador Dix-Sept Rosado, no município de Mossoró.

Algemado nos pés e nas mãos e usando o cinto de contenção afivelado às algemas, o preso foi colocado na viatura e o comboio seguiu por 13 quilômetros, até chegar à penitenciária, localizada na estrada estadual que liga Mossoró ao município de Baraúnas.

A penitenciária foi inaugurada em 2009 e custou, na época, R$ 25 milhões aos cofres públicos. Todo o prédio é monitorado por 260 câmeras de alta resolução, e as imagens capturadas são acompanhadas pelos agentes da unidade e, ao mesmo tempo, por outros que ficam na Central de Inteligência do Depen, em Brasília.

As celas são cubículos de aproximadamente sete metros quadrados, com cama, banco e mesinha feitos de concreto armado. O detento dorme sobre um colchonete fino e antichama. No fundo da cela há uma divisória de concreto que separa o vaso sanitário e o espaço para banho, realizado diariamente por apenas seis minutos, com a água saindo por um cano no teto.

As portas de aço são totalmente fechadas, e as duas pequenas aberturas retangulares são utilizadas pelos agentes para entregar a comida e algemar o preso quando vai sair da cela. Não são permitidos ventilador, televisão, rádio nem nenhum outro aparelho com comunicação externa. O preso passa vinte e duas horas por dia dentro daquele lugar, e as outras duas horas são para o banho de sol num pátio interno fechado por grades. Como regra, o contato dos presos com familiares e advogados é feito pelo parlatório.

Os acontecimentos mudaram as perspectivas de Orlando. Quando Marielle e Anderson foram mortos, ele estava preso em Bangu 9 e na expectativa de ser colocado em liberdade em breve. Isso porque os acusados de autoria pelo homicídio de Dádi tinham sido libertados por falta de provas, e a defesa de Orlando acreditava que ele também iria se livrar da acusação de ser o mandante. Com isso, passaria a responder em liberdade apenas pelo crime de posse ilegal de arma de fogo.

O que aconteceu foi completamente diferente. Primeiro, vieram as denúncias de Ferreirinha. Depois, o tumulto em Bangu 9 que o levou ao presídio Bangu 1. Antes de ser transferido para Mossoró, foi condenado pela 5ª Vara Criminal a quatro anos e um mês de reclusão por porte ilegal de arma de fogo. E, agora, estava totalmente isolado numa penitenciária federal a mais de 2 mil quilômetros do Rio de Janeiro.

Tudo isso certamente o deixou perturbado. Eu sabia que, nessas circunstâncias, mais cedo ou mais tarde ele iria reagir. Pela experiência, quando isso acontece, a estratégia do preso quase sempre é tentar se afastar das acusações atacando outras pessoas. Por isso, minha impressão era que Orlando Curicica tinha se tornado uma bomba-relógio prestes a explodir.

CAPÍTULO 9

INQUÉRITOS PARALELOS

No mesmo dia em que Orlando Curicica foi transferido para o presídio federal, nós conseguimos fechar o caso do homicídio de Carlos Alexandre Pereira Maria, o Alexandre Cabeça. Foi o primeiro dos inquéritos paralelos que nós solucionamos aproveitando as informações trazidas por Ferreirinha.

Descobrimos que um dos autores era um indivíduo chamado Ruy Bastos e, em decorrência disso, realizamos busca e apreensão na sua residência, localizada na estrada da Boiuna, zona oeste. Ele não estava no local, mas os policiais encontraram um revólver calibre 38, munições, um capuz preto e um celular *bucha*. Eu explico. Aparelhos "bucha" têm linhas telefônicas habilitadas em nome de terceiros. O criminoso consegue o número de um CPF e o cadastra a distância, sem nenhuma exigência de comprovação. Isso é um problema no Brasil. A facilidade de habilitar o aparelho contribui para que o submundo criminoso faça uso do celular, muitas vezes de dentro da cadeia. É necessário um controle. Talvez exigir que a habilitação seja feita apenas presencialmente, em locais autorizados e mediante apresentação de documentos.

Os celulares *buchas* geralmente são usados no sistema "ponto a ponto", ou seja, os aparelhos são utilizados para falar apenas com um ou com poucos contatos. Isso dificulta o rastreamento e a interceptação pela polícia. No celular encontrado na casa de Ruy só existiam dois interlocutores, anotados na sua lista de contatos com os nomes "Totó" e "Curicica".

A análise da troca de mensagens pelo WhatsApp revelou detalhes da preparação e da execução do assassinato. Já na madrugada do dia seguinte ao crime, Ruy tinha recebido orientações do tipo: "Some. Você não pode ser preso. Se for, vai foder a gente"; "Queimou as roupas?"; "Sumiu com a moto?". O conteúdo do aparelho também revelou outras pessoas envolvidas e, a partir disso, começaram as buscas.

Muito rapidamente, no dia 19 de maio prendemos Rondinele Silva, o Roni, apontado como piloto da motocicleta utilizada no crime. Depois, no dia 30 de maio, prendemos Thiago Mendonça, conhecido como Thiago Macaco. Ele seria o responsável por monitorar a vítima e instruir os comparsas. Tratava-se da mesma pessoa mencionada no depoimento de Ferreirinha e em denúncias anônimas como suspeito de participação nas mortes de Marielle e Anderson.

Faltava prender o Ruy. No Portal dos Procurados, uma parceria entre o Disque-Denúncia e a Seseg, foram oferecidos mil reais como recompensa por informações sobre o seu paradeiro. Após uma denúncia anônima, naquela terça-feira, dia 19 de junho, nós o prendemos numa residência na Estrada do Camorim, em Jacarepaguá.

Na delegacia, ele confessou a participação no crime. Sobre os dois contatos registrados no celular apreendido, disse que "Totó" correspondia a Diogo dos Santos, também conhecido como Diogo da Boiuna, e que "Curicica" referia-se a Orlando Oliveira de Araújo, o Orlando Curicica.

– Quem deu a ordem para matar?

– Primeiro, o Diogo. Ele me ligou e mandou executar. Mas eu recusei, porque o Cabeça era ligado ao Curicica. Eu não queria problema.

– Qual a ligação entre eles?

– O Cabeça era gerente dele no Lote 1000 – respondeu, referindo-se a uma comunidade na zona oeste.

– E o que aconteceu para você mudar de ideia?

– Em seguida recebi uma ligação do Curicica. Ele disse: "O pedido dele é o meu pedido". Aí tive que cumprir a missão.

– Os dois te ligaram de Bangu 9?

– Sim.

– E falaram qual o motivo?

– Não. O Curicica só disse que o Cabeça "falava demais". Que ele estava falando "pra lá e pra cá" e "sabia demais".

– Quanto você recebeu pelo homicídio?

– Recebi R$ 1.250,00.

– E os outros autores, também receberam?

– Sim. O Thiago recebeu igual. O Roni foi R$ 500,00.

Ruy acrescentou que, pelo êxito na execução, ainda ganhou de Orlando uma pistola Taurus, calibre ponto 40, com inscrição "PMERJ", arma desviada do arsenal da Polícia Militar do Estado do Rio de Janeiro.

As prisões de Ruy, Roni e Thiago eram temporárias, portanto corríamos contra o tempo para fechar o inquérito. A prisão temporária, como regra, tem prazo máximo de cinco dias, prorrogável por igual período. Já nos casos de crimes hediondos, como homicídio, aumenta para 30 dias, podendo chegar até 60 dias. Vencido o prazo, sem que o inquérito esteja concluído, o preso é obrigatoriamente colocado em liberdade. A situação é diferente na prisão preventiva, na qual não se estabelece limite de tempo e o indivíduo pode ficar custodiado enquanto durar o processo.

Por isso, havia pressa em indiciarmos os três como executores e Diogo como mandante, já que as provas eram robustas contra eles. O delegado Luiz Otávio Franco foi o responsável pelo indiciamento, pois atuava como presidente desse inquérito.

Em relação a Orlando, havia o questionamento da defesa alegando que ele não era o "Curicica" identificado nas conversas com Ruy. Para não comprometermos o indiciamento dos demais, desmembramos o inquérito e passamos a levantar outras provas necessárias para demonstrar que era ele. Como o crime poderia ter relação com as mortes de Marielle e Anderson, eu mesmo conduzi o inquérito desmembrado.

Solicitamos informações à Seap, e ela nos encaminhou um relatório comprovando que Diogo e Orlando estavam na mesma galeria em Bangu 9, estiveram juntos em horários correspondentes às trocas de mensagens pelo celular e que não existia, naquele momento, outro custodiado com o apelido de "Curicica" ou que tivesse relação com aquele bairro. Com base nas provas, Orlando também foi indiciado. Ele e os outros quatro envolvidos no crime foram denunciados pelo MP-RJ e se tornaram réus.

Aquele caso de homicídio estava encerrado.

Na sexta-feira, dia 22 de junho, o que se lia e ouvia na mídia era sobre os "100 dias sem respostas". As manifestações nas redes sociais e em atos públicos questionavam a demora em solucionarmos o crime e criticavam duramente o sigilo imposto à investigação. Cada vez que tomávamos uma porrada dessas, eu precisava unir a equipe na delegacia para levantar o ânimo.

O que precisa ficar claro é que o tempo de um caso não é uma escolha, mas consequência da busca de provas, resultado de um trabalho meticuloso, demorado e silencioso. A grande angústia do investigador é a demora em conseguir dar a resposta, especialmente às famílias das vítimas. Mas isso era ignorado nos protestos.

Quanto ao sigilo, trabalhar no silêncio é o melhor cenário para quem investiga. O caso Marielle e Anderson demonstrou que isso é possível, mas o problema é que o país ainda não aprendeu a conviver com essa exigência e encontra muita dificuldade em compreender que o direito à informação tem limites e precisa ser considerado em face do interesse público, como no caso de um homicídio – e ainda mais como era esse, de repercussão mundial. É preciso perder o medo de falar abertamente que dados sigilosos de investigação não podem ser divulgados, até porque o sigilo é estabelecido por decisão judicial, que, obrigatoriamente, deve ser cumprida. Isso não tem nada a ver com censura, e sim com responsabilidade.

É necessário esclarecer que os familiares das vítimas e o deputado Marcelo Freixo recebiam de nós toda a atenção e, na medida do possível, eram constantemente informados do andamento da investigação. Rivaldo telefonava para a família, e eu, em diversas ocasiões, me reuni com eles para transmitir as informações.

Reconheço que um dos problemas foi a comunicação externa com a imprensa e outras instituições. Tivemos dificuldades com isso. A imposição do sigilo absoluto acabou produzindo muitas especulações, contrainformações e notícias falsas. Como se diz no meio policial, quando se fecha a porta, o curioso fica atrás dela tentando descobrir o que há lá dentro. Se fosse hoje, faria diferente. Talvez nomeasse um porta-voz para divulgar boletins frequentes sobre o andamento da investigação ou algo parecido.

O fato é que aquele caso apresentou dificuldades incomuns. Em uma investigação de homicídio, a lógica é partir dos vestígios para chegar à autoria. Só que isso não estava dando certo. Não havia imagens das execuções e, mesmo que houvesse, não mostrariam muita coisa, pois os criminosos não desceram do carro em nenhum momento. As poucas testemunhas não tinham informações decisivas. Os estojos coletados não nos levavam a um grupo específico de criminosos, pois a munição do lote UZZ18 tinha sido utilizada em diversos crimes espalhados pelo Rio de Janeiro. Não encontrávamos uma pista que fosse decisiva.

O crime havia sido planejado e executado por quem conhecia as técnicas investigativas, criminosos que pensavam com a "cabeça da polícia" e, por isso, eram capazes de agir preventivamente para reduzir os vestígios ao máximo. Era como se estivessem sempre um passo na nossa frente.

Isso exigiu que nós reinventássemos a forma de trabalhar na delegacia. Mudamos até a estrutura física. Remanejamos as salas para liberar espaços e construímos novas divisórias, acomodando os vários grupos de trabalho criados para atuarem de maneira setorizada. Além de blindar as equipes da confusão do dia a dia da unidade, precisávamos garantir que as informações produzidas não fossem acessadas por agentes que não estivessem envolvidos no caso. A investigação se desdobrou em núcleos, cada um apurando situações específicas.

Em meados do mês de julho, dois desses grupos de trabalho pareciam muito promissores: um investigava tudo sobre o carro clonado e o outro era responsável pelas buscas a partir dos celulares.

Denominamos de Operação Clone o trabalho concentrado sobre o carro clonado. A clonagem é uma atividade complexa e envolve muita gente. É preciso furtar ou roubar um carro; adulterar os números de chassi e dos vidros; produzir placas, lacres, tarjetas; e ainda forjar toda a documentação, utilizando informações de veículos originais, que ficam restritas aos bancos de dados controlados por órgãos públicos. O protocolo era seguirmos o caminho da fraude, investigando todas essas etapas. Também era preciso identificar o desvio do papel timbrado do documento, a compra e venda do veículo e assim por diante.

Eu tinha experiência em solucionar homicídios a partir da investigação sobre clonagem. Atuei em casos nos quais foi possível descobrir os envolvidos nas mortes apenas interrogando as pessoas responsáveis pelas pesquisas no sistema do Detran. Era só dar um aperto e o sujeito abria o bico, revelando quem tinha feito a encomenda dos dados. A partir daí conseguíamos chegar aos envolvidos.

No caso Marielle e Anderson, uma das primeiras diligências foi procurar quem tinha acessado o sistema de registros atrás dos dados do veículo original. Solicitamos ao Detran um levantamento de todas as pesquisas por um Cobalt, com a placa KPA 5923, realizadas desde janeiro de 2017. Na resposta, o departamento informou que nos dias 9 de agosto e 11 de dezembro de 2017 foram feitas consultas sobre o veículo. E identificaram os servidores que acessaram o sistema. Era uma pista.

Intimamos os dois responsáveis para sabermos o motivo de terem consultado informações daquele Cobalt e a mando de quem. Depois de ouvi-los e checarmos as informações que apresentaram, a nossa expectativa foi frustrada. Os dois servidores justificaram o motivo das buscas, comprovaram a finalidade do acesso e não identificamos evidências de participação no crime.

Se não foram funcionários do Detran que repassaram os dados, quem poderia ter sido? A resposta foi desanimadora. Descobrimos que o banco de dados do Detran estava "aberto" para consulta por muitos usuários que não necessitavam de *login* e senha, entre eles pessoas ligadas a empresas financeiras, seguradoras, Serviço Federal de Processamento de Dados (Serpro) e outros serviços terceirizados que tinham acesso liberado pela internet. Na prática, não havia controle efetivo. E, até onde sei, isso continua da mesma forma, sendo uma falha grave do sistema, pois acaba alimentando a indústria criminosa de clonagem de veículos.

Sem obter êxito, apostamos em outra frente: rastrear todos os veículos modelo Cobalt LS 1.4 produzidos no país.

Solicitei à General Motors do Brasil informações sobre a produção dos carros, e descobrimos que o veículo utilizado no crime provavelmente fora produzido entre os anos 2012 e 2015, mas não foi possível levantar o número do chassi, pois não podiam identificar o lote exato de produção nem a primeira venda, requisitos para avançarmos na busca. A dificuldade existia porque o Cobalt dos criminosos apresentava aspectos incompatíveis com as séries de produção da fábrica, ou seja, tinha passado por modificações na aparência, com a troca de alguns acessórios.

Mais uma vez, precisamos fazer as coisas do jeito mais difícil. Coloquei alguns policiais para vascular todos os veículos Cobalt, modelo LS 1.4, produzidos entre 2012 e 2015, licenciados e emplacados no país. O levantamento junto ao Departamento Nacional de Trânsito apurou que existiam 12.745 veículos com a mesma marca e modelo no Brasil. Destes, 3.937 eram de cor prata e 443 tinham emplacamento no estado do Rio de Janeiro.

Não tínhamos escolha: começamos a intimar todos os proprietários para depor. Chegou uma hora em que os donos de Cobalt diziam, na delegacia, que já esperavam ser chamados, porque algum conhecido que possuía um carro igual também já tinha sido ouvido. Contudo, não conseguimos informações que pudessem nos levar ao carro dos assassinos.

A Operação Clone também vasculhou a circulação do Cobalt nos períodos anterior e posterior ao crime. Levantamos o histórico de movimentação a partir dos registros de radares com OCR. Essa análise produziu um resultado relevante: nos dias 1º, 2, 7 e 14 de fevereiro de 2018, um veículo com a placa KPA 5923 repetiu praticamente o mesmo trajeto realizado no dia do crime. Em horários diferentes, o carro saiu da região da Barra da Tijuca, passou pelo Alto da Boa Vista e chegou à Tijuca, bairro onde Marielle morava.

Quando analisamos o histórico de localização do sistema Google, instalado no aparelho celular da vereadora, confrontando-o com o deslocamento do veículo suspeito, constatamos que naquelas datas e horários a vítima estava em áreas próximas de onde o Cobalt circulava.

Os autores acompanharam a rotina da vítima e, possivelmente, poderiam ter tentado matá-la antes do dia 14 de março.

Esses dados nos possibilitavam ampliar as buscas. Tínhamos agora mais datas de exposição do veículo para investigarmos. Em tese, isso aumentava a nossa chance de encontrar algum vestígio que nos levasse aos autores.

O levantamento a partir dos radares com OCR também revelou fragilidades do sistema de controle de tráfego no Rio de Janeiro. Os policiais detectaram um registro mostrando que, no dia 14 de março de 2018, outro veículo com a mesma placa, KPA 5923, fora flagrado na Avenida Brasil, na região de Campo Grande, quase no mesmo horário do desenvolvimento do crime. A interpretação inicial foi de que seria um "segundo" carro clonado sendo usado.

O policial Carlos Paúra Júnior descreveu esse achado em seu relatório, porém, depois que se refinou a busca e os dados foram cruzados, percebeu-se que aquele registro em Campo Grande era isolado e só tinha surgido uma única vez em todo o período. A análise mais aprofundada demonstrou que era um equívoco – possivelmente o radar tinha "lido" a placa erroneamente. Um problema que colocava em dúvida a confiabilidade do sistema de controle de tráfego.

Como se não bastasse, o relatório vazou. A imprensa fez alarde, dizendo que a DH ignorou a existência do veículo, e concluiu que o suposto "segundo Cobalt" clonado tinha participado do crime, dando suporte aos atiradores. Mais uma especulação. Uma informação distorcida que não levou a lugar nenhum.

Os poucos avanços da Operação Clone foram em relação aos possíveis responsáveis pela clonagem. Primeiramente, as buscas nos levaram a Lucas da Silva, o Toddynho, apontado como o responsável pela produção da documentação falsa. Só que ele tinha sido assassinado a tiros em uma emboscada no dia 3 de abril, poucos dias depois do duplo homicídio da vereadora e do motorista. Segundo o inquérito, conduzido na própria DH, ele fora surpreendido quando fazia a entrega de outro veículo clonado na Avenida Brasil, em Bangu.

O segundo suspeito era Antônio Silva, conhecido como Nem Queimadinho. Ele estava foragido da justiça, com mandado de prisão expedido pela Vara Criminal da Comarca de Magé, na Baixada Fluminense, pelos crimes de receptação e adulteração de sinal identificador de veículo. Foi apontado pelas investigações como responsável por adulterar o número de chassi e fazer a "montagem" do veículo. Enquanto estive à frente do caso, Nem Queimadinho não foi encontrado.

O terceiro suspeito de envolvimento com a clonagem era Eduardo Siqueira, morador de Muzema, na zona oeste, apontado pela investigação como responsável por fornecer veículos clonados para as milícias. A informação sobre ele resultou de um trabalho conjunto da DH com o setor de Inteligência da Polícia Civil de Minas Gerais.

No dia 3 de julho, na delegacia, nós colhemos o depoimento de Eduardo. Além de admitir o envolvimento com clonagem de veículos, ele contou uma história que podia ter relação com as mortes de Marielle e Anderson.

Disse que entre janeiro e fevereiro de 2018 tinha feito transações com veículos clonados com dois indivíduos apontados como milicianos da zona oeste. A primeira negociação teria sido com Pepa, identificado como Elton da Costa. Eduardo disse que entregou um Fiat Palio em troca de um Cobalt prata, ano 2014. Quando mostramos imagens do carro usado no crime, respondeu que via "grande semelhança com o veículo que esteve em suas mãos". Contou que dez dias depois fizera uma segunda negociação, desta vez com o indivíduo chamado Rafael da Merck, que verificamos ser Rafael Guimarães, mencionado no depoimento de Ferreirinha. O suspeito disse que entregou o Cobalt prata na troca por um Hyundai HB20 branco.

Apesar de muitas diligências para apurarmos as informações, não houve a confirmação de que o veículo trocado entre eles fosse o mesmo usado no crime. Porém, meses depois, quando eu já não estava à frente do caso, a Polícia Civil e o MP-RJ deflagraram a Operação Entourage, para cumprir trinta mandados de prisão contra acusados de integrar a milícia chefiada por Orlando Curicica. Entre os presos estavam Eduardo, Rafael da Merck e Pepa.

A Operação Clone avançava, mas não conseguíamos encontrar o Cobalt usado pelos criminosos. Parecia que o carro tinha virado fantasma.

Em relação aos celulares, encontramos uma boa pista a partir da análise das gravações das câmeras de segurança na Rua dos Inválidos, aquelas mesmas que mostravam o Cobalt estacionado no local por duas horas. Quando estudamos as imagens quadro a quadro, identificamos em determinado momento o ocupante do banco traseiro conferindo a tela de um celular, um gesto comum quando se pretende verificar a hora ou um aviso de mensagem no aparelho. Foi rápido, a luz acendeu e apagou logo em seguida, o suficiente para os peritos constatarem que havia um celular dentro do carro.

Antes, o sistema de telefonia celular servia quase que exclusivamente para o trânsito de dados de voz, ou seja, para a realização de chamadas convencionais. Quando quebrávamos o sigilo de uma ERB, identificávamos facilmente todos os números de telefone que utilizaram aquela antena para completar uma comunicação em determinado período.

Eu tinha experiência nisso, principalmente por ter participado da investigação do assassinato da juíza Patrícia Acioli, em 2011, na qual essa técnica investigativa foi aplicada com êxito. Naquela investigação, sabíamos que a juíza tinha deixado o fórum de Niterói no final do expediente, supostamente teria sido perseguida pelos criminosos até o condomínio onde morava e executada com 21 tiros quando manobrava o carro para entrar na garagem de sua casa. Quando quebramos o sigilo da ERB que cobria a área do fórum, detectamos o uso do celular de um dos suspeitos. Era um policial militar e tinha feito ligações no local antes da juíza sair. Isso o colocou no contexto do crime e foi uma prova a mais de sua participação no homicídio. Acabou sendo preso, acusado e condenado, junto com outros autores.

Sete anos depois, quando Marielle e Anderson foram mortos, a realidade da comunicação por aparelho celular era muito diferente. No lugar do trânsito de voz, o que predominava era o trânsito de dados telemáticos, produtos da fusão de recursos de telefonia com os de informática. Na prática, os celulares se transformaram em pequenos computadores, capazes de produzir, armazenar e transmitir dados telemáticos, como e-mails, mensagens, imagens, registros de navegação na internet e assim por diante.

O trânsito desses dados telemáticos também fica registrado em uma ERB. O aparelho celular deixa rastros nessas comunicações realizadas, inclusive quando o dispositivo não está sendo operado pelo usuário, ou seja, quando recebe mensagens ou os aplicativos e sistemas operacionais são atualizados automaticamente. E identificar o número de um celular suspeito é só o começo. A partir daí, levantamos informações qualificativas do usuário e descobrimos a sua localização. Depois, se conseguimos decretar novas quebras de sigilo, podemos alcançar até o conteúdo armazenado em nuvem digital.

Sabendo disso, a descoberta de um celular dentro do Cobalt era uma chance real de chegarmos aos autores.

O primeiro passo era saber quais antenas captavam o sinal emitido daquele local. Com informações fornecidas pelas operadoras, os policiais realizaram ligações testes e identificaram exatamente a ERB de cada operadora que era acionada. Ou seja, independentemente do serviço utilizado pelo assassino, nós poderíamos rastrear.

Na sequência, pedimos a quebra de sigilo de cada uma das antenas no intervalo entre 18h40 e 21h19 do dia 14 de março de 2018. Representamos ao MPRJ, e o promotor Homero Freitas Filho prontamente encaminhou o pedido ao juiz de Direito, Gustavo Kalil, que determinou que as operadoras nos enviassem as informações solicitadas.

Cruzamos os dados, mas não conseguimos encontrar aquele celular. A hipótese mais provável era que, sabendo que nós pediríamos a quebra de sigilo das antenas, os autores tivessem tomado precauções para sumir com os celulares que mantinham dentro do carro. Se fosse isso, havia duas possibilidades. A primeira era não terem usado os aparelhos durante toda a ação criminosa, permanecendo no "modo avião", impedindo a comunicação com a ERB. O usuário poderia ter conferido a hora ao olhar na tela, por exemplo, mas sem fazer ligações ou acessar dados telemáticos. A segunda possibilidade, para mim a mais provável, era que dentro do carro haveria um bloqueador de sinais, conhecido como Jammer, também chamado de "capetinha" no meio policial, capaz de impedir que as antenas captem o sinal do aparelho.

Frustrada essa tentativa, o jeito foi seguirmos novamente pelo caminho mais difícil. Definimos outros pontos de referência distribuídos no trajeto feito pelos criminosos, como Rua do Senado,

Rua Salvador de Sá, Avenida Estácio de Sá até o entroncamento entre as ruas João Paulo I e Joaquim Palhares. Depois, pedimos a quebra do sigilo de todas as antenas que cobriam essas áreas. O juiz autorizou, e nas listas enviadas pelas operadoras constavam milhares de números de celulares.

É como procurar uma agulha no palheiro. E o trabalho ainda se desdobra. Começa cruzando os dados em planilhas procurando algum evento, como um celular que utilizou determinada ERB apenas naquele dia e horário ou que apareceu em mais de uma antena, sugerindo a locomoção pelo trajeto; enfim, buscamos qualquer pista. Depois, quando aparece algo suspeito, um novo pedido judicial é feito para levantarmos os dados do usuário, como o IP (Internet Protocol) utilizado para se conectar à internet, e o IMEI (International Mobile Equipment Identity), código mundial que identifica o aparelho. Esse refinamento chega à identificação do sistema operacional do *smartphone*, por exemplo, ao *Android Device Manager*, o gerenciador de aparelhos que utilizam o sistema operacional do Google. E, dependendo da situação, o celular vai para o grampo.

Um primeiro problema nesse trabalho de rastreamento é que alcançamos uma quantidade enorme de celulares *bucha*, quer dizer, os aparelhos utilizados em nome de terceiros. Quando pedimos os dados cadastrais, não aparecem as informações sobre os suspeitos. Outro problema é com as operadoras, pois enfrentam dificuldades para fornecer as informações com qualidade e rapidez, principalmente em relação aos dados telemáticos. Entre outros motivos, a precariedade no trato e na entrega insuficiente desses dados é resultado de uma frouxa legislação reguladora no setor, que não exige das empresas o investimento em infraestrutura capaz de garantir registros com precisão e eficiência.

Esses problemas foram marcantes no caso Marielle e Anderson, até porque a demanda de dados era muito grande. Para minimizá-los e avançarmos com qualidade no trabalho, chamamos representantes de todas as operadoras de telefonia celular habilitadas para atuar na cidade do Rio de Janeiro, para uma reunião na DH. Foi um encontro inédito. Pela primeira vez em uma investigação, reunimos as operadoras num mesmo evento e conseguimos que elas se colocassem à disposição de uma equipe de analistas policiais.

Nossa proposta foi definirmos com eles alguns parâmetros que pudessem melhorar a qualidade da entrega dos dados. Apresentamos as dificuldades que encontrávamos e estabelecemos com elas uma maneira de aprimorar o compartilhamento de informações com a investigação. E, a partir dali, o processo de entrega de dados melhorou bastante, assim como o relacionamento com as operadoras.

Entretanto, percebemos que não chegaríamos longe com os registros de trânsito de voz, e a nossa esperança passou a ser em relação aos dados telemáticos.

O Google, multinacional norte-americana, gigante no mercado de serviços on-line e software, mantém na base do seu negócio a garantia de privacidade aos clientes. Historicamente, sempre foi muito difícil conseguir a quebra de sigilo dos dados de seus usuários. Muitas vezes, mesmo bem fundamentados e imprescindíveis, os pedidos são negados e se transformam em disputas judiciais que se arrastam por anos, até chegarem ao Supremo Tribunal Federal. E, mesmo assim, nem sempre as decisões são favoráveis aos investigadores.

Numa de nossas reuniões na Seseg, levei ao general Richard e a Rivaldo essa preocupação e disse o que estava pensando:

– Precisamos tentar uma composição com o Google. Definir com eles uma maneira de acessar os dados sem ficar brigando na justiça.

– Qual é a sua proposta? – perguntou o general.

– Pensei em pedir ajuda para a DRCI – respondi, referindo-me à Delegacia de Repressão aos Crimes de Informática. Por ser especializada em investigações de dados telemáticos, ela mantém bom relacionamento com as empresas de internet e tem muita experiência no compartilhamento de informações com o Google. Em casos de investigações de crime de pedofilia, por exemplo, existe muita colaboração.

Acreditava que, por intermédio da DRCI, pudéssemos estabelecer essa mesma relação colaborativa com a empresa. Evidentemente, os pedidos de quebra de sigilo precisavam de autorização do juiz, porém, existindo um entendimento, nós poderíamos evitar uma judicialização interminável.

Concordamos quanto à proposta. Entrei em contato com o delegado titular, Pablo Sartori, que prontamente se dispôs a contribuir e instaurou um inquérito paralelo para auxiliar o trabalho da DH.

Uma das tarefas era aproveitarmos o recurso de localização por GPS, utilizado pelo Google em celulares com o sistema operacional Android, para tentarmos geograficamente identificar e individualizar o usuário, independentemente da operadora de telefonia utilizada. Demarcamos os pontos de referência conforme a dinâmica do crime. O "Ponto 1" era a Rua dos Inválidos, onde ficaram de tocaia. O "Ponto 2" era o local da execução, no entroncamento da Rua Joaquim Palhares com a Rua João Paulo I. Além desses, delimitamos outros cinco pontos no trajeto de deslocamento.

Pedimos a quebra do sigilo para identificarmos todos os usuários que estiveram próximos daquelas localidades em horários determinados e solicitamos os históricos de localização dos aparelhos celulares de Marielle, Anderson e da assessora Fernanda Chaves, todos com o sistema Android.

As buscas começaram no mês de abril, e chegamos ao mês de julho sem que tivéssemos obtido todos os dados necessários. O juiz responsável pelo caso atendia às nossas solicitações, os pedidos chegavam ao Google, entretanto, por algum motivo, não retornavam as informações completas, como desejávamos. A situação nos obrigou a tomar uma atitude mais dura. Representamos ao juiz e ele arbitrou multa diária de R$ 100 mil, podendo chegar até o limite de R$ 5 milhões, caso a empresa não fornecesse os dados solicitados.

O meu plano de evitar uma briga judicial interminável estava indo por água abaixo. Para mim, naquele momento, a situação remetia a duas hipóteses: a empresa não pretendia fornecer os dados ou não estava entendendo a especificidade do que nós precisávamos. Não dava para continuar desse jeito.

Em conversa com os advogados que representavam o Google no Brasil, surgiu a proposta de uma videoconferência com os técnicos da empresa para sanar as dúvidas e definir um padrão de entrega dos dados telemáticos.

No dia 23 de julho, na sede da Divisão de Homicídios, estávamos eu, quatro analistas policiais da equipe do setor de busca eletrônica e dois advogados representando a empresa. E, na sede do Google, na Califórnia, nos Estados Unidos, estavam uma advogada e dois técnicos. O meu inglês não era muito bom, mas um dos meus policiais era fluente e conseguimos discutir todos os pontos que estavam atravancando o trabalho. Percebemos que, de fato, os técnicos não tinham compreendido exatamente as nossas necessidades. Ao final, ficou estabelecido um formato de compartilhamento de informações que atendeu aos dois lados.

Num primeiro momento, o Google forneceria apenas códigos representando os usuários de celulares apontados. Depois, pelos padrões de análise da investigação, se algum daqueles códigos se mostrasse suspeito, aí, sim, a empresa revelaria não só os dados qualificativos do usuário, como entregaria, mediante quebra do sigilo, todo e qualquer conteúdo telemático da conta armazenado no servidor da empresa.

Foi um avanço do ponto de vista investigativo. Fui o primeiro delegado no Brasil a tratar da entrega de dados diretamente com o Google, nos Estados Unidos. Por outro lado, é inegável reconhecermos que somente um caso com repercussão mundial como as mortes de Marielle e Anderson seria capaz de promover isso. O ideal seria que todas as investigações tivessem o mesmo acesso e fossem tratadas da mesma forma.

Mesmo com essa colaboração e dispondo de um novo padrão de compartilhamento de dados, não conseguimos chegar aos autores do crime. Identificamos muitos aparelhos celulares suspeitos, quebramos o sigilo e acessamos uma infinidade de dados telemáticos, porém não os encontramos. Eles eram assassinos que voavam abaixo do radar.

No dia 24 de julho, fechamos mais um dos inquéritos paralelos aproveitando as informações trazidas por Ferreirinha. Dessa vez, solucionamos as mortes dos policiais militares José Ricardo da Silva e Rodrigo Severo Gonçalves, apontados como milicianos e assassinados em 2017, dentro de um sítio de Orlando, em Guapimirim, na Baixada Fluminense.

Os dois indivíduos mencionados por Ferreirinha como autores do crime foram identificados. "Cachorro Louco" era o policial militar Alan Nogueira, e "Claudinho" era o ex-bombeiro militar Luiz Cláudio Ferreira.

A testemunha havia contado que os dois colocaram os corpos das vítimas dentro do porta-malas de um veículo ix35 e os levaram até Brás de Pina, onde incendiaram o veículo. O caminho entre Guapimirim e a zona norte é feito comumente pela rodovia Rio-Teresópolis, por isso nós pedimos à concessionária que administra a rodovia todas as imagens das câmeras de segurança do dia do crime e nos horários aproximados, conforme as informações do depoimento. Não deu outra.

Identificamos a dinâmica exatamente como havia sido relatada. Em determinado horário, o ix35, dirigido por Claudinho, passou pelopedágio no sentido zona norte, e logo atrás passou o Honda Civic dirigido por Alan. Horas depois, flagramos apenas o Honda Civic na praça do pedágio seguindo na direção de Guapimirim. Com isso, tendo essas imagens somadas às demais provas arrecadadas com as diligências, principalmente os vestígios encontrados no próprio sítio, pedimos a prisão dos dois. Eles foram denunciados junto com Orlando, acusados dos assassinatos dos policiais Ricardo e Severo.

Era mais um caso encerrado.

No dia 26 de julho, a manchete nos jornais era: "Justiça decreta a prisão de mais dois suspeitos da morte de Marielle Franco". Os dois suspeitos eram Renato dos Santos, o Renatinho Problema, e William Sant'Anna, o William Negão. Os mandados de prisão foram expedidos porque os dois foram apontados como autores da morte de Rafael Silva, o Leão, ex-sócio de Ferreirinha – outro inquérito paralelo que avançava a partir das informações trazidas pela testemunha.

O mês de agosto começou com mais turbulências. À medida que as eleições se aproximavam, os grupos políticos, movidos pelo cálculo de votos, aproveitavam as oportunidades para apontar o dedo e jogar a culpa pela demora nos investigadores, capitalizando o caso. Nesse fogo cruzado, a Polícia Civil foi muito atingida, acusada de incompetente, corrupta e conivente com o crime. E, direta ou indiretamente, essa imagem distorcida era incentivada pelas circunstâncias atípicas que envolviam a investigação e pela disputa de protagonismo das próprias instituições públicas.

Na noite de terça-feira, dia 7 de agosto, o então ministro da Segurança Pública, Raul Jungmann, participou do programa *Entre*

Aspas, na GloboNews. A jornalista Mônica Waldvogel o questionou sobre o andamento da investigação, e ele respondeu: "O que eu posso dizer a você é que esse assassinato da Marielle envolve agentes do estado. Envolve, inclusive, setores ligados seja a órgãos de controle do estado, seja a órgãos de representação política". "Ramificações no parlamento e na própria polícia", especulou a jornalista. "Eu diria que sim", concluiu o ministro.

Na manhã seguinte, antes de sair de casa, vi no site de notícias UOL a seguinte manchete: "Assassinato de Marielle envolveu agentes do estado e políticos, diz Jungmann". Com pequenas variações na forma, o conteúdo da entrevista se espalhou pelos veículos de imprensa com muita intensidade. Não sei qual foi a fonte do ministro, mas a declaração foi infeliz, inoportuna e desencadeou uma sequência de fatos que causaram transtornos.

No domingo, dia 12 de agosto, o ministro novamente se manifestou sobre o caso; dessa vez, comunicou que o presidente da República, Michel Temer, tinha autorizado a Polícia Federal a assumir a investigação e aguardava apenas o pedido oficial do Gabinete de Intervenção Federal. "A Polícia Federal é uma das melhores polícias investigativas do mundo. Tem recursos tecnológicos, recursos humanos e recursos orçamentários para sustentar qualquer investigação", argumentou.

Trocando em miúdos, era o mesmo que dizer que a Polícia Civil do Rio de Janeiro não tinha tecnologia, pessoal nem recursos financeiros suficientes para solucionar o caso. O ministro terminou sua fala informando que uma equipe da Polícia Federal já estava pronta para assumir e, referindo-se ao presidente da República, disse: "Ele [Temer] considera o esclarecimento do caso Marielle uma questão de honra do seu governo".

No dia 14 de agosto, durante um seminário promovido pelo Tribunal Regional Eleitoral do Rio de Janeiro, o general Richard Nunes foi questionado sobre qual era a posição da Seseg em relação à "oferta" do ministro de assumir o comando e passar a investigação para a Polícia Federal. Na resposta, procurando contemporizar a situação, esclareceu que já havia integração entre as polícias e defendeu o nosso trabalho.

Dois dias depois, o ministro Jungmann participou da 70ª Reunião do Colégio Nacional de Segurança Pública do Brasil, em Salvador, na

Bahia, e disse o seguinte: "A resposta que eu obtive [da polícia do Rio de Janeiro] foi que não era necessário, que eles davam conta. Então, apesar de oferecer a Polícia Federal, que é uma das melhores polícias do mundo em investigação, houve um entendimento do Rio de Janeiro de que não era necessário, então nós estamos fora do caso Marielle".

O procurador-geral do Estado, Eduardo Gussem, encaminhou ofício ao ministro manifestando ser favorável à participação da Polícia Federal no caso. Contudo, a decisão de passar para ela o comando da investigação cabia ao interventor, general Braga Netto. A mídia interpretou a mensagem como se o MPRJ estivesse "recuando e aceitando" a ajuda da Polícia Federal. Acabou sendo mais lenha na fogueira.

O comando da intervenção foi obrigado a responder e publicou uma nota dizendo o seguinte: "A integração dos órgãos de segurança pública do Estado com a Polícia Federal já está consolidada, particularmente na área de Inteligência. O Gabinete de Intervenção Federal reafirma sua plena confiança no trabalho dedicado e competente da equipe da Delegacia de Homicídios da Polícia Civil do Estado do Rio de Janeiro nas investigações".

Todas essas batidas de cabeça eram desnecessárias. Não ajudavam em nada; pelo contrário, só aumentavam a instabilidade na investigação. Na verdade, desde o primeiro dia, o ministro Jungmann e a procuradora-geral da República, Raquel Dodge, defenderam que era preciso "federalizar" o caso e passar a investigação para a Polícia Federal. Apesar do discurso da colaboração, parecia que as autoridades estavam disputando o protagonismo, e a estratégia era minar a confiança das famílias das vítimas e da sociedade no nosso trabalho. E existia outra hipótese (que produz especulações até hoje), a de que grupos políticos pretendiam "tirar" a investigação do Rio de Janeiro para blindar os suspeitos.

Seja como for, não era a primeira nem seria a última vez que essas investidas e intervenções para afastar a Polícia Civil do caso iriam acontecer. Aliás, nesse sentido, o pior ainda estava por vir.

No dia 15 de agosto, realizamos a oitiva do ex-vereador Cristiano Girão. Sobre a sua presença inesperada no Palácio Pedro Ernesto, Girão disse que no dia 7 de março havia acompanhado a esposa em exames médicos realizados numa clínica na Rua Álvaro Alvim e aproveitou para visitar ex-colegas vereadores. Explicou que tinha ido ao Rio de Janeiro com a família para os festejos de Carnaval e permanecera na cidade até o dia 17 de março.

– Onde estava na noite de 14 de março de 2018?

– Na churrascaria Rio Brasa. Saí de lá era meia-noite.

– Com quem estava?

– Com minha esposa e um amigo de São Paulo, Jeferson.

Apuramos que continuava utilizando dois celulares, um com o DDD 11, de São Paulo, e outro com o 84, de Natal, no Rio Grande do Norte. Com autorização judicial, os dois aparelhos já estavam sendo interceptados.

Perguntamos se conhecia Orlando Curicica, Major Ronald, Maurição, Mad, Capitão Adriano ou Ronnie Lessa. Ele respondeu que não os conhecia.

– Conhece Marcello Siciliano?

– Conheci pela imprensa, por ser suspeito da morte da Marielle.

Os relatórios de inteligência indicavam que, mesmo morando fora do Rio de Janeiro, Girão ainda era influente e mantinha negócios na Gardênia Azul. Ele teria os seus interesses representados por Leandro de Assis, o Gargalhone, e pelo ex-policial civil Wallace Pires, o Robocop, assassinado em julho de 2019 no bairro Anil.

Ele deixou a delegacia, voltou para São Paulo e continuou sendo monitorado. Durante todo o tempo em que estive no comando da investigação, Girão permaneceu no radar, contudo não encontramos indícios de sua participação nos assassinatos de Marielle e Anderson.

CAPÍTULO 10

O QUADRO DE SUSPEITOS

A contravenção no Rio de Janeiro sempre recrutou nas forças de segurança os soldados para os seus exércitos particulares, geralmente policiais e ex-policiais. Os dados de inquéritos, pesquisas e estudos na área demonstram que agentes do estado tiveram participação em dezenas de homicídios produzidos pelas disputas entre essas organizações criminosas nos últimos anos, e que uma nova geração de contraventores passou a pagá-los por meio do arrendamento de áreas, ou seja, entregando bairros para a exploração do jogo do bicho, das máquinas caça-níqueis e dos bingos clandestinos em troca do repasse de parte da arrecadação.

Os relatórios de inteligência da polícia apontavam que, ao assumirem o controle das áreas, muitos desses agentes abandonaram a pistolagem, provocando escassez dessa "mão de obra". E que, enfrentando dificuldades para aproveitar seus próprios matadores, a contravenção começou a "terceirizar" as mortes para grupos especializados, formados geralmente por policiais ou ex-policiais com capacidade de cometer os assassinatos deixando poucos vestígios. Entre esses grupos de matadores de aluguel, existia uma "tropa de elite" conhecida no submundo criminoso como "Escritório do Crime".

A nomenclatura se tornou midiática e confunde a opinião pública. Não se tratava de um agrupamento convencional, estruturado e com subordinação única, por isso não fazia sentido se referir aos envolvidos como integrantes ou ex-integrantes. Eram matadores profissionais que possuíam as próprias equipes e faziam parcerias, associando-se para captar serviços e executar os homicídios, segundo a informação.

O que os caracterizava era o modo de operar a ação, começando pela preparação do crime. Uma vez definido o alvo, cada passo era planejado em detalhes, as vítimas eram monitoradas e até *drones* eram usados para levantar a rotina delas. E existia uma divisão de tarefas muito clara e com compartimentação de informações, ou seja, cada criminoso sabia apenas o que competia a ele em relação ao crime. Nesse formato, quem providenciava o carro clonado não sabia onde o veículo seria usado; quem apertava o gatilho não sabia quem era o mandante; apenas quem estava no comando detinha as informações completas. Comumente, as execuções mantinham como padrão indivíduos fortemente armados, encapuzados e que utilizavam pistolas ou fuzis. Apuramos que a quadrilha chegava a cobrar entre R\$ 100 mil e R\$ 1,5 milhão pelas mortes encomendadas e que, nos últimos anos, teria ampliado as ações criminosas, agregando à pistolagem a extorsão, exploração de máquinas caça-níqueis, agiotagem e construções ilegais.

Levantamos os dados sobre cada um dos possíveis envolvidos com o Escritório do Crime e colocamos esses registros em fichas individuais. Organizei os documentos dentro de uma capa de processo, confeccionada com papel e de cor avermelhada. Jornalistas que frequentavam a delegacia chegaram a denominar o arquivo como "pasta vermelha". Eram muitos suspeitos, e entre eles estavam nomes como Capitão Adriano, Mad, Senhor das Armas, Batoré, Leléo, Macaquinho e Ronnie Lessa. Todos passaram a ser monitorados.

Dados da inteligência da polícia e do próprio MPRJ indicavam que as reuniões aconteciam em um imóvel em cima de uma padaria, em Rio das Pedras. E acrescentavam um dado fundamental: o líder seria o ex-oficial do Bope Adriano Magalhães da Nóbrega, o Capitão Adriano.

Ele ingressou na Polícia Militar em 1996, aos 18 anos, aprovado no concorrido concurso para a Academia de Polícia Militar Dom João VI, em Sulacap, zona oeste. Três anos depois, saiu como aspirante a oficial da Polícia Militar. Em 1999, fez o Curso de Operações Especiais e entrou para o Bope. Na condição de tenente, atuou com destaque no batalhão e seguia uma carreira promissora na polícia. Apelidado pelos colegas de farda como "Urso Polar", por ser muito forte, Adriano demonstrava habilidade com armas e se tornou exímio atirador, chegando a concluir o curso para *sniper*, realizado em São Paulo.

As suspeitas de envolvimento com irregularidades e atividades ilícitas o levaram a deixar o Bope em 2003. No mesmo ano, lotado no 18º BPM, em Jacarepaguá, participou de uma inserção na Cidade de Deus que resultou na morte de Anderson de Souza. Na época, o fato foi registrado como "homicídio proveniente de auto de resistência". O inquérito policial ficou aberto por anos, e recentemente o MPRJ retomou o caso.

Adriano foi transferido para o 16º BPM, em Olaria, onde passou a chefiar uma equipe do Grupamento de Ações Táticas (GAT), da qual fazia parte o vereador Ítalo Ciba, o mesmo que nós já tínhamos ouvido no mês de abril. Juntos, Adriano e Ítalo envolveram-se na morte de Leandro da Silva, em Parada de Lucas, zona norte. Consta que, um dia antes de ser morta, a vítima denunciou o GAT na Corregedoria da Polícia Militar, acusando-o de sequestro, tortura e extorsão. Por esse crime, Adriano chegou a ser preso preventivamente em 2004 e condenado a 19 anos e 6 meses de prisão pelo Tribunal do Júri, em outubro de 2005. Conseguiu recurso para um novo julgamento, foi solto em 2006 e absolvido por falta de provas em 2007.

Os dados da inteligência apontavam que, no período em que ficou preso no Batalhão Especial Prisional, unidade de detenção exclusiva para policiais militares, localizada em Benfica, no Centro, Adriano teria começado a prestar serviços para a contravenção. Sua função seria recrutar policiais, principalmente ex-colegas do Bope, para atuarem como seguranças dos familiares do falecido contraventor Maninho, recebendo uma quantia mensal por esse serviço. Ainda constava que, após sair da cadeia, teria começado a trabalhar diretamente para os contraventores, embora ainda se mantivesse na ativa dentro da polícia.

Em setembro de 2008 ele voltou a ser preso, mas logo foi solto, suspeito de um atentado contra Rogério Mesquita, braço direito do bicheiro Maninho. Esse crime era considerado um dos primeiros executados pelo Escritório do Crime e estava na lista dos homicídios atribuídos à guerra da contravenção.

Adriano foi preso em 2011, na Operação Tempestade no Deserto, acusado de formação de quadrilha e de ser matador para a contravenção. Sua trajetória dentro da Polícia Militar acabou em 2013, tendo sido expulso da corporação acusado de envolvimento com o jogo do bicho. Apesar disso, não respondeu judicialmente por essa acusação.

No período da investigação do caso Marielle, Adriano já estava sendo monitorado, e o suposto grupo de matadores liderados se tornou suspeito pelas execuções de Marielle e Anderson. O Escritório do Crime entrou no radar.

O primeiro indício de que poderiam ter participação nas mortes foi descoberto quando quebramos o sigilo das antenas nas proximidades do local das execuções e identificamos o número de um aparelho celular *bucha* que era utilizado pelo oficial da Polícia Militar Ronald Paulo Pereira Alves, o Major Ronald, suspeito de agir criminosamente junto com Adriano. O sinal tinha sido captado uma semana antes dos assassinatos. Como a região do Estácio não fazia parte da sua rotina, interpretamos o fato como quebra de padrão.

Ronald foi intimado para depor. Por ser oficial, o processo foi mais burocrático e precisou da permissão do Comando da Polícia Militar. O major estava lotado no Departamento Geral de Polícia desde 2010 e se preparava para ser promovido a tenente-coronel, patente que antecede à de coronel, posto mais alto na corporação.

Ele finalmente foi ouvido no mês de junho. Contra Ronald havia a acusação de ter participado do sequestro, tortura e execução de quatro jovens na saída de uma casa de espetáculos na Baixada Fluminense, em 2003, caso que ficou conhecido como Chacina da Via Show. O oficial havia sido denunciado pelos homicídios junto com outros policiais, e o processo estava suspenso no Tribunal de Justiça do Rio de Janeiro.

Durante o depoimento, tentamos esclarecer alguns pontos:

– Por que estava no Estácio em 6 de março de 2018?

– Foi a aula inaugural do CSPI – respondeu, referindo-se ao Curso Superior de Polícia Integrado, realizado em parceria com o Instituto de Pós-Graduação e Pesquisa em Administração da UFRJ e oferecido apenas a delegados e oficiais militares. As aulas eram realizadas sempre às quartas-feiras e, comumente, na Cidade Universitária, na Ilha do Fundão, zona norte. Porém, confirmamos que naquele dia, especificamente, houve o lançamento do curso no prédio do Centro Integrado de Controle e Comando, que ficava a pouco mais de um quilômetro do local onde a vereadora foi assassinada.

– Onde estava no dia do crime?

– Por ser uma quarta-feira, passei o dia no CSPI.

– E a noite?

– Estava em casa.

Um fato curioso foi que, no dia seguinte ao crime, Ronald viajou junto com a esposa e a enteada para Fortaleza, no Nordeste. Quisemos saber a data da compra das passagens e ele demonstrou, por meio de registros do site de vendas, ter sido em 20 de fevereiro. Não sei dizer se naquela viagem, precisamente, ele tratou de negócios, mas semanas depois da sua oitiva recebemos a informação de que ele e Adriano controlavam a exploração de máquinas caça-níqueis em algumas cidades do Nordeste.

Mostramos as fotos de suspeitos de integrar o Escritório do Crime.

– Conhece o Capitão Adriano?

– Sim. Fizemos o curso de formação da polícia juntos.

– Costuma se encontrar com ele?

– Não. Cruzei com ele há uns dois meses, no Barra Shopping.

– Conhece o Batoré? – perguntei, referindo-me a Antônio Freitas, que estava foragido. [Em abril daquele ano, Batoré foi condenado a 319 anos de prisão por diversos crimes e em 2019 foi morto em confronto com a polícia.]

– Não.

– Conhece o Mad? – perguntei, referindo-me a Leonardo Gouveia da Silva. [Ele havia sido preso em 2020 acusado de matar Marcelo Diotti, marido da ex-mulher de Cristiano Girão, na mesma noite das mortes de Marielle e Anderson. A investigação o apontou como sucessor de Adriano na liderança do Escritório do Crime.]

– Não.

– Conhece o Ronnie Lessa?

– Não.

Mudamos o foco e tentamos descobrir possíveis conexões.

– Conhece o Orlando Curicica?

– Não.

– Conhece o vereador Marcello Siciliano?

– Não.

O segundo indício de que o Escritório do Crime poderia ter participação nos assassinatos da vereadora e do seu motorista surgiu com o depoimento da testemunha que estamos chamando apenas de Tiago, quando afirmou ter visto Orlando Curicica reunido com os "milicianos de Rio das Pedras" em um posto de combustíveis na Estrada dos Bandeirantes. O terceiro indício foi a denúncia anônima recebida no dia 27 de abril, afirmando que Orlando tinha contratado o Capitão Adriano e Major Ronald para executar o crime.

E, claro, o setor de Inteligência da polícia estava trabalhando bastante com essa hipótese e já tinha levantado outras informações nesse sentido. Por isso, decidimos partir para cima dos suspeitos de pistolagem, especialmente daqueles que poderiam estar ligados ao Escritório do Crime. Na prática, começamos a chamar os suspeitos dentro dos vários inquéritos de homicídios, nos quais eram apontados como executores. Foi uma ofensiva decisiva.

A ideia era pressioná-los até conseguirmos alguma informação, "virar a mesa" para cima deles até que, mais cedo ou mais tarde, alguém entregasse os envolvidos no crime. Mesmo que durante os depoimentos nada fosse descoberto, de alguma maneira eles fariam a mensagem chegar aos comparsas e, como se diz na gíria policial, faríamos "a rua berrar".

Para que o plano desse certo, era necessário tirá-los das sombras, fazê-los emergir do submundo e perceber que o cerco estava se fechando. Uma forma de fazer isso era colocá-los nos noticiários, porém, nessa estratégia, nós não podíamos fragilizar a investigação, comprometendo o sigilo de dados. Levei esse dilema para uma reunião com Rivaldo e o general Richard. A decisão que tomamos foi a de abrir a informação de maneira controlada, compartilhando-a apenas com alguns jornalistas experientes que faziam a cobertura do caso para os grandes veículos de imprensa do país.

No dia 19 de agosto, o jornal *O Globo* publicou a manchete: "Grupo de matadores de aluguel formado por policiais é novo alvo das investigações – 'Escritório do crime' pode estar envolvido no assassinato da vereadora". A matéria começou dizendo o seguinte: "No rastro da apuração do assassinato da vereadora Marielle Franco, a polícia descobriu a existência de um grupo de elite de matadores no Rio. Formado por policiais e ex-policiais, entre eles um major da ativa e um ex-oficial do Bope, o grupo é altamente especializado em execuções por encomenda, sem deixar pistas".

Na segunda-feira, dia 20 de agosto, Adriano foi ouvido na delegacia. Ele se apresentou como comerciante e pecuarista e, antes de iniciarmos a oitiva, chegou a dizer informalmente para alguns policiais que tinha parado com atividades criminosas, pois havia ganhado muito dinheiro, comprado fazendas e estava se dedicando à criação de gado e cavalos.

Na minha frente, antes de qualquer pergunta, ele disse:

– Doutor, sei que o senhor quer saber da morte da vereadora. Posso dizer que tenho um monte de bronca, mas essa não está na minha conta.

Era importante descobrir se existiam conexões entre os suspeitos de pistolagem que estavam sendo investigados.

– Onde você estava na noite de 14 de março?

– Provavelmente em casa ou no sítio. Acordo cedo, não costumo sair.

– Integra ou já integrou alguma milícia?

– Não.

– Participou da segurança armada de pessoas ligadas à contravenção?

– Nunca.

– Conhece Major Ronald?

– Conheço da PM.

– Conhece Maurição? – a pergunta se referia a Maurício Silva da Costa, subtenente da Polícia Militar e apontado pelas investigações como líder da milícia de Rio das Pedras.

– Conheço da PM.

– Conhece Ronnie Lessa?

– Conheço da PM.

Quando perguntamos se conhecia Orlando Curicica e o vereador Marcello Siciliano, respondeu que não. Adriano deixou a delegacia e permaneceu sendo monitorado.

Naquela semana, nos bastidores, estava muito forte a conversa sobre mudanças que ocorreriam no MPRJ e que impactariam diretamente a investigação. O que se dizia era que o Grupo de Atuação Especial de Combate ao Crime Organizado (Gaeco) estava prestes a entrar no caso.

O general Richard conversou comigo sobre essa possibilidade e quis saber qual era a minha opinião. Respondi que via com bons olhos, pois a minha experiência de trabalho junto com o Gaeco era positiva. Afirmei que o nosso trabalho era isento e não havia o que esconder. E mais: comentei com o general que isso seria até bom para dividirmos a responsabilidade – dali para a frente, estaríamos juntos na vitória ou na derrota.

No dia 21 de agosto, numa reunião na sede do Centro Integrado de Comando e Controle, no Centro, a entrada do Gaeco na investigação foi anunciada oficialmente. Lembro-me de que estavam presentes o general Richard, o chefe de Polícia Civil, Rivaldo Barbosa, o procurador-geral de Justiça, Eduardo Gussem, e as três promotoras que trabalhariam no caso: Letícia Emile Alqueres Petriz, Simone Sibilio do Nascimento e Elisa Fraga.

A DH trabalha vinculada à 23ª Promotoria de Investigação Penal, e, na época, o promotor responsável era Homero Freitas Filho. Como promotor natural do caso Marielle e Anderson, ele havia criado uma força-tarefa para acompanhar a investigação. Assim como acontecia conosco, a pressão sobre o MPRJ aumentava à medida que o tempo passava, sem que o caso fosse resolvido. As investidas do ministro da Segurança Pública e da Procuradoria-Geral da República, defendendo a proposta de federalização da investigação, estavam ganhando força na opinião pública e, se isso acontecesse, seria um desprestígio tanto para a Polícia Civil quanto para o MPRJ. Ia ficar ruim para todo mundo.

Nesse contexto, um conjunto de fatores provocou mudanças significativas na postura da instituição. O promotor Homero decidiu aceitar a promoção para o cargo de procurador de Justiça, e no seu lugar assumiu a promotora Letícia Emile, que, imediatamente, solicitou o auxílio do Gaeco e da Coordenadoria de Segurança e Inteligência (CSI).

No Brasil, a relação entre o Ministério Público e a Polícia Civil é determinada pela Constituição Federal. A polícia instaura os inquéritos, investiga, levanta as provas e indicia o autor de um crime. Nesse caso, o delegado conclui a investigação elaborando uma peça chamada Relatório Final, acompanhado do indiciamento, e o encaminha ao Ministério Público. O promotor, ao receber o que foi produzido, pode acompanhar a decisão do delegado exposta no relatório, não acompanhar ou devolvê-lo, solicitando novas diligências. Quando acompanha, aproveita o conteúdo produzido para fundamentar a denúncia e a encaminha ao juiz responsável. O juiz pode ou não aceitar a denúncia e, quando aceita, o processo judicial se abre ao contraditório, ou seja, o réu pode apresentar argumentos e provas contrárias à acusação. Essa é a regra.

Ocorre que, embasados pela teoria dos "freios e contrapesos" e influenciados pelo *lobby* dos promotores, os constituintes também atribuíram ao Ministério Público a função do controle externo da polícia, quer dizer, eles têm a prerrogativa de fiscalizar o trabalho policial. Isso abriu uma brecha para que os promotores começassem a fazer investigações por meio de grupos especializados como o Gaeco. Os promotores, nesses grupos, a exemplo do que fazem delegados de polícia, instauram procedimento investigatório (análogo ao inquérito policial), interrogam suspeitos, ouvem testemunhas, requisitam e promovem perícias, representam por interceptações telefônicas, prisões e buscas e apreensões. Trocando em miúdos, eles fazem o trabalho da polícia, tendo a prerrogativa respaldada por decisão do Supremo Tribunal Federal.

O Gaeco é dirigido por promotores destacados exclusivamente para as investigações, os quais são assessorados por especialistas contratados e por policiais, civis e militares, que são cedidos e recebem uma gratificação nos salários. Diferentemente da Polícia Civil, a sua demanda de trabalho é controlada e seletiva, ou seja, ele só entra no caso quando existe o pedido de auxílio feito pelo promotor natural.

A CSI é outro órgão interno do Ministério Público, só que concentrado no trabalho de inteligência e assessoramento técnico.

Ele faz o mesmo serviço que o nosso setor de inteligência e perícia, mas dispõe de uma estrutura melhor, inclusive com especialistas e peritos das mais diversas áreas. A sua demanda de trabalho também é controlada e seletiva, atuando de modo vinculado ao gabinete do procurador-geral de Justiça.

Na reunião, foi anunciado que, além da promotora Letícia Emile, entrariam também para a investigação a promotora Simone Sibilio, pelo Gaeco, e a promotora Elisa Fraga, pela CSI. Ao final, Gussem e o general Richard deram entrevistas comentando a importância da entrada do Gaeco e da CSI no caso. Nem eu nem as promotoras quisemos nos manifestar.

As promotoras e eu aproveitamos a ocasião para deliberar sobre a solicitação da Comissão Externa da Câmara dos Deputados, criada especialmente para acompanhar a investigação do caso Marielle e Anderson, e que pretendia se reunir no dia seguinte com a Polícia Civil e com o MPRJ em busca de informações. Decidimos que a atenderíamos juntos.

Assim, na manhã de quarta-feira, dia 22 de agosto, na sede do MPRJ, reunimo-nos com os deputados. Além de mim e das promotoras Letícia Emile e Simone Sibilio, estavam o subprocurador-geral de Justiça, Eduardo Lima Neto, os deputados federais Jean Wyllys, Glauber Braga e Chico Alencar, da bancada do Psol, e a deputada federal Jandira Feghali, do Partido Comunista do Brasil (PCdoB). Todos parlamentares pelo estado do Rio de Janeiro.

Foi a primeira vez que estive com a Comissão Externa. Em várias ocasiões, ela encaminhou ofícios e pedidos de agenda, mas o delegado Fábio Cardoso, diretor da Divisão de Homicídios, era quem fazia o atendimento.

Fui ao evento preparado para enfrentar uma batalha, mas a reunião acabou sendo tranquila. Os deputados perguntaram bastante, queriam detalhes do andamento das investigações e me questionaram muito sobre os vazamentos de dados sigilosos para a imprensa. Esse ponto foi muito discutido, e vi nisso uma oportunidade de me manifestar e, inclusive, pedir a ajuda dos parlamentares para o enfrentamento dessa questão. Não sei como poderiam contribuir, mas aproveitei e compartilhei o problema com eles.

No dia 1º de setembro, as mudanças funcionais no MPRJ passaram a valer e o Gaeco entrou formalmente na investigação. Já no início, percebi que havia muita desconfiança por parte das promotoras. Minha impressão era de que ambas estavam com os "dois pés atrás" em relação ao nosso trabalho. Era uma postura compreensível. Vivíamos sob acusações e especulações que atribuíam a demora na resolução do caso a supostos esquemas de corrupção. A própria DH estava sendo acusada de receber propina para não investigar os homicídios ligados à contravenção e, consequentemente, ao Escritório do Crime. Tudo isso, certamente, influenciou a postura de preconceito delas.

Existia uma barreira que precisava ser desconstruída, por isso, já naquela semana, decidi chamá-las à sede da Divisão de Homicídios para apresentar tudo o que havia sido produzido. Foi uma reunião demorada, que começou no início da tarde e se arrastou até a noite, na qual pudemos discutir, ponto a ponto, o trabalho realizado e estabelecer uma divisão de tarefas.

O encontro ajudou, mas não foi suficiente para eliminar a desconfiança delas. Apenas no decorrer do trabalho perceberam que não tínhamos o que esconder. Não levei isso para o lado pessoal, pois entendia que as divergências faziam parte da nossa rotina. A missão era a mesma, mas os olhares eram diferentes e pertencíamos a instituições públicas distintas. Nessa condição, conflitos de percepções, interpretações e ideias são comuns e até esperados.

Seguimos em frente, e, quando certas situações extrapolaram os limites, eu me rebelei, assim como elas também se rebelaram comigo em determinadas ocasiões. Independentemente disso, existiu uma parceria que foi positiva, deu resultados e me deixou orgulhoso pelas realizações.

Além da entrada do Gaeco, aquele início do mês de setembro também foi marcado pelas "vozes da prisão". Em investigações de homicídios é sempre importante ouvirmos o que dizem as celas, ou seja, ter informações sobre os comentários dos encarcerados dentro das unidades prisionais. O submundo do crime, dentro e fora da cadeia, é o mesmo, não existe separação. A comunicação entre os criminosos é permanente, principalmente por meio de aparelhos celulares que são fraudulentamente inseridos nas celas ou mesmo por meio das visitas de advogados e familiares.

Um levantamento divulgado pela própria Seap revelou que, em 2018, foram apreendidos mais de 5 mil aparelhos celulares dentro dos presídios do Rio de Janeiro; em 2019, esse número superou os 7 mil. Para uma população carcerária em torno de 48 mil pessoas, as apreensões representam apenas uma amostra. É para ser assim? Claro que não. Infelizmente, são aberrações crônicas do sistema penitenciário brasileiro. E aqui, mais uma vez, vale a advertência que já fiz em relação à facilidade de cadastrar uma linha telefônica no Brasil, o que abre espaço para que os criminosos usem os celulares *bucha* e permaneçam se comunicando com o exterior a partir das celas.

O fato é que nós monitoramos o que os detentos falam dentro da cadeia, e eles, sabendo que podem ser monitorados, também aproveitam para mentir e produzir contrainformação. Nesse trabalho é preciso muito cuidado. É comum inventarem histórias para atribuir a culpa a alguém ou tentar se afastar das acusações, por isso toda informação levantada precisa ser checada e qualificada pelo setor de inteligência.

A estratégia de irmos para cima do Escritório do Crime começou a dar certo, e a pressão chegou ao Complexo Penitenciário de Gericinó. De lá surgiram relatos que fortaleciam a linha de investigação sobre a participação de milícias nas mortes de Marielle e Anderson, principalmente a hipótese de o crime ter relação com questões fundiárias na zona oeste.

Por intermédio de sua advogada, um detento, que era ex-policial militar e tinha sido expulso da corporação por formação de quadrilha e participação em milícia, pediu para ser ouvido pela DH. Apuramos que a fonte era confiável, por isso decidimos que a testemunha devia ser ouvida. Vamos chamá-la aqui apenas de Jorge (nome fictício).

Na quinta-feira, dia 6 de setembro, fomos à Penitenciária Lemos Brito, a Bangu 6, para ouvirmos o Jorge:

– O que sabe sobre o assassinato da Marielle?

– Ouvi comentários de que o vereador Siciliano encomendou a morte dela para o Ecko – referindo-se a Wellington da Silva Braga, apontado como chefe de uma milícia conhecida como Bonde do Ecko.

Segundo a testemunha, o motivo era que a vereadora estaria atrapalhando os negócios de Siciliano com Luiz Antônio da Silva Braga, conhecido como Zinho e irmão de Ecko.

Aqui precisamos entender o seguinte: naqueles dias, na linha de investigação que considerava como motivação para o crime possíveis interferências da vereadora nos negócios ilícitos de milicianos, estávamos monitorando a milícia de Rio das Pedras e o Bonde do Joe. E também, a partir de denúncias anônimas e dados apresentados em relatórios de inteligência, tinha entrado no nosso radar o Bonde do Ecko, como era chamada a antiga Liga da Justiça, uma das milícias mais expressivas do Rio de Janeiro.

A origem da Liga da Justiça é atribuída aos irmãos Jerônimo Guimarães Filho, o Jerominho, e Natalino Guimarães, que nos anos 1970 eram policiais civis e começaram a impor a ordem pela força em Campo Grande, bairro onde moravam. Nos anos 1990, ainda sem ser identificado como milícia, o grupo dominava os bairros de Campo Grande, Santa Cruz, Cosmos, Inhoaíba e Paciência, todos na zona oeste. Também eram conhecidos como "Os Caras do Posto", pelo fato de alguns integrantes se reunirem em um posto de combustíveis na Rua Guarujá, em Cosmos.

Os irmãos Jerominho e Natalino se elegeram, respectivamente, vereador e deputado estadual, no início dos anos 2000. Eles contam que o apelido de Liga da Justiça surgiu durante as campanhas eleitorais, porque andavam acompanhados de personagens vestidos como super-heróis para atrair as crianças e suas famílias.

Como aconteceu com outros grupos paramilitares, depois da primeira fase de "autodefesa comunitária", a Liga da Justiça partiu para a cobrança de taxas de segurança, exploração de transporte coletivo clandestino e os demais "serviços" tipicamente atribuídos às milícias.

Além dos irmãos Guimarães, destacaram-se também como lideranças os ex-policiais militares Ricardo Teixeira Cruz, o Batman, Toni Ângelo Souza de Aguiar e Marcos José de Lima, o Gão. Todos foram presos em 2007 e 2008. Até essa fase, o comando da organização era de policiais.

Após as prisões deles, quem assumiu o comando foi Carlos Alexandre da Silva Braga, o Carlinhos Três Pontes. Ele nunca foi policial e, segundo dados da Inteligência, estaria envolvido com o tráfico de drogas e teria promovido, em algumas áreas de domínio, a "união" entre milicianos e traficantes, criando o que os especialistas chamam de "narcomilícia", considerada um viés mais poderoso, violento e responsável por controlar praticamente todos os negócios ilícitos nas comunidades que dominam, inclusive a venda de drogas.

Por um período, essa milícia também ficou conhecida como "A Firma". Essa mudança de denominação é comum nas organizações criminosas, pois na maioria das vezes os nomes são atribuídos por quem está fora dela, como a imprensa, a polícia e a população em geral.

Carlinhos Três Pontes foi morto em uma ação da polícia em 2017, quando resistiu à prisão. A partir de dados fidedignos de inteligência e inúmeras informações extraídas de investigações, restou apurado que no lugar dele assumiu o seu irmão, conhecido como Ecko, que seria o responsável por expandir significativamente os territórios dominados pelo grupo criminoso, aplicando um modelo de negócio similar a uma franquia.

Geralmente, a dinâmica das milícias é invadir territórios e controlá-los totalmente por meio de seus próprios integrantes, ou seja, estabelecendo espécies de gerentes responsáveis em cada localidade, garantindo o comando central. O que Ecko fez foi diferente. Procurou fomentar a iniciativa de milícias locais, garantindo aos criminosos instalados nessas comunidades os homens, armas e a *expertise* das ações criminosas necessárias para desenvolver e manter a autoridade no submundo do crime. Incentivando e apoiando esses grupos regionalizados, conseguia ter sucesso nas inúmeras atividades lucrativas instaladas, inclusive por meio de parcerias e divisão de lucros, quer dizer, ele ficava com parte do que era arrecadado.

Com essa estruturação, Ecko trouxe uma nova dinâmica para a organização criminosa e provocou uma ruptura em antigos valores e princípios que a milícia apresentava como justificadores de sua existência e aceitação social.

No dia 12 de junho de 2021, Ecko foi morto pela Polícia Civil numa operação cirúrgica denominada Dia dos Namorados. A polícia descobriu que ele visitaria a mulher e os filhos naquele dia em uma casa na comunidade Três Pontes, em Paciência. A polícia cercou a casa, ele foi baleado ao reagir e foi preso. Segundo foi divulgado, quando estava dentro da van que o socorria para levá-lo até o helicóptero que o transportaria ao hospital, Ecko tentou pegar a arma de uma policial e levou o segundo tiro. A aeronave o levou de Paciência até o heliponto na Lagoa Rodrigo de Freitas; de lá ele seguiu numa ambulância e morreu antes de dar entrada no Hospital Miguel Couto, no Leblon.

O Bonde do Ecko era considerado a maior milícia em atividade no estado do Rio de Janeiro. Suas ramificações criaram uma espécie de corredor de negócios que extrapolava a capital e seguia para os municípios da Baixada Fluminense. E, naquele momento da investigação, fomos informados de que Ecko mantinha proximidade com Capitão Adriano, que se tornou suspeito de envolvimento nas mortes de Marielle e Anderson.

Zinho, irmão de Ecko, segundo dados da Inteligência, era o responsável pelas finanças da organização. Em 2019, ele foi um dos alvos da Operação Volante, apontado como sendo o dono de uma empresa de extração de saibro e terraplanagem que movimentou, entre 2012 e 2017, cerca de R$ 42 milhões e que, segundo os promotores de justiça, fazia parte de um grande esquema de lavagem de dinheiro proveniente das ações criminosas da milícia.

A sua importância no grupo criminoso ficou evidente após a morte do irmão. Numa reportagem do portal G1 de agosto de 2021, o delegado William Pena Júnior, titular da Draco, admitiu que as investigações apontaram que Zinho tinha assumido o comando da milícia.

Prosseguindo com o depoimento de Jorge, perguntamos do que mais ele ficou sabendo.

– Que o carro clonado foi feito pelo Nem Queimadinho e o Toddynho. E quem organizou a emboscada foi o Tandera – referindo-se a Danilo Lima, considerado na época o braço direito de Ecko.

A testemunha demonstrava conhecimento profundo daquela organização criminosa; quando mostramos as fotos de suspeitos para o reconhecimento, soube apontar não apenas a alcunha, mas também o nome civil de cada um dos supostos envolvidos. Essa declaração sobre o carro clonado despertou interesse porque batia com o que a Operação Clone estava apurando.

– Como ficou sabendo disso tudo?

– Com outro preso, também ligado com a milícia.

Ele deu o nome do detento que teria contado a história. Aqui vamos identificá-lo apenas como Everton (nome fictício). A partir dessas informações, começamos as buscas e logo descobrimos a identidade civil do detento mencionado e a unidade prisional em que estava custodiado. Poucos dias depois voltamos a Gericinó, mas dessa vez à Penitenciária Bandeira Stampa, a Bangu 9, para ouvi-lo.

No seu depoimento, Everton confirmou toda a história contada por Jorge e acrescentou mais detalhes. Afirmou que ouvira os comentários de dois milicianos presos que eram ligados ao Bonde do Ecko.

Comentou que os milicianos estavam nervosos, preocupados e surpresos com a repercussão do caso, muito diferente da de outros homicídios de políticos que o grupo tinha cometido, a exemplo da morte de Luciano Nascimento Batista, o Luciano DJ, vereador em Seropédica. O parlamentar fora executado em 2015, quando saía de uma casa de shows na qual havia se apresentado. Era madrugada de domingo, ele se aproximou da sua caminhonete Hilux e viu que os pneus estavam furados; em seguida, dois carros encostaram e pelo menos seis criminosos atiraram contra ele.

Eu conhecia bem esse caso, pois na época estava no comando da Delegacia de Homicídios da Baixada Fluminense. Lembrei que tínhamos estabelecido duas linhas principais de investigação: crime político ou envolvimento de milícia. A hipótese de crime político envolvia o processo de cassação do prefeito, pois Luciano tinha assumido compromisso com um dos grupos políticos da cidade de votar para cassá-lo, porém, no dia da votação, deu uma desculpa e não apareceu na Câmara Municipal. A segunda possibilidade era de envolvimento dele com a milícia, e nessa linha considerávamos a participação do Bonde do Ecko no assassinato.

Ao final da oitiva, Everton relatou que os comentários dos detentos só acabaram depois que a imprensa divulgou as declarações do policial militar Ferreirinha, atribuindo o mando das mortes de Marielle e Anderson ao vereador Siciliano juntamente com Orlando Curicica. Segundo ele, a notícia serviu para abafar as conversas dentro da prisão e os milicianos se sentiram aliviados, desviando o assunto.

Semanas depois, a suposta ligação entre Siciliano e Ecko foi corroborada por uma terceira testemunha, que também estava acautelada em Gericinó. No seu depoimento, Celso (nome fictício) afirmou ter presenciado um encontro entre os dois numa favela na zona oeste. Contou que no dia havia um churrasco, tinha muita gente na rua e o vereador chegou em um veículo grande, da marca Ford e de cor preta, mas não soube especificar o modelo. Relatou que, mesmo estando longe, viu que conversaram por cerca de quarenta minutos. Disse que depois do encontro os comentários eram de que haveria uma "missão muito grande".

As informações que partiram das testemunhas, somadas às resultantes do trabalho de inteligência da DH, reforçavam a suspeita de envolvimento do Bonde do Ecko nos assassinatos de Marielle e Anderson.

No dia 14 de setembro, realizamos a oitiva de Marcelo Freixo. Ele contou que tinha visto Marielle pela primeira vez em 2002, na formatura do ensino médio de Anielle, quando ele ainda era professor de História. Depois, ele a reencontrou num evento realizado no cinema Odeon, na Cinelândia, quando foram apresentados. Disse que ela participou da sua campanha eleitoral para deputado estadual em 2006 e foi trabalhar no seu gabinete no ano seguinte. Freixo falava de Marielle como se fosse sua filha. Demonstrava uma relação de amizade, companheirismo e compartilhamento de ideais.

Tínhamos interesse em aprofundar com ele duas linhas de investigação. A primeira era a da CPI das Milícias. Marielle fazia parte da sua assessoria, mas não encontramos elementos que indicassem que ela tivesse uma participação destacada nos trabalhos da comissão parlamentar. Na hipótese de vingança, o mais provável seria que atacassem o próprio deputado.

A segunda linha em que precisávamos avançar era a da "Cadeia Velha". Freixo acreditava na possibilidade do envolvimento de pessoas atingidas pela Operação Cadeia Velha e, no depoimento, retomou os detalhes do que aconteceu na época em que o Psol tentou barrar a indicação do deputado Albertassi.

Não era a primeira vez que falávamos sobre isso. Ainda no mês de junho, ele me convidou para uma reunião com os procuradores do Núcleo Criminal de Combate à Corrupção, na sede do Ministério Público Federal, para tratarmos exatamente desse assunto. Minha impressão durante a reunião foi que os procuradores estavam constrangidos em estar ali discutindo a eventual colaboração deles no caso. Percebi um descompasso entre as perspectivas do deputado e a deles. O que ficou acordado foi que no momento oportuno eles seriam intimados para depor. Ainda necessitávamos arrecadar novos elementos que corroborassem aquela linha investigativa.

O deputado também já tinha abordado esse tema na imprensa, antes do seu depoimento. A revista *Veja*, ainda no mês de agosto, publicou a reportagem intitulada "Polícia investiga deputados do MDB por morte de Marielle", baseada nas declarações dele. Depois, ele deu entrevista ao telejornal RJ2, da Rede Globo, tratando dessa suspeita. As reportagens não foram ruins – até comentei isso com o general Richard –, contudo avaliei que fora um erro divulgar a informação dessa maneira.

Na delegacia, Freixo disse que, pouco tempo depois das mortes de Marielle e Anderson, recebeu informações relevantes.

– O que ficou sabendo?

– Que o crime gerou reações estranhas no interior de Benfica – respondeu, referindo-se ao Presídio José Frederico Marques, em Benfica, onde estavam acautelados os deputados alvos da Operação Cadeia Velha.

– E por que atingiram a Marielle?

– Porque eles acreditam que ela participou da elaboração da Ação Popular – respondeu, afirmando que esse dado tinha chegado para ele em meados do mês de maio.

Alguns dias depois de ouvirmos Freixo, realizamos as oitivas com os procuradores; entre eles, Fabiana Schneider e Leonardo Freitas. Os dois confirmaram a história, contudo minimizaram não só o efeito da Ação Popular no desenvolvimento da operação como também afastaram qualquer participação de Marielle no episódio. Os procuradores, nesse sentido, disseram que nem sequer chegaram a conhecê-la.

Até quando estive à frente do caso, os políticos atingidos pela Cadeia Velha permaneceram monitorados e ainda não havíamos encontrado indícios de que estivessem envolvidos no crime.

No final do mês de setembro, eu olhava para o quadro de suspeitos fixado na parede da delegacia e constatava que as possibilidades pareciam diminuir. Das linhas investigativas consideradas inicialmente, apenas duas pareciam se manter, pois as demais tinham sido descartadas ou enfraquecidas. Pareciam promissoras apenas as colunas denominadas "Cadeia Velha" e "Milícias", e, nesse sentido, a possível participação de milicianos nos assassinatos continuava sendo encarada a partir de duas hipóteses que apareciam no quadro como ramificações.

A primeira era ligada à "CPI das Milícias", e o nosso olhar continuava voltado para alguns indiciados; entre eles, o ex-vereador Cristiano Girão. Ele permanecia sendo monitorado e demonstrava ser muito cuidadoso no uso dos celulares, usava-os muito pouco e não dizia nada que pudesse servir como pista.

A segunda hipótese era denominada "Questões Fundiárias". Nela existiam três grupos suspeitos: Bonde do Joe, milícia de Rio das Pedras e Bonde do Ecko. Qualquer um desses grupos criminosos poderia ter mandado matar Marielle, e a morte dela também poderia ter sido decidida por todos eles, em conjunto, pois os dados da quebra de sigilo telefônico e dos grampos mostravam que eles mantinham conexões entre si, formando uma verdadeira rede criminosa.

Acontece que nenhuma das linhas investigativas apresentava evidências capazes de nos levar aos responsáveis pelos assassinatos. Apesar dos indícios, o crime poderia ter uma motivação completamente diferente dessas possibilidades. Nada estava descartado. Estávamos diante de muitos caminhos, e todos eles pareciam interligados. Era como se estivéssemos dentro de um labirinto, tentando encontrar a saída.

Em relação à autoria dos assassinatos, admitíamos que o crime tinha sido executado por matadores de aluguel, ligados ou não ao Escritório do Crime. Continuávamos monitorando todos os suspeitos. Tínhamos ouvido vários deles, e todos negavam a participação no crime. E estava no nosso plano ouvir o policial militar reformado Ronnie Lessa, porém decidimos adiar esse depoimento.

Isso porque, quando percebeu que estávamos avançando sobre aquele nicho criminoso, ele mandou um emissário até a delegacia para conversar com Marquinho e dizer que tinha interesse em depor no caso. O seu gesto acendeu um alerta. Na gíria policial, dizemos que o suspeito "pede a sua matrícula" quando tenta ser ouvido antes de ser intimado, e geralmente faz isso com o objetivo de desviar a atenção dos investigadores. Assim que terminou a conversa com o emissário, Marquinho entrou na minha sala e disse:

– Doutor, o Lessa quer se matricular.

No Centro do Rio, a multidão que acompanhou o cortejo do corpo de Marielle Franco

PARTE 3

OS ALVOS

CAPÍTULO 11

DOSSIÊ LESSA

Desde a transferência de Orlando Curicica para a Penitenciária Federal de Mossoró, mantivemos contato com seus advogados para ouvi-lo novamente. Havia, inclusive, a possibilidade de um acordo de colaboração premiada ser costurado. Sem explicação, as tratativas cessaram, ele substituiu os seus advogados e a nova defesa mudou a estratégia.

Orlando partiu para o ataque. Convenceu o juiz corregedor do presídio, Walter Nunes, de que estava sendo injustiçado e que precisava ser ouvido pelo Ministério Público Federal, alegando que o Ministério Público do Estado do Rio de Janeiro não era isento para tratar do seu caso. O juiz pediu à procuradora da República, Caroline Maciel, atuante na Procuradoria Regional dos Direitos do Cidadão do Rio Grande do Norte, que o ouvisse, sem que nós soubéssemos. Acompanhada do colega Rodrigo Telles, que atuava na área criminal, ela foi até o presídio para colher o depoimento do detento.

Houve um questionamento quanto ao fato de os procuradores terem atribuição para isso, pois o preso não era suspeito de participação em crimes federais. O MPRJ representou contra a conduta deles na

Corregedoria do MPF, alegando que extrapolaram as suas prerrogativas e atuaram sem competência institucional para aquele caso. No fim, o processo acabou não dando em nada – além do mal-estar, ficou a dúvida se a atitude dos membros do MPF era devida.

O fato é que o depoimento em Mossoró trouxe sérias consequências para a investigação. Orlando reforçou a sua narrativa de que eu tinha ido a Bangu 1 para ameaçá-lo. A sua versão era de que eu *embucharia* nele outros homicídios e o transferiria para Mossoró caso não confessasse a participação nas mortes de Marielle e Anderson. Isso deve ter impressionado os procuradores, e, claro, o fato de ele estar em Mossoró naquele exato momento dava a impressão de veracidade para a sua história.

Ele também disse que eu havia prometido o "perdão judicial" em troca da sua colaboração, bastando que confessasse ter cometido os assassinatos "a mando do Siciliano". Explicou aos procuradores que não aceitou esse "acordo" porque sabia que isso não era uma atribuição do delegado de polícia.

Eu nunca falei isso. Não tinha (e não tenho) nenhum interesse em prejudicar Orlando ou Siciliano, aliás, eu nem os conhecia antes do caso. E a suposta promessa de perdão judicial foi uma narrativa ridícula e inconcebível que os representantes do MPF acabaram levando a sério. Primeiro, porque não é da competência de um delegado de polícia conceder esse tipo de benefício. O próprio preso sabia disso. Segundo, porque o instituto jurídico do perdão judicial só se aplica em casos muito específicos, como em homicídio culposo – quando não há a intenção de matar – e, ainda, em situações peculiares, nas quais o juiz considera que as consequências da infração penal sejam tão graves para o autor que a pena se torna desnecessária – por exemplo, uma mãe que acidentalmente provocou a morte do filho no trânsito. Convenhamos, essa não era a situação dele.

A novidade do depoimento foi sugerir que as mortes de Marielle e Anderson tivessem ligação com pistoleiros ligados à contravenção, especificamente do Escritório do Crime.

Orlando contou que a contravenção, durante muitos anos, teve os seus próprios matadores – geralmente policiais ou ex-policiais –, que, em troca do serviço, começaram a receber bairros para a exploração dos jogos e que isso levou muitos deles a abandonar a pistolagem. Como exemplo, citou o amigo Pereira, afirmando que ele era policial, tornou-se matador da contravenção, e depois abandonou a função para assumir o controle das máquinas caça-níqueis em áreas da região de Jacarepaguá. E disse, inclusive, que Pereira teria sido o assassino do contraventor Maninho, em 2004.

Explicou que a tendência de abandonar a pistolagem obrigou os contraventores a terceirizar o serviço para grupos especializados de matadores de aluguel; entre eles, o Escritório do Crime. Orlando acreditava no envolvimento desse grupo nas mortes de Marielle e Anderson por causa do *modus operandi* empregado, segundo ele, comum em outras execuções: uso de rajadas com armas de grosso calibre; carros de cores comuns (branco ou cinza), para dificultar o rastreamento por imagens; e a certeza da conclusão dos serviços, demonstrada pelo fato de não voltarem para conferir se a vítima estava morta.

Chegou a dizer que acreditava que matadores do Escritório do Crime tivessem sido os responsáveis pelo assassinato do próprio Pereira, em 2016, quando este chegava à academia de ginástica, no Recreio dos Bandeirantes. Para o detento, o policial tinha sido morto por Batoré e seus comparsas, a mando do contraventor Rogério Andrade, sobrinho de Castor de Andrade. "O Rogério contratou a equipe do Capitão Adriano, tá, junto com o Batoré [...] foi contratada essa equipe para matar esse meu amigo e eles mataram, foram e mataram", disse Orlando.

O mais grave em seu depoimento residia nas acusações contra a Polícia Civil, o MPRJ e as demais instituições ligadas à segurança pública no Rio de Janeiro. Afirmou que, quando Pereira foi morto, o então diretor da Divisão de Homicídios, delegado Rivaldo Barbosa, teria recebido R$ 300 mil para não investigar o assassinato. Disse aos procuradores que isso era uma prática comum, pois a contravenção sempre pagava propina para que as delegacias não investigassem os crimes em suas respectivas jurisdições. Os procuradores se impressionaram e questionaram sobre qual era a posição dos órgãos de Justiça no Rio de Janeiro em relação a tudo o que estava declarando.

"Como é que o Ministério Público Estadual do Rio se posiciona nesse contexto aí, afinal de contas eles são os responsáveis pela investigação também, né, no caso Marielle?", perguntou o procurador Telles.

"O que que acontece, doutor. No Carnaval do Rio, se o senhor for na apoteose nos dias de desfile de escola de samba, o que o senhor mais vai ver nos camarotes de bicheiros são membros do Ministério Público. O senhor vai ver pelo menos uns oito promotores, desembargadores, juízes, nos camarotes dos bicheiros", respondeu Orlando.

Segundo ele, por essa razão as investigações nunca chegavam aos mandantes dos crimes. E afirmou que o próprio promotor Homero Freitas Filho, que ainda respondia pela 23ª Promotoria de Investigação Penal, teria proximidade com a contravenção. Em síntese, o argumento do preso era o seguinte: a contravenção manteria um esquema de pagamento de propina para integrantes da Polícia Civil, do MPRJ, do Tribunal de Justiça fluminense e demais instituições ligadas à segurança pública para não ser investigada; o assassinato de Marielle teria sido executado pelo Escritório do Crime, organização ligada à contravenção; logo, o crime não seria investigado e o caso nunca seria resolvido.

Por fim, procurou desconstruir a versão de Ferreirinha, que o apontava como mandante dos assassinatos junto com Siciliano. Alegou que o acusador era desqualificado e agia em conluio com Jorge Fernandes, o Jorginho, policial civil conhecido como um dos "inhos", grupo de agentes ligados ao ex-chefe da polícia Álvaro Lins, preso em 2008, acusado de lotear delegacias e dar proteção aos contraventores.

A tese de Orlando era de que os dois queriam mantê-lo preso para assumir os negócios do próprio Orlando. Para ele, Ferreirinha pretendia ficar com o "gatonet", e Jorginho, com a exploração de máquinas caça-níqueis. E disse que os dois "plantaram" os depoimentos na DH apenas para incriminá-lo. Tudo seria uma armação, com a participação de Domingos Brazão e do delegado federal Hélio Khristian.

Especificamente sobre o vereador Siciliano, contou que o encontrou casualmente no restaurante Oficina do Chopp e no Terreirão, no Recreio dos Bandeirantes, e nas duas ocasiões apenas o cumprimentou formalmente. Disse que nem haveria motivo para se reunirem, pois, segundo Orlando, Siciliano era "um marginal" e ele não aprovava "alguns métodos que levaram ele a ser vereador".

O que o preso fez foi usar a tática comum de tentar se afastar das acusações atacando sem comprovação, pois nenhum dos relatos foi acompanhado de provas. Ele contou as histórias que quis, sem demonstrar a veracidade dos fatos, e os procuradores, por sua vez, transcreveram o depoimento e o fizeram chegar às mãos da então procuradora-geral da República, Raquel Dogde, sigilosamente.

A Polícia Civil não teve acesso ao conteúdo da oitiva de Orlando em Mossoró. Acredito que algo possa ter sido entregue ao MPRJ. Agora, o que pareceu ser um fato foi o vazamento, proposital, para a imprensa.

A partir do dia 20 de setembro, o jornal *O Globo* e o portal de notícias G1 começaram a publicar reportagens baseadas no depoimento sigiloso, estampando as manchetes: "Orlando Curicica diz estar sendo coagido a assumir a morte de Marielle e investigação pode ser federalizada"; "Orlando de Curicica diz que Marielle Franco foi morta pelo Escritório do Crime"; "Curicica afirma estar sendo coagido a assumir assassinato de Marielle e caso pode passar para a PF"; "PGR vai decidir se pede para MPF e PF assumirem a apuração".

As matérias levantavam a discussão sobre a necessidade de federalizar o caso, tese que, desde os primeiros dias após o crime, a PGR tentava emplacar, sem sucesso. Na relação entre as instituições, o clima azedou. A desconfiança entre MPF, MPRJ e Polícia Civil ficou evidente.

No dia 25 de setembro, as promotoras Letícia Emile e Simone Sibilio viajaram do Rio de Janeiro até Mossoró para colher o depoimento de Orlando. A princípio, a viagem estava sendo alinhada para irmos juntos, porém os vazamentos sobre as acusações do preso contra a Polícia Civil nos fizeram reavaliar o plano, decidindo que seria melhor que apenas elas fossem. E minha impressão era de que elas preferiam ir sozinhas, até porque, naquele momento, as declarações dele jogavam mais suspeitas sobre a DH.

Às representantes do MPRJ o preso repetiu as mesmas histórias contadas aos procuradores federais. Apenas um ponto pode ser tratado como novidade e com relevância. Indiretamente, Orlando associou o policial militar reformado Ronnie Lessa à milícia do bairro Gardênia Azul e às mortes de Marielle e Anderson. Explicou onde o grupo agia: "Toda a área do 18º BPM, Rio das Pedras, Curicica, Gardênia. Toda aquela área, porque tem a Gardênia, né? Tem o Lessa. Vocês sabem do

Lessa? Do sem-perna? O que a bomba explodiu dentro do carro dele e ele perdeu a perna, o policial militar?", perguntou.

As promotoras não conheciam Lessa, mas nós, sim.

Se nos bastidores do caso o ambiente estava conturbado, no país as coisas beiravam o caos. A poucos dias das eleições, a disputa estava acirrada e os discursos das candidaturas eram agressivos. A pauta da segurança pública predominava nos debates, e as mortes da vereadora e do seu motorista perpassavam o processo eleitoral, especialmente no Rio de Janeiro.

A votação no primeiro turno aconteceu no dia 7 de outubro, e a imprensa denominou como "efeito Marielle" a influência dos assassinatos nos resultados no estado, principalmente em vista do impulso nas candidaturas do Psol.

O candidato a governador pelo partido, Tarcísio Motta, ficou em terceiro lugar, conquistando 814.249 votos. Para a Alerj, houve um expressivo crescimento da representação feminina. O partido elegeu três mulheres, e todas as ex-assessoras de Marielle: Renata Souza, com 63.937 votos; Mônica Francisco, com 40.631; e Dani Monteiro, com 27.982 votos. Para a Câmara dos Deputados, Marcelo Freixo foi o mais votado, com 342.491 votos, e também foi eleita Talíria Petrone, com 107.317 votos, bastante ligada a Marielle.

Na terça-feira, dia 9 de outubro, as promotoras reuniram os familiares das vítimas para apresentar uma descoberta. A equipe de analistas da CSI, utilizando *softwares* de alta tecnologia, conseguiu identificar o tipo físico do atirador a partir das imagens capturadas na Rua dos Inválidos. O recorte analisado representava o momento em que o ocupante do banco traseiro do Cobalt descansou o braço direito sobre o encosto. Os peritos projetaram o seu perfil biométrico usando uma técnica à base de raios infravermelhos. Pela análise, acreditava-se que o atirador fosse um homem alto, corpulento, com o braço direito muito forte e coberto por tatuagens.

No dia 11 de outubro, a descoberta da CSI foi comunicada à imprensa, e foi assim que nós, na delegacia, ficamos sabendo do achado. Desde quando as promotoras retornaram de Mossoró para o Rio de Janeiro, percebi que estavam muito influenciadas pelas declarações de Orlando. Senti, ainda, que a desconfiança em relação ao nosso trabalho tinha aumentado e que isso poderia refletir diretamente no curso da investigação. Para mim, esse foi um dos motivos para os desencontros e um sério desentendimento que tivemos naqueles dias.

As duas estavam com a atenção voltada para a possível participação de matadores ligados ao Escritório do Crime e, por isso, muito atentas a tudo o que se relacionava à favela de Rio das Pedras. O delegado Luiz Otávio Franco me ligou revoltado para contar que elas o chamaram para uma reunião no MPRJ e o submeteram a um verdadeiro interrogatório sobre possíveis irregularidades cometidas por ele e a equipe na coleta de imagens do Cobalt suspeito.

Ele disse que foi confrontado com uma suposta "descoberta" da CSI, referindo-se a uma imagem que as promotoras acreditavam ser do carro utilizado pelos autores circulando em Rio das Pedras. Na interpretação que fizeram, o Cobalt teria saído de lá minutos antes de passar no radar do Itanhangá. A suspeita levantada pelas promotoras residia na ausência daquela imagem nos autos, desconfiando que tivesse sido retirada, dolosamente.

Eu já andava nervoso e estressado com os acontecimentos e, quando ele me contou o ocorrido, fiquei indignado. Se houvesse qualquer questionamento, deveriam se dirigir a mim, que presidia o inquérito na DH, e não a ele. E, pior, o gesto insinuava que nós havíamos escondido ou ignorado as imagens. Saí do sério, liguei para a promotora Simone e tivemos uma dura discussão.

O episódio provocou um estranhamento entre as próprias instituições e houve uma reunião, convocada às pressas, para tratarmos do assunto. Nesse encontro, estavam presentes os representantes do Gaeco, da CSI, o general Richard, Rivaldo, eu e Eduardo Fonseca, nosso policial analista de áudio e vídeo. Sabendo da divergência, pedi a ele que preparasse uma apresentação para esclarecer o fato. Isso porque conhecíamos as imagens arrecadadas e aquela possibilidade já tinha sido descartada.

Fiz questão de deixar o pessoal da CSI conduzir a exposição até o fim. Eles mostraram as imagens de um Cobalt prata transitando por Rio das Pedras na tarde de 14 de março de 2018. Quando encerraram, o general Richard olhou para mim, como se perguntasse "que porra é essa, como deixaram passar isso?". Olhei para ele fixamente e fiz um sinal com a mão, pedindo que aguardasse, pois a resposta seria dada pelo nosso analista.

Muito seguro, Eduardo demonstrou no telão que o veículo visto em Rio das Pedras não era o mesmo utilizado pelos assassinos de Marielle e Anderson. A partir das imagens exibidas, apontou as diferenças entre os dois. Por exemplo, o Cobalt flagrado nas câmeras de monitoramento em Rio das Pedras tinha tampa do gancho de reboque no para-choque traseiro, e o utilizado no crime não tinha; as duas lanternas de freio estavam funcionando, enquanto no carro dos autores uma delas estava queimada, e assim por diante.

Depois mostrou que, pelas características do sistema viário da região, saindo de Rio das Pedras, o veículo precisaria passar por um OCR – sistema de reconhecimento de placas – no sentido Barra da Tijuca antes de acessar o contorno para pegar a Rua Dom Rosalvo Costa Rêgo, na direção do Alto da Boa Vista, onde foi flagrado às 17h34. E assim, ponto por ponto, desconstruiu a versão da CSI.

Os altos comandos das instituições presentes à reunião ficaram cientes de que era uma pista falsa. Mas o clima não melhorou. Seguimos em frente, relacionando-nos com profissionalismo com as promotoras, porém ficou o desgaste. Só no início do ano seguinte conseguimos "fumar o cachimbo da paz", como dizia o general Richard.

Hoje são águas passadas. O que importa é que aquela informação sobre o tipo físico do atirador era relevante e as características correspondiam com alguns dos suspeitos que estavam sendo monitorados.

Nos corredores da delegacia existiam rumores de que o submundo do crime estava agitado. Muitos criminosos estariam se sentindo acuados com a pressão que fazíamos, e alguns já estavam a ponto de abrir o bico. Os comentários citavam os nomes de possíveis assassinos, mas nada de concreto. Contudo, percebemos que o código de silêncio entre eles havia se quebrado e que era uma questão de tempo para a informação entrar na DH.

Na segunda-feira, dia 15 de outubro, ela finalmente entrou. Um telefonema anônimo recebido na delegacia determinou o rumo da investigação. O denunciante pediu que o atendente tomasse nota e mencionou nomes, locais e números de telefones dos supostos envolvidos nas mortes de Marielle e Anderson. Ao terminar o atendimento, o agente pegou a anotação, subiu até o primeiro andar, entrou esbaforido na minha sala e disse:

– Doutor, acabou de chegar uma denúncia dizendo que quem matou foi o Lessa, o carro saiu do Quebra-Mar e o mandante é o vereador Siciliano.

– Coloca no papel e me manda o relatório – respondi.

Sou acostumado a receber denúncias; elas chegam todo dia, e aquela seria apenas mais uma, não fosse pelo fato de tocar em dois pontos fundamentais: os nomes mencionados já estavam no nosso radar e o local de onde o carro teria partido correspondia a uma das principais hipóteses ventiladas na investigação.

Em pouco tempo, o registro estava na minha mesa. Em resumo, a denúncia dizia que o autor do crime era um ex-policial militar "caveira", chamado "Lessa" e vulgarmente conhecido como "Perneta", devido a ter uma perna amputada em razão da explosão de uma bomba. O veículo utilizado teria partido da região do "Quebra-Mar", na Barra da Tijuca, e citava como referência um restaurante de nome "Tamboril". A empreitada criminosa teria custado R$ 200 mil e sido encomendada pelo "vereador Marcello Siciliano". Acrescentava que um "bombeiro militar" também estaria envolvido.

Utilizando como parâmetros as indicações do denunciante, a equipe de inteligência da delegacia chegou ao nome de Ronnie Lessa, segundo-sargento reformado da Polícia Militar, como sendo o suposto autor. O levantamento considerou que a referência de ser "caveira" corresponderia ao fato de ele ter passagem pelo Bope, e o apelido "Perneta" seria por conta de usar uma prótese depois de ter perdido uma das pernas num atentado a bomba.

O vereador Siciliano já estava identificado civilmente; faltava descobrir quem seria o "bombeiro militar" mencionado.

Com esses dados em mãos, chamei Marquinho e disse:

– Chegou essa denúncia. Como está a telemática do Lessa? O que temos em relação ao Siciliano? Checa isso e manda priorizar esses dois alvos.

Marquinho foi até a sala onde funcionava a busca eletrônica, chamou o chefe do setor e transmitiu a ordem de priorizar aqueles alvos. Nós já tínhamos os e-mails, dados de celulares e outras informações dos dois, que tinham sido produzidas ao longo da investigação. O que eu queria, naquele momento, era que dedicassem atenção especial para qualificar a denúncia.

Desde quando assumi o caso, percebi a sua complexidade e formei a convicção de que ele não seria solucionado por meios convencionais. Na esmagadora maioria das investigações de homicídios, chegamos aos autores a partir dos vestígios deixados pelo crime e por meio dos relatos de testemunhas, mas no caso Marielle e Anderson não tínhamos nem uma coisa nem outra.

A minha esperança era conseguir algo imaterial, por isso jogava minhas fichas naquele pessoal que ficava amontoado numa sala cheia de computadores, ocupado com interceptações telefônicas e quebras de sigilo de dados, principalmente telemáticos.

Até por isso eu tinha reforçado o setor, solicitando para cada um dos meus delegados assistentes a cessão de dois dos seus agentes para aumentar a equipe de analistas. E, para melhorar a capacidade de processamento de dados, tinha solicitado ao general Richard mais um computador e outros equipamentos eletrônicos. Os pedidos foram atendidos, e isso ajudou bastante.

Na polícia cabe de tudo e existe uma espécie de seleção natural na distribuição das funções. Existem policiais com perfil operacional, enquanto outros são mais analíticos. Cabe ao delegado de polícia saber aproveitar o potencial de cada um. Os agentes da busca eletrônica fogem do padrão que as pessoas enxergam nos policiais e, cada dia mais, eles fazem a diferença numa investigação. Eu vivia botando pilha neles. "É aqui que nós vamos resolver o caso. Se não for aqui, vai ficar sem solução. A resposta vai sair daqui de dentro desta sala. Vocês vão fazer história, acreditem!", dizia o tempo todo.

E não era da boca para fora. Eu acreditava realmente nisso. A investigação sobre o ambiente virtual ainda é um desafio para a polícia, pois falta gente qualificada e ferramental adequado para trabalhar com o volume enorme de informações que é produzido. Por outro lado, também é desafiador para o criminoso, que acaba deixando vestígios da preparação de um crime ou informações que o conectem como participante, beneficiário ou mandante.

A denúncia anônima trazia um dado que estava me perturbando. O denunciante afirmava que o carro tinha saído da região do Quebra-Mar, um marco turístico localizado no canto da praia da Barra da Tijuca, próximo ao canal e ao Morro da Joatinga, no final da Avenida do Pepê.

Ainda no mês de março, eu havia mandado as equipes de policiais levantarem o trajeto do veículo dos autores, coletando imagens captadas por câmeras de segurança. Determinei que uma delas vasculhasse toda a área compreendida no trecho que antecedia a chegada do veículo ao OCR do Itanhangá, justamente para descobrir de onde o veículo teria partido.

Para passar naquele ponto do radar, os autores podiam ter vindo da zona sul e acessado a rua pela ponte que cruza o canal; ou da Avenida das Américas, fazendo o contorno para pegar a ponte; ou do Quebra-Mar, passando por baixo do viaduto. Para mim, essas eram as hipóteses mais prováveis. Só que não havíamos encontrado imagens do veículo transitando em nenhum dos três locais. Era um grande mistério.

Aí existem essas situações que não se explicam. Alguma coisa me fez sair da minha sala e correr para falar com Eduardo, nosso analista de áudio e vídeo.

– Olha só, preciso que você revisite as imagens que foram coletadas na área do Quebra-Mar. A denúncia aponta que foi de lá que o carro partiu. Se for verdade, não é possível que ele não seja visto.

– O senhor quer que recupere todas?

– Todas! E analise uma a uma, até achar alguma coisa.

A verificação foi decisiva. Pouco tempo depois, o Eduardo me chamou para mostrar a descoberta: o Cobalt dos assassinos saiu do Quebra-Mar.

– Puta merda! E como isso passou?

– Problema com o codec – respondeu, explicando que houve uma falha cometida pela equipe operacional responsável por arrecadar as imagens naquela região. Os policiais não souberam lidar com um problema técnico com o codec, programa utilizado para codificar e decodificar arquivos de mídia. Ele comprime elementos de áudio e vídeo para um formato menor, possibilitando que o conteúdo seja executado em *softwares* como iTunes, Windows Media Player, QuickTime, RealPlayer, entre outros. A equipe que captou a imagem não usou o programa certo para analisá-la e também não pediu a Eduardo que revisasse o trabalho feito.

Quando Eduardo analisou as imagens, descobriu o desajuste do codec. Colocou-as numa ferramenta capaz de fazer a leitura com a tecnologia certa e o carro apareceu. Estava lá! Às 17h24, o Cobalt foi flagrado na Rua Sargento Faria por uma câmera instalada num estabelecimento comercial, em um local a poucos metros do antigo restaurante Tamboril, que, naquele momento, tinha mudado o nome para restaurante Varandas.

Foi o nosso maior erro. Até hoje fico *puto* ao lembrar dessa história. Porque, se tivesse visto isso antes, ainda no mês de março, direcionaria as diligências para a região do Quebra-Mar, e teríamos mais informações da movimentação, quem sabe até imagens dos autores entrando no carro. E veja que interessante: quando o Gaeco entrou no caso, entreguei tudo para eles revisarem, e também não conseguiram encontrar o Cobalt na imagem. O erro de leitura fazia o vídeo picotar o tempo todo e, nesse quase milésimo de segundo, o carro não era visto.

Perdi a cabeça. Chamei Marquinho, Marcelo e todo mundo da delegacia e dei um esporro geral. Porque, quando se tem uma equipe, não dá para revisar tudo o que é feito. A gente paga a missão e espera que seja cumprida. Marquinho tentou apaziguar:

– Calma, doutor, calma! Vamos esfriar a cabeça.

– Calma, o caralho! Vocês querem me foder? Como podem deixar isso passar? Estava na cara e ninguém viu! – gritava, batendo na mesa.

Minha reação foi mandar o pessoal, imediatamente, voltar ao local para tentar encontrar alguma pista. Mas aí aconteceu o óbvio: não havia mais o que coletar. Os sistemas de DVR (Digital Video Recorder) das câmeras de vigilância têm prazo rotativo para o armazenamento de imagens captadas e, depois de um certo tempo, elas são automaticamente apagadas.

Apesar de tudo, aquela descoberta fechou uma equação. Solucionou um mistério. O Cobalt tinha partido do Quebra-Mar, passado pela Rua Sargento Faria às 17h24, pelo OCR do Itanhangá às 17h34 e seguiu pelo Alto da Boa Vista até o Centro. O trajeto e os horários eram compatíveis. A denúncia era qualificada, e, a partir daí, Ronnie Lessa entrou na mira da investigação.

Uma das primeiras diligências foi consultarmos no banco de dados da polícia todas as ocorrências nas quais ele estivesse envolvido. Puxamos a ficha dele e identificamos dois registros que o "colocavam" no Quebra-Mar, precisamente no endereço onde funcionava o restaurante Varandas (antigo Tamboril), em duas circunstâncias bem diferentes.

A primeira, em 27 de abril de 2018. Como fazia toda sexta-feira, Lessa foi almoçar no Varandas com alguns amigos. Estacionou o seu Range Rover Evoque azul e caminhava em direção ao restaurante quando, de repente, um indivíduo desceu de uma motocicleta Honda Titan, sacou um revólver e o abordou gritando "perdeu, perdeu!".

No momento exato da abordagem, chegava ao local um dos amigos com quem Lessa almoçaria, o bombeiro militar Maxwell Corrêa, conhecido como Suel. Ele sacou uma pistola e mandou o sujeito largar a arma. Houve troca de tiros, Lessa foi atingido no pescoço, Suel recebeu um disparo no braço e o assaltante foi ferido nas costas, mas conseguiu fugir. Tratava-se de Alessandro Neves, morador de São Paulo, que foi preso no Hospital Municipal Miguel Couto, no Leblon, quando estava sendo atendido.

A segunda foi na noite de 24 de julho de 2018. A Polícia Militar recebeu uma denúncia e estourou um Bingo clandestino com oitenta máquinas caça-níqueis exatamente na Avenida do Pepê, número 52, onde funcionaram os restaurantes Tamboril e Varandas. Na operação, oito pessoas foram presas e levadas para a 16ª DP, na Barra da Tijuca. Aprofundando a análise do inquérito, descobrimos que Lessa tinha ligação com o referido Bingo clandestino.

Outras diligências foram realizadas, e o trabalho de Inteligência policial foi, pouco a pouco, produzindo o que ficou conhecido na delegacia como o "Dossiê Lessa".

Nascido em julho de 1970, Lessa cresceu no bairro do Méier, zona norte. Sua experiência militar começou aos 18 anos, no Exército. Quando tinha 19 anos, Lessa se tornou o sócio número 3.127 da Scuderie Detetive Le Cocq, associação criada por policiais em 1965 após a morte do detetive Milton Le Cocq.

A história da associação começou depois que o detetive Le Cocq morreu com um tiro durante uma abordagem a Manoel Moreira, conhecido como Cara de Cavalo, descrito como um "bandido sem expressão" que extorquia dinheiro de bicheiros. Apesar de existir a versão de que o tiro tenha sido disparado acidentalmente por um policial que participava da operação, a morte foi atribuída ao criminoso. O episódio despertou a fúria entre os policiais, muitos se voluntariaram e realizaram uma verdadeira caçada, que durou 37 dias e acabou com Cara de Cavalo morto com dezenas de tiros.

O desdobramento desse caso foi a criação da Scuderie, cujo símbolo é uma caveira com dois ossos da tíbia cruzados embaixo – como uma bandeira de pirata – com a inscrição "E.M.", que dizem ser "Esquadrão Motorizado", divisão à qual pertenceu o detetive Le Cocq, mas que popularmente foi interpretada como "Esquadrão da Morte".

Registros jornalísticos e inquéritos policiais atribuem a integrantes do grupo a prática de extermínios. A entidade teve ramificações em outros estados do Brasil e chegou a contar com mais de 7 mil associados. Um dos notórios participantes foi o delegado José Guilherme Godinho, o Sivuca, que nos anos 1980 se elegeu deputado estadual e ficou conhecido por usar a expressão "bandido bom é bandido morto".

Para nós, o fato de o jovem Lessa se associar à Scuderie indicava um traço do seu perfil psicossocial: o entendimento de que matar seja uma forma legítima de resolver problemas e garantir a ordem social.

Lessa ingressou na Polícia Militar do Rio de Janeiro em 1991, iniciando uma trajetória de destaque dentro da corporação. Com perfil operacional, combativo e destemido, atuou no Batalhão de Choque em 1992 e no ano seguinte chegou ao almejado Bope. As circunstâncias da época permitiram que trabalhasse no batalhão mesmo sem ter passado pelo Curso de Operações Especiais.

No Bope, destacou-se pela disposição ao enfrentamento – como um verdadeiro soldado na "guerra urbana" – e pela habilidade como atirador. Permaneceu na tropa de elite até 1997, quando foi transferido para o 9º BPM, em Rocha Miranda, unidade conhecida, na época, por atuar com muita violência e pelo fato de alguns de seus integrantes serem envolvidos com pistolagem. Foi lá que surgiu a fama dos "Cavalos Corredores", policiais que entravam correndo e atirando nas favelas do Rio de Janeiro. Lessa era um deles.

A dedicação lhe rendeu homenagens e crescimento na carreira, sendo promovido por bravura à patente de cabo, em maio de 1997, e a terceiro-sargento, em dezembro do mesmo ano. Em março de 1998, foi um dos policiais que receberam um adicional de 25% no salário pelos "excelentes resultados obtidos ao participar de operações policiais, que culminaram com a prisão de marginais da lei e a apreensão de armamento e entorpecentes", conforme justificava o decreto do governo do estado. Meses depois, o adicional subiu para 40% de seus vencimentos.

A bonificação, apelidada de "gratificação faroeste", existiu entre 1995 e 1998, e fazia parte da estratégia de ação na gestão do governador Marcello Alencar. O adicional podia chegar, cumulativamente, a até 150% do valor do salário. A medida refletia uma política de segurança pública baseada no endurecimento da atividade policial, liderada pelo então secretário de Segurança Pública, general Nilton Cerqueira, famoso por comandar o Destacamento de Operações de Informações do Centro de Operações de Defesa Interna (DOI-CODI) de Salvador e chefiar, em 1971, a Operação Pajussara, que resultou na morte do ex-capitão do Exército Carlos Lamarca.

Ainda em 1998, Lessa foi homenageado pela Alerj com a *Moção de Congratulações, Aplausos e Louvor*, proposta pelo então deputado Pedro Fernandes, pela maneira exemplar com que vinha "pautando sua vida profissional" na Polícia Militar.

Nos anos seguintes, passou pelo 14º BPM, em Bangu, e pelo 16º BPM, em Olaria. Em 2003, foi cedido à Polícia Civil. Era uma prática comum na época, objetivando reforçar o efetivo, principalmente para a atuação em operações de risco e enfrentamento. Nessa condição de adido, Lessa passou pela extinta Drae e participou de uma ação lendária no Complexo do Alemão, na zona norte, o que fez aumentar a sua fama e seu prestígio na corporação.

Quatro policiais estavam numa viatura e ficaram encurralados por traficantes em um dos acessos ao Complexo do Alemão. As equipes não conseguiam entrar para fazer o resgate, devido à intensa troca de tiros com os criminosos. De repente, uma caminhonete Chevrolet D-20, sem blindagem, pertencente à Drae, acelerou na direção do morro, e os policiais, de dentro do veículo, atiraram contra os traficantes, fazendo-os recuar e permitindo o resgate dos colegas. Lessa era um dos policiais que estavam na caminhonete.

Chamado pelos colegas de farda como "Trinca-Ferro", também atuou em outras unidades, como a Delegacia de Repressão a Roubo de Cargas e a Divisão de Capturas da Polinter Sul, sempre se destacando. Constava em informações de inteligência que nesse período começou a trabalhar como segurança do contraventor Rogério Andrade. Relatórios tanto da Polícia Civil – inclusive de outras delegacias, além da DH – quanto do MPRJ apontavam que ele se tornara um dos matadores de aluguel da contravenção e também iniciara atividades ilícitas nos bairros de Gardênia Azul e Rio das Pedras.

Encontramos um registro de ocorrência descrevendo que, na madrugada de 2 de outubro de 2009, ele transitava pela Rua Mirinduba, em Rocha Miranda, quando uma bomba, acionada a distância por celular, explodiu dentro da sua picape Toyota Hilux SW4, dilacerando a sua perna esquerda. Inconsciente, Lessa perdeu o controle do veículo, que percorreu desgovernado cerca de 150 metros, até bater em um poste. A perna precisou ser amputada e, desde então, ele passou a usar uma prótese.

O ataque a Lessa poderia estar relacionado com o atentado a bomba contra Rogério Andrade, em abril de 2010. O artefato foi colocado debaixo do banco do motorista do seu Toyota Corolla blindado. No dia, o filho dele, de 17 anos, dirigia o carro quando a bomba explodiu, na Avenida das Américas, no Recreio dos Bandeirantes, acionada por aparelho celular. Rogério ficou ferido e o filho morreu.

Era possível que os atentados estivessem ligados, porque as investigações apontavam que o fornecedor dos explosivos e um dos mandantes, nos dois casos, seriam as mesmas pessoas.

O responsável pela bomba seria o sargento do Exército Volber Silva Filho. Em junho de 2010, ele estava em um motel em Jacarepaguá, acompanhado de duas mulheres e três homens, quando foi surpreendido pela polícia, reagiu à prisão e foi morto.

Sobre esse episódio, embora fosse uma ação oficial da polícia, surgiram muitas especulações, entre elas a de que por trás haveria a participação do bombeiro Antônio Macedo, o Bispo, que chegou a ser o chefe da segurança de Rogério. Em novembro de 2010, Bispo transitava com sua moto Harley-Davidson na praia da Reserva, no Recreio dos Bandeirantes, escoltado por seguranças que o acompanhavam com um carro, quando um Gol se aproximou e, de dentro, os criminosos efetuaram diversos disparos. Ele morreu na hora.

Lessa passou para a reserva em outubro de 2012, um procedimento questionável, porque consta que foi aposentado por invalidez devido à incapacidade "adquirida em consequência de ato de serviço", quer dizer, a Polícia Militar desconsiderou o seu possível envolvimento com o crime e o fato de o atentado poder estar ligado com sua atividade criminosa, aposentando-o como se estivesse em serviço.

Com a patente de segundo-sargento, recebia uma aposentadoria em torno de R$ 8 mil, valor bruto. Levantamos que ele também manteve, outras atividades, além da carreira policial, sendo tatuador profissional e dono de uma academia de ginástica em Rio das Pedras, em sociedade com a esposa.

No Sinarm, levantou-se o registro das armas que ele possuía em seu nome: uma espingarda CBC, calibre 12, modelo 586,2; e quatro pistolas – três Glock de calibre 380 (duas do modelo G25 e uma do modelo G28); e uma Taurus de calibre 380.

Em relação aos veículos, confirmamos que ele tinha um Range Rover Evoque azul blindado, ano 2013, o mesmo que estava descrito no registro de ocorrência sobre o atentado sofrido em frente ao restaurante Varandas. Constava também uma caminhonete Dodge Ram 2500 Laramie, ano 2017.

Nos registros da Polícia Militar, identificamos algumas sindicâncias internas, mas em nenhuma delas ele foi responsabilizado. Pesquisando na Justiça, havia citação de alguns processos com a acusação de torturas e homicídios, porém havia sido absolvido por falta de provas. Naquele momento da investigação, ele podia ser classificado como "ficha limpa".

É importante dizer que Lessa não era um desconhecido no Rio de Janeiro. Era uma pessoa com muito trânsito no meio policial, mantinha muitos contatos e, segundo foi apurado pela Inteligência da DH, tinha fama de estar envolvido com contravenção, milícia e pistolagem. Algumas fontes chegavam a dizer que ele era ligado ao Escritório do Crime.

Dados da Inteligência o colocavam, ainda, como suspeito de outros homicídios, entre eles o do ex-deputado Ary Brum, executado em dezembro de 2007. A vítima transitava pela manhã com um Volkswagen Santana preto no viaduto de acesso à Linha Vermelha, em São Cristóvão, na zona norte, quando foi abordado por criminosos dentro de um Honda Civic que dispararam 26 tiros de fuzil 762. Ele morreu na hora.

Como escreveram os jornalistas Chico Otávio e Vera Araújo no livro *Mataram Marielle*, "Lessa nem sequer se dava ao trabalho de agir às sombras. Para agenciá-lo, bastava dar uma passada nos bares em que o 'ex-adido' batia ponto, na Barra da Tijuca".

O Dossiê Lessa também informava que ele morava em um condomínio chamado Vivendas da Barra, localizado na Avenida Lúcio Costa, número 3.100, na Barra da Tijuca, bem em frente à praia. Sua casa era a de número 65/66 – era geminada e depois de uma reforma se transformou em uma só – e ficava na mesma rua e distante apenas 50 metros da casa número 58, onde morava o então candidato a presidente da República, Jair Bolsonaro.

Quando eu fiquei sabendo disso, estávamos em plena campanha eleitoral para o segundo turno. Bolsonaro, filiado ao PSL, liderava as pesquisas de intenção de votos contra o candidato do PT, Fernando Haddad. Havia radicalização dos dois lados, extrapolando o âmbito político e produzindo ataques agressivos. A informação tinha potencial para ser explorada nas eleições, por isso redobramos os cuidados para mantê-la em sigilo.

Na reunião semanal com o general Richard e Rivaldo, apresentei o dossiê e tratamos dos passos seguintes da investigação. Assim como todo o conteúdo do inquérito policial, o endereço do suspeito tinha de ser mantido em absoluto sigilo, por isso precisávamos avaliar o momento certo para eventuais diligências no condomínio. O lugar vivia cheio de jornalistas e simpatizantes do candidato, e a simples presença de agentes da DH no local seria suficiente para provocar especulações.

O general concordou que a situação exigia atenção e recomendou que, se fosse imprescindível uma diligência no local, nós deveríamos comunicar, com antecedência, os agentes da Polícia Federal para que auxiliassem nos procedimentos, pois eles já estavam no condomínio fazendo a segurança do candidato e de sua família. No fim, o próprio tempo da investigação adiou a nossa ida ao Vivendas da Barra, o que ocorreu só depois das eleições.

Quando os analistas da busca eletrônica acessaram o WhatsApp de Lessa, constataram no perfil a foto de Bolsonaro, posando entre duas bandeiras de Israel, e no "recado" estava escrito "Brasil acima de tudo. Deus acima de todos". O celular foi colocado no grampo.

Chamávamos de Operação UZZ18 o trabalho de busca eletrônica concentrado nas interceptações telefônicas e quebras de sigilo dos aparelhos, principalmente em busca dos dados telemáticos.

É um trabalho complexo. A equipe responsável se reveza para garantir dedicação integral, pois a qualquer momento do dia ou da noite algum investigado pode fazer uma ligação telefônica e precisamos estar preparados para ouvir. O policial fica com fones de ouvido acompanhando os alvos monitorados e, quando detecta algo relevante, registra rapidamente suas percepções num relatório. São essas observações que orientam sobre a necessidade de prosseguir com a interceptação, excluir ou incluir algum número. E, quando há necessidade de aprofundamento, recorremos às gravações das conversas na íntegra.

O agente precisa ter conhecimento sobre o que está sendo investigado e perspicácia para perceber quando alguém toca em pontos que podem ter alguma relação com a investigação. Não podemos esquecer que muitos dos investigados sabem que podem ser grampeados e, nessas ocasiões, nas poucas vezes em que utilizam o aparelho, procuram despistar usando uma linguagem codificada para dificultar a interpretação do assunto.

A Operação UZZ18 estava em curso havia meses e estávamos entrando na 6ª fase, quando colocamos o número do celular de Lessa na lista de pedidos ao juiz para a quebra do sigilo e a intercepção. Assim que obtivemos a autorização judicial, começou o monitoramento e logo veio a frustração. Não havia o que interceptar naquele aparelho celular.

Descobrimos que ele utilizava vários aparelhos e chips ao mesmo tempo, e quase todos em nome de outras pessoas. Especificamente, aquele número que havíamos interceptado só servia para habilitar o WhatsApp. Certamente ele tinha removido o chip e com aquele terminal não fazia nem recebia chamadas telefônicas convencionais, apenas telefonava por meio do aplicativo, impedindo resultados na interceptação. Foi mais uma tentativa na qual não alcançamos êxito.

Só que a investigação não parou por aí. Apesar de não termos registros de ligações telefônicas, conseguimos identificar o IMEI vinculado ao aparelho e o IP do usuário e, com isso, começamos a nos aprofundar nos seus dados telemáticos.

Ao mesmo tempo, mapeamos as suas "afinidades", ou seja, identificamos os contatos com os quais Lessa se comunicava com frequência pelo celular. Apuramos que, além de familiares próximos, como a esposa e os filhos, ele mantinha conexões relevantes com quatro indivíduos: o bombeiro militar Maxwell Corrêa, o Suel; o policial militar reformado Roberto Dias, o Beto Cachorro; o policial militar Márcio Carvalho; e um ex-policial militar chamado Élcio Vieira de Queiroz.

CAPÍTULO 12

INVESTIGAÇÃO DA INVESTIGAÇÃO

A Polícia Civil e a Polícia Federal do Rio de Janeiro assumiram o compromisso de trabalhar em conjunto para a elucidação das mortes de Marielle e Anderson. Ao longo das investigações, colocamos em prática uma verdadeira força-tarefa, principalmente em relação ao trabalho de inteligência. Em várias oportunidades, estive reunido com o delegado federal João Paulo Garrido, chefe do Setor de Inteligência Policial da Superintendência Regional do Rio de Janeiro, para compartilharmos as informações. Era uma colaboração que estava dando bons resultados.

Ocorre que, desde o início, houve a tentativa de tirar o caso das mãos da Justiça Estadual e transferi-lo para a Justiça Federal. Como eu já mencionei, no dia seguinte aos assassinatos, a procuradora-geral da República, Raquel Dodge, defendeu a necessidade do deslocamento de competência, ainda durante a investigação preliminar, e sem que os requisitos dessa transferência estivessem presentes. A proposta gerou polêmica e chegou a ser questionada no Conselho Nacional do Ministério Público pelo procurador-geral de Justiça, Eduardo

Gussem. No mês de abril, o relator concedeu uma liminar garantindo a autonomia do MPRJ na condução da investigação. O processo seria levado ao plenário, mas acabou arquivado após o relator ser informado de que a PGR tinha recuado e revogado a portaria. Com isso, prevaleceu a competência do MPRJ e o inquérito continuou na DH.

Mesmo assim, a PGR continuou acompanhando a investigação por meio de requerimentos e insistindo na federalização.

Federalizar o caso também era o propósito do ministro da Segurança Pública, Raul Jungmann. Poucas horas depois do crime, ele já defendia que a investigação tivesse participação da Polícia Federal, argumentando que o contexto atípico da intervenção federal já o tornava "federalizado", automaticamente. Essa posição também causou controvérsia e acompanhou o nosso trabalho no decorrer dos meses. Lembro-me, ainda no mês de março, de uma entrevista ao portal UOL na qual o deputado Marcelo Freixo chegou a dizer que não deixaria o ministro Jungmann "fazer política sobre o corpo da Marielle".

Esse breve resgate dos acontecimentos é necessário para contextualizarmos o que aconteceu.

Na quarta-feira, dia 31 de outubro, baseada nas acusações infundadas do depoimento de Orlando Curicica aos procuradores da República na Penitenciária Federal de Mossoró, a PGR solicitou ao ministro Jungmann que a Polícia Federal instaurasse inquérito para investigar "novas suspeitas" sobre as mortes de Marielle e Anderson.

Na tarde de 1º de novembro, perto das 14 horas, comecei a receber mensagens no WhatsApp com um aviso de pauta do Ministério da Segurança Pública (MSP) informando o seguinte: "O ministro da Segurança Pública, Raul Jungmann, dará entrevista coletiva nesta quinta-feira (1º), às 15h, para comunicação relevante sobre o caso da vereadora Marielle Franco e do motorista Anderson Gomes". O comunicado indicava que a entrevista ocorreria na Sala de Imprensa do Ministério da Justiça, em Brasília.

Os primeiros que compartilharam a mensagem comigo foram o general Richard Nunes, a promotora Simone Sibilio e o promotor Homero Freitas Filho. Alguns policiais da DH também receberam a mensagem em seus grupos no aplicativo WhatsApp e bateram à porta da minha sala perguntando se eu já estava sabendo do comunicado. Aquele conteúdo viralizou nos grupos da polícia e deixou todo mundo apreensivo. Não sabíamos o que seria anunciado, mas era evidente que teria impacto na investigação.

Na coletiva de imprensa, o ministro Jungmann disse que, atendendo ao requerimento da PGR, a Polícia Federal tinha instaurado inquérito para apurar possíveis práticas de organizações criminosas, coação no curso do processo, fraude processual, favorecimento pessoal, patrocínio infiel, exploração de prestígio, falsidade ideológica e eventual crime de corrupção.

O argumento para a decisão era de que existiria uma organização criminosa atuando para impedir a resolução do caso. Segundo ele, estavam envolvidos contraventores, milicianos e agentes públicos de diversos órgãos, inclusive pessoas diretamente relacionadas com a investigação. Em suas palavras: "O que se está fazendo é criar um outro eixo que investigará aqueles ou aquelas que estejam dentro da máquina pública – portanto, agentes públicos –, ligados ao crime organizado ou a interesses políticos, e que estão tentando impedir que esse crime seja elucidado. Então, em certo sentido, não deixa de ser uma investigação da investigação".

Questionado pelos jornalistas sobre a existência de provas das acusações, Jungmann respondeu que existiam indícios dessas práticas e que tudo estava registrado em "depoimentos em vídeo devidamente gravados por procuradores da República, com fatos, nomes e valores que têm de ser devidamente investigados".

Na verdade, a PGR e o MSP não tinham praticamente nada. Não dispunham de provas suportando as acusações. Tudo aquilo estava sendo feito baseado apenas no conteúdo do depoimento prestado por Orlando Curicica ao MPF em Mossoró e nas declarações de uma testemunha-chave que estava sendo protegida. Poucos dias depois, descobrimos que se tratava da própria esposa de Orlando.

É inacreditável, mas foi o que aconteceu. Dodge e Jungmann tomaram como certas as acusações de Orlando e colocaram a Polícia Federal para nos investigar, dando início à inusitada "investigação da investigação", como ficou conhecida na imprensa. Para se ter uma ideia da pirotecnia que aquilo representava, nem a Polícia Federal do

Rio de Janeiro tinha participação. O trabalho seria realizado por uma equipe deslocada da Superintendência Regional de Brasília.

Foi uma bomba. Dentro da delegacia o clima ficou péssimo. Nós não merecíamos ser tratados daquela forma. Não tinha cabimento nos expor daquele jeito. Um dos nossos policiais desabafou no grupo de WhatsApp da DH, e a mensagem se espalhou por outros grupos da polícia. Ele escreveu um texto longo, pertinente, que repercutiu bastante. Em alguns trechos, dizia o seguinte:

"Gostaria que o ministro e outros passassem um dia em uma delegacia no Rio de Janeiro, para que eles pudessem comprovar com seus próprios olhos e ver do que os homens e mulheres desta polícia são capazes de fazer. [...] Vejo todos os dias delegacias caindo aos pedaços e tanto o Estado quanto o governo federal um tanto quanto inertes e ausentes da real situação. [...] E todos os profissionais que vejo que, com amor à Polícia Civil, fazem muitas vezes milagres ao sair com armamentos antigos, equipamentos que não funcionam, viaturas que andam aos trancos e barrancos. Passando por diversos problemas e pedindo, muitas vezes gastando do próprio salário para fazer com que esta polícia funcione".

A mensagem expressava parte do que estávamos sentindo. Eu fiquei arrasado. E, pela minha posição, precisava dizer à equipe que aquilo não nos derrubaria e que deveríamos seguir em frente. E precisava transmitir tranquilidade também para os meus superiores. Compartilhei a mensagem do policial com o general Richard e escrevi na sequência: "Mensagem de um servidor da DH-Capital. O melhor da Polícia são os policiais. Vamos em frente com muita fé na missão. Obrigado, chefe, pela confiança, a equipe DH agradece e a melhor resposta é fechar, em breve, essa investigação".

Na sexta-feira, dia 2 de novembro, feriado de Finados, o Sindicato dos Delegados de Polícia Civil do Estado do Rio de Janeiro (Sindelpol-RJ) e a Associação dos Delegados de Polícia do Estado do Rio de Janeiro (Adepol-RJ) repudiaram a atitude, em nota conjunta, tratando o episódio como uma nova tentativa de "capitalizar dividendos políticos em cima da investigação" baseando-se apenas "em uma denúncia formulada por um miliciano homicida, desacompanhada de qualquer outro elemento de prova".

Como se não bastassem as dificuldades que já enfrentávamos, agora seríamos investigados pela Polícia Federal, sob as acusações de estarmos agindo criminosamente para não elucidar o caso.

O curioso é que nunca fomos chamados para depor. Acredita nisso?

Agora, como policial, acredito que eles tenham nos grampeado por um bom período e feito a devassa nas nossas vidas, quebrando sigilos telefônicos, fiscais e tudo o mais. E todo esse trabalho não resultou em nada, porque não havia o que encontrar. A investigação estava sendo conduzida com isenção e responsabilidade.

O problema é que o sofrimento que isso provocou em todos nós é irreparável. Eu acordava de madrugada, preocupado em ter minha família exposta ao constrangimento de ver agentes federais dentro da minha casa fazendo busca e apreensão. Como explicaria para os meus filhos que o pai deles, um delegado de polícia, estava sendo investigado pela Polícia Federal? Foram os piores dias que vivi durante aquela investigação. Confesso que cheguei a pensar em abandonar tudo, pedir transferência para outra delegacia e esquecer o caso Marielle e Anderson. Mas o meu perfil não é esse. Não sou de entregar os pontos.

No dia 8 de novembro, participei de uma reunião com membros da Comissão Interamericana de Direitos Humanos (CIDH), órgão da Organização dos Estados Americanos (OEA), que estavam no Brasil a convite do governo federal. O propósito da comissão é proteger e promover os direitos humanos nas Américas, e, entre as suas funções, ela pode levar casos graves e urgentes de ameaça aos direitos humanos para julgamento da Corte Interamericana, órgão com poderes de impor sanções aos Estados-membros da OEA.

A CIDH teve compromissos em alguns estados brasileiros e, nas manifestações pela imprensa, deixou claro que estava muito preocupada com o futuro governo do presidente eleito, Jair Bolsonaro. Segundo eles, durante a campanha eleitoral existiu um "discurso de ódio" em meio às discussões sobre movimentos sociais, população carcerária, aquisição de armas e demarcação de terras indígenas e quilombolas.

No Rio de Janeiro, a comissão estava muito interessada em informações sobre as mortes de Marielle e Anderson. "Para nós, e entendo que também para os brasileiros, o caso Marielle é emblemático. É o assassinato de uma liderança do Rio, que tinha um papel político muito importante e que representava a mulher negra, LGBTI, da favela", disse em entrevista a comissária Antonia Urrejola Noguera, relatora da CIDH no Brasil.

Além dela, faziam parte da missão a presidente da CIDH, Margarette May Macaulay, a primeira vice-presidente, Esmeralda Arosemena de Troitiño, o segundo vice-presidente, Luis Ernesto Vargas Silva, e os comissários Francisco José Eguiguren Praeli e Joel Hernández García.

O anfitrião da nossa reunião foi o assessor de Assuntos Institucionais do Gabinete de Intervenção Federal, general Sérgio Pereira, que apresentou o contexto da intervenção federal, os objetivos e os resultados alcançados até aquele momento. Na sua avaliação, os militares deixariam um legado significativo à segurança pública do Rio de Janeiro. Comentou sobre os investimentos que haviam sido feitos, destacando o patrimônio incorporado ao estado, como a aquisição de armas, de viaturas e obras nas repartições públicas. O general concluiu explicando como seria feita a transição de comando para o futuro governo, pois a intervenção federal se encerraria no dia 31 de dezembro.

Para mim, sobraram uns quinze minutos. Apresentei algumas das dificuldades que enfrentávamos; entre elas, a relação conturbada com a mídia, pois havia interesse dos membros da CIDH em saber sobre os vazamentos de dados sigilosos, algo que durante toda a investigação foi um problema e provocou muitos prejuízos.

Aproveitei o encontro para dizer que acreditava no legado do caso. Para mim, sairíamos maiores do que quando entramos nele, tanto em relação às técnicas investigativas que estávamos desenvolvendo e aplicando quanto às questões mais amplas, envolvendo a sociedade de modo geral e os direitos humanos, particularmente. E terminei a minha exposição defendendo o trabalho da Polícia Civil, sobretudo da DH, afirmando que vivíamos um momento conturbado, provocado por acusações sem provas e atitudes precipitadas por parte de autoridades públicas, mas que estávamos empenhados na investigação e em breve fecharíamos o caso.

A CIDH saiu satisfeita da reunião. Assim que terminou, mandei uma mensagem para o general Richard informando como fora o encontro. Para todos nós, era importante recebermos apoio internacional.

Chegou o dia 14 de novembro e, com ele, manifestações marcaram os "oito meses sem respostas". A Anistia Internacional divulgou um relatório com vários questionamentos sobre a munição, a arma do crime, o veículo clonado, o sistema de monitoramento por câmeras e o desenvolvimento da investigação. Quanto a esse ponto, existiam perguntas e cobranças, em especial incidindo sobre as denúncias de descumprimento do devido processo legal e as supostas interferências de agentes do estado que estariam atrapalhando as investigações. Eram questões muito influenciadas pelos fatos, envolvendo a "investigação da investigação", que ganhava o noticiário naquele momento.

Tudo isso mexia com os ânimos, abatia os policiais e deixava insuportável o clima na delegacia. E aquele dia ainda reservava outra bomba. No meio da tarde, o policial civil Luís Amaral, que chamamos de Luisão, entrou na minha sala e disse:

– Doutor, o Leslie me ligou e disse que vai sair uma matéria agora no *RJ2*, mostrando que a Globo conseguiu cópia de todo o inquérito.

– Puta que o pariu! Como assim? – questionei, possesso.

– Ele não entrou em detalhes, só ligou pra avisar.

Leslie Leitão é jornalista, produtor da Rede Globo, e estava acompanhando o caso de perto. É comum os jornalistas manterem contato com o pessoal da delegacia, e eu também tinha o número do seu celular. Liguei para ele na hora e disse:

– Que porra é essa, Leslie? Luizão acabou de me contar. Não estou acreditando! Como é essa história que a Globo conseguiu o inquérito?

– Pô, meu chefe, até liguei aí pra te contar.

– Ligou para me contar? Então você vai me foder e tá avisando antes? É isso mesmo!? O que vocês estão fazendo é uma puta irresponsabilidade. Vocês vão revelar informações que não podem ser divulgadas, pessoas vão ficar vulneráveis. Isso não pode acontecer.

– Não tem o que fazer. A matéria está pronta e vai ao ar.

– Isso não vai ficar assim! Isso extrapola todos os limites. E vocês precisam respeitar os limites legais. Você pode ter certeza, vamos reagir – disse, encerrando a ligação.

Fiquei pensando por onde deveria começar para tentar impedir que eles divulgassem o conteúdo do inquérito. O celular tocou. Era a promotora Letícia Emile dizendo que acabara de saber da matéria que seria exibida pela emissora. Eu acreditava que o vazamento tinha acontecido no MPRJ. Mais de uma vez, os volumes do inquérito tinham sido levados até lá para serem digitalizados e utilizados para embasar as medidas cautelares propostas pela promotoria. Não havia cópias em outras instituições, nem mesmo no Tribunal de Justiça do Rio de Janeiro.

– Doutora, aqui na delegacia só existe o inquérito físico, guardado no armário dentro da minha sala, e não temos sequer equipamento para escanear os documentos. Não foi daqui que vazou – expliquei a ela, antes de qualquer questionamento.

– E você quer dizer que foi daqui?

– O inquérito escaneado só tem aí no MP.

– Doutor, antes de sair apontando culpados é preciso apurar os fatos – disse ela, dando início a uma discussão que não chegou a lugar nenhum. Nada me tirava da cabeça que o vazamento era de lá. Além do desgaste, restou a admissão dos dois de que era preciso impedir a divulgação.

Assim que terminei a ligação com a promotora Letícia, liguei para o chefe de polícia, Rivaldo, e para o general Richard. A situação era grave e combinamos de nos reunir na sede da Seseg, imediatamente. A DH fica na Barra da Tijuca e a Seseg ficava na Central do Brasil. Naquele horário, o trânsito estava carregado, demorei quase uma hora para chegar. Rivaldo partiu do prédio da Chefia de Polícia, que ficava mais próximo, e chegou antes. Quando entrei na sala, os dois estavam ao telefone tentando contornar a situação, mas não estava dando certo.

O general ligou para o MPRJ e falou com o pessoal da CSI, responsável pela inteligência, procurando entender o que tinha acontecido e, quem sabe, encontrar uma forma de intervir, mas a conversa se tornou uma discussão infrutífera. De nada adiantou. Por volta das 19 horas, estávamos os três ali na sala do secretário, ligamos a televisão e ficamos esperando a pancada.

"O *RJ2* teve acesso com exclusividade ao inquérito que apura as execuções da ex-vereadora Marielle Franco e de seu motorista, Anderson

Gomes. Oito meses depois, a polícia acumula milhares de páginas, mas ainda tem poucas conclusões", disse a apresentadora do telejornal.

A matéria tinha informações precisas sobre as apurações em relação ao Escritório do Crime, demonstrando que efetivamente tiveram acesso à cópia do inquérito. E pinçaram, de forma descontextualizada, a possibilidade de existirem três pessoas dentro do Cobalt, e não duas, como estávamos considerando. Isso demonstrava que não tiveram tempo para analisar todo o conteúdo, pois essa informação já estava descartada, em outro volume do inquérito.

A divulgação apressada nos indicava que era apenas o começo. O conteúdo era extenso, e eles nem sequer tiveram tempo de analisá-lo na íntegra. Minha interpretação foi de que muitas reportagens ainda seriam feitas a partir do material, e, como é comum, a emissora prepararia uma grande reportagem para o domingo no programa *Fantástico*, quando conseguiria aprofundar o tema. "Isso vai arrebentar a investigação", pensei. Fui para casa e mal dormi.

Na quinta-feira, dia 15 de novembro, feriado da Proclamação da República, levantei cedo, pesquisei sobre os aspectos jurídicos envolvidos naquela situação e encontrei alguns precedentes. No meio da manhã, liguei para o juiz Gustavo Kalil, responsável pelo caso. Expliquei o que estava acontecendo, esclareci que o vazamento não tinha sido da delegacia e perguntei:

– Excelência, o senhor vai trabalhar amanhã? Pretendo elaborar uma representação com pedido de liminar para tentar barrar novas divulgações. O senhor apreciaria?

– Doutor Giniton, amanhã vou trabalhar normalmente. Estarei no fórum e o senhor pode me procurar no horário que quiser.

Agradeci a atenção, abri o *notebook* e comecei a escrever. Era um procedimento difícil, não via muita chance de conseguir resultado, pois impedir que um veículo de imprensa divulgasse informações era algo pretensioso. Mas não tinha alternativa e decidi tentar.

No dia seguinte, corri para o fórum para despachar com o doutor Kalil e ele se comprometeu a analisar o pedido o mais rápido possível. Na petição, relatei o ocorrido, desde as circunstâncias pelas quais tomei conhecimento do vazamento até as providências que havia tomado. Fundamentei juridicamente que o fato representava quebra de segredo de justiça e os prejuízos seriam irreparáveis. Expliquei que na DH os volumes do inquérito nunca haviam sido digitalizados e que uma cópia escaneada só existia no MPRJ. No final do documento, apresentei três pedidos.

O primeiro, para que a Rede Globo fosse impedida de divulgar cópias de *Termos de Declaração*; de técnicas e procedimentos registrados nos chamados *Apensos Sigilosos*; de conteúdo de áudios das pessoas investigadas ou não; de dados telemáticos e assim por diante. Na prática, não poderiam fazer matérias baseadas no conteúdo do vazamento. E pedi que o não cumprimento da determinação fosse punido nos termos do artigo 10, da Lei Federal n° 9.296/96, que estabelece: "Constitui crime realizar interceptação de comunicações telefônicas, de informática ou telemática, promover escuta ambiental ou quebrar segredo da Justiça sem autorização judicial ou com objetivos não autorizados em lei: Pena – reclusão de 2 (dois) a 4 (quatro) anos e multa".

O segundo pedido era para que fosse aplicada sanção pecuniária à emissora no caso de descumprimento da abstenção, ou seja, se desrespeitada a "obrigação de não fazer", como se diz, juridicamente.

O terceiro era uma ofensiva institucional. Estava revoltado e parti para cima da promotoria. Pedi que fosse oficiado o Conselho Nacional do Ministério Público para que instaurassem investigação ou sindicância interna para identificar e sancionar o servidor responsável pelo vazamento.

Na época não aceitei bem, mas hoje reconheço que a atitude do juiz foi sensata e prudente. Em vez de atender, de imediato, o meu pedido para oficiar o conselho, ele abriu vista para que as promotoras pudessem se manifestar.

Em poucas horas, as promotoras Letícia Emile e Simone Sibilio entregaram a manifestação e reforçaram a necessidade de impedir a divulgação do conteúdo pela Rede Globo e aplicar sanção pecuniária no caso de descumprimento da ordem judicial. E, em relação ao terceiro pedido, elas rebateram a minha tese de que o vazamento tinha acontecido no MPRJ e pediram que fosse indeferido. Como justificativa, afirmaram que já haviam determinado a instauração de procedimento investigatório para apurar eventuais responsabilidades, medida que serviu de "torniquete" para estancar a sangria. As promotoras terminaram a peça afirmando que, caso eu pretendesse fazer uma representação, poderia fazê-la sem a necessidade de intervenção do juiz.

Ainda naquela sexta-feira, por volta de 15 horas, fui à Seseg, pois o general Richard convocara uma reunião com os familiares das vítimas para esclarecermos a história do vazamento do inquérito e explicarmos as providências que estávamos tomando para impedir novas divulgações.

Conversamos com a mãe e o pai de Marielle e com a viúva de Anderson. Eles estavam muito apreensivos. Na reunião, eu desabafei. Contei tudo o que tinha acontecido, expliquei sobre o vazamento e falei da minha suspeita de que teria ocorrido no MPRJ. Falei que tinha despachado com o juiz pela manhã e estava no aguardo de uma decisão judicial que pudesse impedir que a emissora fizesse novas divulgações do conteúdo do inquérito.

Por volta das 17 horas, ainda estava na Seseg quando o juiz Kalil me ligou para comunicar que a decisão estava pronta. Ele acatou os dois pedidos direcionados à Rede Globo e disse que havia apenas um problema de logística, pois naquele dia estava sem motorista para levar o oficial de justiça até a sede da emissora para entregar a intimação.

Isso não seria problema. Mandei dois agentes da DH com a viatura buscar o oficial de justiça no fórum e levá-lo até a Estrada dos Bandeirantes, na zona oeste, onde fica a sede da Rede Globo. Às 19h36, a intimação estava nas mãos dos responsáveis pela emissora.

Na decisão, o magistrado alegou que "o vazamento do conteúdo dos autos da inquisa é deveras prejudicial, pois expõe dados pessoais das testemunhas, assim como prejudica o bom andamento das investigações, obstaculizando e retardando a elucidação dos crimes hediondos em análise".

A Rede Globo foi impedida de divulgar o conteúdo do inquérito, sob pena de multa no valor de R$ 1 milhão para cada vez que descumprisse a ordem judicial, mantendo ainda multa "horária" no caso dos canais de difusão em meio virtual. No sábado, dia 17 de novembro, a emissora divulgou um comunicado nos seus telejornais: "A TV Globo foi notificada de decisão do juiz Gustavo Gomes Kalil, da 4ª Vara Criminal do Rio, que deferiu o pedido da Divisão de Homicídios da Polícia Civil e do Ministério Público do Estado para que a emissora seja proibida de divulgar o conteúdo de qualquer parte do inquérito policial que apura os assassinatos da vereadora Marielle Franco e do motorista Anderson Gomes", dizia a nota.

A medida judicial gerou polêmica no meio jornalístico, com manifestações condenando o que consideravam ser censura à imprensa. A Associação Brasileira de Jornalismo Investigativo repudiou a decisão judicial. "A Abraji considera que a decisão do juiz viola o direito dos brasileiros à livre circulação de informações de interesse público. A imposição de censura é uma afronta à Constituição. A liberdade de imprensa, fundamental para a democracia, deveria ser resguardada por todas as instâncias do Poder Judiciário, mas é frequentemente ignorada por juízes que, meses ou anos depois, são desautorizados por tribunais superiores. Nesse meio-tempo, o direito dos cidadãos de serem informados fica suspenso, o que gera prejuízos irreparáveis para a sociedade", dizia a nota.

A emissora comunicou que recorreria da decisão, mas, até onde sei, desistiu de questioná-la nos tribunais superiores. O episódio provocou (e ainda provoca) reflexão sobre os limites do direito à informação. Na minha opinião, como acontece com todo direito individual ou social, ele também não pode ser encarado como absoluto. Quando houve o vazamento, a investigação estava sob sigilo determinado por uma decisão judicial. Havia, portanto, elementos e requisitos que justificavam a necessidade de impedir a divulgação de qualquer trecho do inquérito policial, especialmente informações que pudessem gerar a identificação de pessoas ouvidas como testemunhas ou investigadas e ainda a necessidade peremptória de proteção a vários dados já produzidos.

E há outro aspecto que precisa ser mais bem discutido: o acesso aos dados do inquérito foi conseguido de maneira ilícita. Em *Marielle – o documentário*, série documental da plataforma Globoplay, a história foi contada pelo próprio Leslie. O jornalista afirmou que, sabendo que obter as cópias do inquérito poderia trazer consequências e conhecendo as técnicas de investigação da polícia, planejou e executou a ação com muito cuidado. Primeiro foi para a frente da

DH e ficou usando o celular várias vezes no período de duas horas; depois, repetiu o mesmo procedimento em frente às sedes do MPRJ e do Tribunal de Justiça. Isso porque ele sabia que o celular poderia ser rastreado e, procurando confundir uma eventual investigação, agiu para que uma provável quebra de sigilo mostrasse que ele estivera em três lugares onde potencialmente poderia ocorrer o vazamento, encobrindo o local no qual teve acesso ao documento.

Essa passagem foi contada no documentário como uma demonstração de "esperteza" jornalística, mas o que vejo é o cometimento de um crime. Na minha percepção, foi uma forma de burlar a lei para conseguir cópia do inquérito, que, repito, estava sendo mantido sob sigilo por decisão judicial.

Contido o vazamento, minha atenção se voltou para o que era mais importante para a investigação naquele momento: as buscas em relação ao suspeito de autoria, Ronnie Lessa.

Na segunda-feira, dia 19 de novembro, recebi uma atualização do dossiê. Existiam novas informações resultantes de buscas eletrônicas, principalmente as produzidas pelo Operação UZZ18, precisamente sobre os contatos mais próximos de Lessa. Nós estávamos monitorando todos eles, e a nossa atenção se voltou para o ex-policial militar Élcio Vieira de Queiroz.

Élcio entrou na Polícia Militar em 1995 e chegou à patente de segundo-sargento. Não havia muitos registros sobre sua trajetória e, por meio de fontes – mantidas em sigilo –, os agentes ouviram muitas menções ao seu possível envolvimento com o crime. Relataram que, enquanto esteve lotado no 3º BPM, de Olaria, ele teria participado de grupos de extermínio. E que no período em que atuou no 16º BPM, no Méier, estaria ligado às milícias nos bairros Quitumbo, Brás de Pina e Cordovil. Nesse sentido, a informação era de que tinha se envolvido com o "Bonde do 556" (em alusão ao fuzil de calibre 5,56 mm), denominação de um grupo miliciano com atuação naquela região da cidade.

Em 2011, chegou a ser preso preventivamente pela Operação Guilhotina, deflagrada pela Polícia Federal, em conjunto com a Seseg e o MPRJ. A operação provocou uma crise institucional histórica na Polícia Civil e na Polícia Militar, resultando na prisão de dezenas de policiais acusados de corrupção, venda de informações aos criminosos, envolvimento com o tráfico de drogas e com a contravenção. Na época, Élcio foi apontado por suposto envolvimento com a contravenção, citado como responsável pela segurança em casas ilegais de jogos de azar nos bairros de Bonsucesso, Barra de Guaratiba e Botafogo.

Em 2016, essas acusações de participação em atividades ilícitas embasaram o seu processo de expulsão da Polícia Militar, conduzido pela extinta Corregedoria-Geral Unificada das Polícias Civil, Militar e Corpo de Bombeiros Militar.

Um dado interessante era que Élcio tinha ocupado por muitos anos a função de motorista da Patamo, a viatura da Polícia Militar utilizada no Patrulhamento Tático Móvel, indicando que tinha habilidade diferenciada na condução de veículos, especialmente em situações extremas, como perseguições e fugas.

Ele morava numa casa modesta, no bairro de Engenho de Dentro, zona norte, e usava um veículo Renault Logan, de cor prata, registrado em nome de sua esposa. No Sinarm, identificamos o registro de uma pistola Glock, calibre 380, modelo G25. Descobrimos que ele trabalhava como segurança para uma empresa de transporte de cargas em Olaria.

Além do seu histórico, o que levantou a suspeita de que Élcio pudesse ter participação nas mortes de Marielle e Anderson foi uma quebra de padrão.

Nos dias em que trabalhava na transportadora, ele saía de casa muito cedo e voltava só no meio da tarde. Como regra, ia sempre do trabalho para casa. Em todo o período analisado, essa rotina só foi quebrada no dia 14 de março de 2018, quando saiu do serviço e, em vez de seguir para a sua residência, no Engenho de Dentro, pegou o caminho para a Barra da Tijuca.

Rastreando o seu celular, verificamos que às 16h47 o sinal do aparelho foi captado por uma ERB localizada no bairro Freguesia, em Jacarepaguá, indicando que ele estava na Linha Amarela. Pouco depois, às 16h59, o sinal passou a ser captado por outra ERB, instalada na Barra da Tijuca, cujo raio de cobertura abrangia a região do Vivendas da Barra, condomínio onde Lessa morava. Esse dado nos levava a pensar que os dois suspeitos tivessem se encontrado a partir das 17 horas.

O passo seguinte foi realizarmos uma diligência no próprio condomínio para obter os registros de visitantes na portaria. Eu não queria alarmar os suspeitos e, por isso, solicitei à Subsecretaria de Inteligência (Ssinte) que agisse de forma discreta e, com apoio da Polícia Federal, apreendesse a planilha na qual os porteiros registravam a entrada e saída de visitantes.

A planilha foi apreendida. Nela, constavam colunas para as anotações do nome, tipo de veículo, cor, placa, casa que visitaria, horário e quem autorizou a entrada. Analisamos o período entre janeiro e outubro de 2018, e a equipe responsável pelo trabalho encontrou onze registros de visitas do suspeito. Constava que "Élcio", dirigindo um "Logan" de cor "prata" e placa "AGH 8202", visitara a casa número "65" (onde morava Lessa), precisamente nos dias 11, 15 e 18 de fevereiro; 19 de março; 14 de abril; 16, 26 e 29 de maio; 9 e 11 de junho; e 6 de outubro.

E o dia 14 de março? Nessa data a equipe de analistas não encontrou registro de sua entrada no condomínio. Eu ainda não sabia, mas o resultado frustrado se devia a outra falha cometida na apuração.

Os responsáveis pela análise não identificaram que no dia 14 de março de 2018, precisamente às 17h10, o porteiro anotou na planilha que "Élcio", dirigindo um "Logan" de cor "prata" e placa "AGH 8202", registrou-se na portaria do Vivendas da Barra. Isso porque, diferentemente das outras onze vezes, estava anotado o número da casa "58", onde morava o então candidato a presidente Jair Bolsonaro. Certamente, os analistas tomaram como referência apenas o número "65" na coluna e ignoraram os registros para outras casas. O prejuízo causado pelo erro de procedimento só foi superado mais adiante, quando foi feita nova análise e descoberto o registro.

Não havia dúvida. No dia do crime, depois de sair do trabalho em Olaria, Élcio foi à Barra da Tijuca e se encontrou com Lessa no condomínio Vivendas da Barra. As buscas apontavam Lessa como o atirador e, agora, chegavam a Élcio como o principal suspeito de ser o motorista da empreitada criminosa. No final do mês de novembro, os dois se tornaram os alvos da investigação.

CAPÍTULO 13

MUDANÇA DE RUMO

Prisão temporária ou preventiva? O mês de dezembro começou com esse dilema. As provas arrecadadas eram suficientes para pedirmos as prisões temporárias de Ronnie Lessa e Élcio Vieira de Queiroz. Internamente, havia muita pressão para que eu fizesse os pedidos. O problema é que, se tomasse essa decisão, colocaria o tempo correndo a nosso desfavor. Imagine se nós prendêssemos os dois, não conseguíssemos concluir o inquérito antes dos 60 dias de prazo e tivéssemos que colocá-los em liberdade. Seria um desastre.

A minha preocupação era porque o envio das resultantes dos dados telemáticos, principalmente o conteúdo do Google, poderia demorar. A atitude prudente era aguardarmos todo o material chegar, elaborarmos uma representação robusta de provas e pedirmos as prisões preventivas dos dois suspeitos. Essa era a minha posição, e ela enfrentava resistência até mesmo dentro da delegacia. No fundo, havia uma angústia coletiva e um desejo de fechar logo a investigação.

Até o general Richard, com toda a sua discrição, deixava escapar a ansiedade pelo fechamento do caso. Nos últimos dias começou a mandar mensagens perguntando como poderia ajudar na conclusão do trabalho. A intervenção militar estava na fase final, prevista para se encerrar no dia 31 de dezembro. A minha impressão era de que os militares tinham interesse em mostrar resultados, e o caso Marielle e Anderson se tornara uma questão de honra.

Além disso, o general Richard também já estava planejando a sua mudança do Rio de Janeiro, pois assumiria a partir do mês de janeiro a chefia de gabinete do então comandante do Exército, general Eduardo Dias da Costa Villas Bôas. A solenidade de passagem do cargo foi realizada no dia 6 de dezembro, no Quartel-General do Exército, em Brasília.

No dia 8 de dezembro, fiquei sabendo pela imprensa que a Justiça Estadual havia concedido à Polícia Federal acesso irrestrito ao inquérito. Além da versão física, guardada no armário da minha sala, teríamos agora uma cópia com o MPRJ e outra com a equipe de agentes federais deslocada de Brasília para executar a tal "investigação da investigação". Ficava cada vez mais difícil manter o sigilo da investigação.

No dia 11 de dezembro, participando de um seminário na Escola de Comando e Estado-Maior do Exército, na Urca, numa entrevista ao telejornal *RJ1*, o general Richard foi questionado sobre essa decisão de acesso irrestrito da Polícia Federal ao inquérito. Na resposta, defendeu o nosso trabalho e alfinetou: "Não acredito que dar voz a um prisioneiro, que está em uma prisão federal pela prática de vários crimes, possa contribuir para a elucidação desse caso. Muita gente tem buscado holofote na elucidação desse caso e não tem contribuído com nada. Muito ajuda quem não atrapalha".

Era isso mesmo. Fazia minhas as suas palavras.

A imprensa estava em cima da Seseg e o general começou a subir o tom nas suas declarações. Numa outra entrevista, esta bem longa e ao jornal *O Estado de S. Paulo,* além de fazer um balanço sobre a intervenção federal, ele tratou do caso com ênfase. Quando perguntado se o assassinato da vereadora seria uma afronta à intervenção, respondeu que não, afirmando que a investigação indicava que os criminosos haviam superestimado o papel que ela poderia desempenhar e que o crime tinha sido planejado em 2017, portanto antes de os militares assumirem a segurança pública no Rio de Janeiro.

O jornalista Marcelo Godoy quis saber qual era esse papel "superestimado" e ele respondeu que a vereadora estava atuando em áreas controladas por milícias e que isso afetou os negócios dos criminosos. Contextualizou a situação na zona oeste, precisamente na Baixada de Jacarepaguá, explicando que existiam problemas graves de loteamentos irregulares e de ocupação de terras e que Marielle teria atuado na conscientização das pessoas sobre o direito à posse da terra.

No dia 14 de dezembro, a entrevista foi publicada com a seguinte manchete: "Milicianos mataram Marielle por causa de terras, diz general".

A publicação teve grande repercussão; afinal, era a palavra do secretário de Segurança Pública. O conteúdo da entrevista foi replicado por outros veículos de imprensa e a onda de questionamentos na DH aumentou. Os jornalistas queriam uma confirmação sobre a participação de milicianos nas mortes da vereadora e do seu motorista.

A posição do general refletia a nossa percepção naquele momento, quando a investigação sobre o mando indicava a provável participação de milícias motivada por questões fundiárias na zona oeste. Entretanto, não existia uma conclusão e, como já disse, nenhuma linha investigativa estava descartada.

No dia 18 de dezembro foi preso Renato Santos, o Renatinho Problema, considerado homem de confiança de Orlando Curicica e apontado pelas investigações como líder de milícia no município de Itaboraí, na região metropolitana do Rio de Janeiro. Sua prisão foi realizada por agentes da 82ª DP, de Maricá, em Guapimirim. Entre os mandados de prisão pendentes estava o relacionado com o assassinato de Wagner Raphael de Souza, o Dádi, presidente da escola de samba União do Parque Curicica, o mesmo crime já citado pelo policial militar Ferreirinha em seu depoimento na delegacia.

Havia a suspeita de que ele tivesse envolvimento nas mortes de Marielle e Anderson, por isso nós o ouvimos na DH. Ele contou que, em 2016, levou o vereador Marcello Siciliano a duas reuniões na casa de Orlando. E relatou, ainda, que em 2017 esteve com Siciliano para levar um recado da esposa de Orlando. O marido tinha acabado de ser preso e ela teria solicitado ajuda financeira para cobrir os custos com advogados.

Naquela semana, entrou na delegacia uma informação relevante. Em 2017, dentro de um veículo do tipo SUV (*Sport Utility Vehicle*), de cor preta, Orlando teria se reunido com "milicianos de Rio das Pedras"; entre eles, Major Ronald e Capitão Adriano. O encontro teria ocorrido no Mirante do Roncador, ponto turístico localizado na Estrada do Grumari, na zona oeste.

Numa reunião de trabalho com a equipe responsável pelo caso, avaliamos que essa informação convergia com a linha de investigação que considerava que o vereador Siciliano e o ex-vereador Cristiano Girão tivessem encomendado a morte de Marielle para Orlando e que este, por sua vez, tivesse contratado Capitão Adriano e Major Ronald para a execução.

As perguntas que nos fazíamos eram: nessa perspectiva, como Ronnie Lessa entrou na empreitada? A execução foi intermediada pelo Escritório do Crime? Adriano não aceitou e, por isso, foram atrás de Lessa? Tudo era possível.

Naquele final do mês de dezembro, a nova equipe que comporia o governo estadual se preparava para assumir e anunciava mudanças significativas para a área de segurança pública. A principal delas era uma reestruturação nas duas polícias.

No Rio de Janeiro, assim como acontece na maioria dos estados brasileiros, a Polícia Militar e a Polícia Civil eram subordinadas à Secretaria de Segurança Pública, órgão responsável por estabelecer as diretrizes, gerir o orçamento e promover a integração entre as corporações. Nas eleições de 2018, a proposta de reestruturação foi muito discutida. O então candidato a governador, Wilson Witzel, assumiu o compromisso de extinguir a Seseg e criar, em seu lugar, duas novas secretarias, uma para a Polícia Civil e outra para a Polícia Militar. Além disso, comprometeu-se a incorporar a Draco e a Ssinte à estrutura da Polícia Civil, outras demandas históricas.

Desde que foi criada, em 1999, na gestão do ex-governador Anthony Garotinho, a Draco era uma delegacia diretamente subordinada à Seseg, ou seja, respondia diretamente ao secretário de Segurança Pública, que, por sua vez, respondia ao governador. No organograma, ela não fazia parte do comando central da Polícia Civil e não estava subordinada à Chefia de Polícia.

A Ssinte, como setor de inteligência da Polícia Civil, também ficava desvinculada da Chefia de Polícia. Ela é um órgão imprescindível, inclusive responsável pelo Guardião, o sistema que realiza e armazena o conteúdo das interceptações telefônicas e permite o acompanhamento em tempo real de diversas interceptações ao mesmo tempo. Os agentes autorizados nas delegacias acessam o sistema, virtualmente, por meio de senhas, cuja comunicação é feita de modo criptografado. O sistema foi adquirido pela Seseg em 2007, como parte dos investimentos realizados para garantir a segurança dos Jogos Pan-Americanos.

Na prática, a Draco e a Ssinte acabavam se tornando aparelhos nas mãos do secretário e, evidentemente, nas do governador. Havia o controle sobre as investigações, o trabalho de inteligência e as prisões relativas ao "crime organizado", denominação que podia englobar esquemas de corrupção no próprio governo, atuação de milícias, cartéis empresariais ou qualquer outra situação semelhante. Eles também eram responsáveis pela apuração de desvios e condutas ilícitas dentro das próprias polícias, sobrepondo-se às corregedorias.

Historicamente, os secretários de Segurança Pública no Rio de Janeiro eram quadros de fora das polícias do estado. O ex-secretário José Maria Beltrame, que é delegado da Polícia Federal do Rio Grande do Sul, esteve à frente da secretaria entre 2007 e 2016 e teve grande influência no discurso que "vendia" o caos institucional para fortalecer o papel da secretaria, ou seja, retroalimentava a ideia de que as polícias civil e militar não se integravam e eram incapazes de autogestão, colocando a Seseg como necessária para manter a segurança funcionando.

Eu defendia (e ainda defendo) a autonomia das polícias e a incorporação da Draco e da Ssinte à estrutura da Polícia Civil. Portanto, apoiava a decisão de Witzel e torcia para que a reestruturação acontecesse e representasse uma mudança de rumo nas políticas de segurança pública no Rio de Janeiro.

Quando ele se elegeu, uma das primeiras atitudes foi confirmar essa reestruturação. No lugar da Seseg seriam criadas a Secretaria de Estado de Polícia Militar e a Secretaria de Estado de Polícia Civil (Sepol), incorporando a Draco e a Ssinte. E ele anunciou que o titular da Sepol seria o delegado Marcus Vinícius Braga, então diretor do Departamento-Geral de Polícia Especializada.

Pela minha experiência, sabia que todas essas reformulações implicariam remanejamentos nas titularidades das delegacias, ou seja, teríamos uma nova "dança das cadeiras". Nos bastidores, já se falava em mudança inclusive na própria DH. Os dias passavam, a investigação não se concluía e eu não sabia o que aconteceria comigo.

Não tinha (e não tenho) problema algum com os integrantes da cúpula que assumiu em 2019, pelo contrário, minha relação sempre foi muito boa com eles. Porém, tinha consciência de que a mudança de governo alteraria o organograma da Polícia Civil, e, nessa nova configuração, eu não acreditava que teria o mesmo espaço. Conversando sobre isso com Marquinho, ele concordou e disse uma daquelas frases perspicazes:

– Doutor, nós não seremos convidados para essa festa.

Por isso, na reunião semanal com Rivaldo e o general Richard, coloquei para eles essa incerteza e a minha preocupação com a futura estruturação da polícia.

E havia uma questão funcional que aumentava a minha angústia. O plano de carreira para delegado de polícia no Rio de Janeiro se faz em três categorias e na seguinte ordem: terceira, segunda e primeira classe. Essas promoções ocorrem por diversos critérios; entre eles, a antiguidade e o destaque no desempenho das funções. Naquele momento, eu era delegado de segunda classe e faltava um passo para o topo da carreira, algo que faria uma enorme diferença. Isso porque o delegado de primeira classe tem algumas garantias, como não poder ser transferido para fora da capital, exceto para atuar como delegado titular, nem voltar a fazer plantões.

Para mim, ser promovido era uma forma de me preservar, ou seja, independentemente do que a cúpula decidisse, não sofreria com mudanças bruscas na minha carreira. Caso contrário, poderia deixar a titularidade da DH num dia e no outro voltar à condição de delegado adjunto, "tirando" plantão em qualquer delegacia do estado. E, se isso acontecesse sem ter conseguido fechar o caso Marielle e Anderson, aí eu estaria acabado. Seria tratado como um pária, um excluído da polícia, tachado como o delegado incompetente que não conseguiu resolver um dos casos mais importantes da história do Rio de Janeiro. Tudo isso passava pela minha cabeça e me deixava atormentado.

Durante a reunião, indiretamente, mostrei aos dois que, com a promoção, estariam me protegendo. Tinha todos os requisitos para chegar à primeira classe e, mais cedo ou mais tarde, isso iria acontecer, portanto não estariam descumprindo nada e eu ficaria minimamente seguro.

No dia 20 de dezembro, na reunião da Comissão de Promoção, o general levou o meu nome para ser analisado e o colegiado admitiu que eu atendia às exigências e me promoveu. Foi Rivaldo que me ligou para dar a notícia, dizendo que fazia questão de ser o primeiro a me informar.

No dia seguinte, leio no jornal *O Dia* uma nota irônica do jornalista Cássio Bruno, dizendo: "Responsável pela investigação do assassinato da vereadora Marielle Franco (Psol), o delegado Giniton Lages, da Delegacia de Homicídios (DH), será promovido por... merecimento! [...] Os benefícios incluem aumento salarial, não precisar fazer plantões e não poder ser transferido para delegacias fora da capital".

A provocação não me incomodou. Estava satisfeito em saber que os meus superiores tinham reconhecido o meu valor e muito grato ao general Richard e a Rivaldo por defenderem a minha promoção. Faltava agora definir qual seria a minha função com a nova gestão do governo estadual.

No dia 27 de dezembro, o interventor no estado, general Walter Braga Netto, participou da cerimônia de encerramento da intervenção no Rio de Janeiro. O evento aconteceu no Palácio Duque de Caxias, onde funciona a sede do Comando Militar do Leste, e contou com a presença do então ministro da Justiça, Torquato Jardim, e do então governador em exercício, Francisco Dornelles, que assumira o governo estadual no final do mês de novembro, após a prisão do ex-governador Luiz Fernando Pezão.

Pezão foi um dos alvos da Operação Boca de Lobo, deflagrada pela Polícia Federal como resultado das investigações da força-tarefa da Lava Jato do Rio de Janeiro e que se baseava na colaboração premiada de Carlos Miranda, apontado como operador financeiro do ex-governador Sérgio Cabral.

No evento dos militares, Braga Netto apresentou um balanço dos dez meses de trabalho à frente da Segurança Pública do estado. Frisou que a intervenção tinha como objetivos principais a recuperação da capacidade operativa dos órgãos de segurança e a redução dos índices de criminalidade. "Temos a convicção de que trilhamos um caminho difícil e incerto, mas cumprimos a missão", afirmou.

O general Laélio Soares de Andrade, secretário de administração do Gabinete de Intervenção Federal (GIF), disse que até aquele dia haviam sido empenhados R$ 890 milhões, cerca de 74% do R$ 1,2 bilhão previsto no orçamento da operação, e pretendiam chegar ao empenho de 90% antes do dia 31 de dezembro. O estado do Rio de Janeiro estava falido, vivia uma crise financeira sem precedentes, e os recursos provenientes do governo federal representavam um investimento significativo em infraestrutura, aprimoramento institucional e equipamentos.

Entre as aquisições, o GIF informou a compra de 27.424 pistolas Glock, calibre ponto 40, 3 helicópteros, 680 motocicletas, 2.892 viaturas, 9 ambulâncias, 8 submetralhadoras, 500 fuzis automáticos, 1.000 fuzis Parafal 7.62, 17.655 coletes balísticos e 1,1 milhão de munições. Parte desse material foi sendo entregue ao longo dos meses, já durante o novo governo.

O Observatório da Intervenção, iniciativa do Centro de Estudos de Segurança e Cidadania da Universidade Cândido Mendes, apoiado em dados fornecidos pelo Instituto de Segurança Pública, acompanhou os índices de criminalidade entre os meses de fevereiro e dezembro de 2018 no estado do Rio de Janeiro, comparando-os com o mesmo período do ano anterior. No relatório, consta que ocorreram 4.468 homicídios dolosos, representando uma queda de 8,2%. Ao mesmo tempo, o índice de mortes por intervenção de agentes do Estado aumentou 33,6%, atingindo o número de 1.375 mortos. Em relação aos crimes contra o patrimônio, os roubos de carga tiveram redução de 17,2%, enquanto os de rua (roubo a transeunte, em coletivo e de aparelho celular) aumentaram 1%.

Localizada na zona oeste, a Vila Kennedy, composta de favelas e conjuntos habitacionais e próxima à Vila Militar de Deodoro, foi considerada o "laboratório da intervenção", sendo um dos primeiros bairros ocupados pelos militares. Segundo o Observatório da Intervenção, houve aumento de 17% nos homicídios dolosos e de 174% no registro de troca de tiros e disparos.

No mesmo dia, enquanto os militares apresentavam o legado da intervenção, recebi um telefonema do delegado Marcus Vinícius, futuro titular da Sepol, interessado em conhecer detalhes da investigação sobre as mortes de Marielle e Anderson. Ele marcou uma reunião para o dia seguinte.

Comuniquei Rivaldo e o general Richard, e ambos entenderam que era importante dar conhecimento ao pessoal que assumiria a partir do mês de janeiro. Na delegacia, atualizei os *slides* da apresentação, procurando deixá-la o mais objetiva possível, e aproveitei para incluir os dados referentes aos dois principais suspeitos pelos assassinatos, o policial militar Ronnie Lessa e o ex-policial militar Élcio Vieira de Queiroz. Seria a primeira vez que os membros da futura cúpula da Polícia Civil receberiam essa informação.

Na sexta-feira, dia 28 de dezembro, fui para a reunião acompanhado dos agentes Paúra, Fábio e Henrique. Deixamos a DH em direção à Chefia de Polícia no meio da tarde. O governo tinha cedido algumas salas no prédio para que o grupo trabalhasse na transição, configurando e estruturando a nova secretaria a partir do zero. A princípio, a extinção da Seseg ocorreria nos primeiros seis meses do mandato, mas o governador eleito tinha decidido antecipar a data para o início de janeiro.

Participaram da reunião Marcos Vinícius, indicado para secretário, e o delegado Fábio Baruck, escolhido para assumir a Subsecretaria de Planejamento e Integração Operacional. Antônio Ricardo, delegado que assumiria como diretor do Departamento-Geral de Homicídios e Proteção à Pessoa (DGHPP), teve um imprevisto e precisou sair antes de começarmos a tratar do caso.

Fiz uma apresentação detalhada, descrevi que havíamos começado com muitas linhas de investigação e que, naquele momento do trabalho, os indícios nos levavam a focar o envolvimento de milícias. E expliquei:

– A participação de milícias é a linha mais provável hoje. Pode ser vingança pela CPI das Milícias, retaliação por conta de interferências dela na zona oeste ou até as duas coisas juntas. Sabemos que existem conexões entre as pessoas e os grupos que estão sendo investigados. Agora, acredito que nós só vamos avançar nisso depois de prendermos o Lessa e o Élcio.

– E quando vamos prendê-los? – perguntou o secretário.

– Então, chefe, tão logo cheguem as resultantes da telemática e elas comprovem as nossas suspeitas, aí podemos pedir as prisões. O problema é que não existe uma previsão de quando isso vai acontecer. Estamos no aguardo.

– E não caberia uma prisão temporária?

– Caberia, já há elementos para isso. Mas é muito arriscado, pois não temos como garantir que os dados telemáticos vão chegar a tempo. É mais prudente esperarmos e pedirmos as prisões preventivas.

Discutimos um pouco sobre esse dilema. Eles defendiam que adiantássemos com a prisão temporária, mas acabaram concordando que aguardar as provas seria mais seguro. Expliquei quais seriam os próximos passos da investigação e encerramos a apresentação.

Marcus Vinícius começou a falar dos planos para a nova secretaria que estava sendo estruturada e sobre como estavam pensando as mudanças no organograma da Polícia Civil. O posto mais alto seria do secretário e desapareceriam a Chefia de Polícia e a Divisão de Homicídios. As delegacias de homicídios passariam a responder diretamente ao DGHPP e haveria mudanças nas titularidades.

Percebi que a conversa estava dando voltas para chegar ao ponto principal: a minha saída da DH. Sabia que mais cedo ou mais tarde isso aconteceria e desejava que não fosse antes de encerrar o caso, pelo menos a primeira etapa. Precisava de um tempo. Mas quanto tempo? Não havia como falar em dias ou semanas. O jeito era esperar a decisão do chefe.

O secretário disse que reconheciam todo o meu trabalho na investigação, consideravam importante que eu tivesse a oportunidade de concluir pelo menos a primeira etapa do caso e que estavam pensando numa maneira de acomodar a situação. Foi aí que fizeram a proposta: deixar a DH, mas continuar responsável pelo caso.

Olhei para ele, ressabiado, a testa franzida e os lábios apertados. "Como assim?", pensei. Ele explicou que me transfeririam para o DGHPP e, trabalhando no departamento, eu conduziria o inquérito até o final. Levaria comigo alguns auxiliares, montaria uma pequena estrutura e ficaria dedicado, exclusivamente, à investigação das mortes de Marielle e Anderson.

Foi um baque! Na hora não soube o que dizer. Estava chateado porque teria de deixar a DH, onde tinha me adaptado bem nos últimos meses e estava acomodado com a minha equipe. Ao mesmo tempo, sentia-me tão envolvido com aquela investigação, tinha tanta vontade de fechá-la e dar uma resposta às famílias que fiquei balançado pela proposta. Confesso que aquilo me pareceu interessante.

– Preciso decidir sobre isso agora?

– Não, agora não. Faz o seguinte: vai para casa, conversa com a esposa, reflete sobre a proposta e na segunda-feira você me dá uma posição – disse o secretário.

Atordoado, deixei o prédio da Chefia de Polícia e retornei para a delegacia. Foi aí que começou uma turbulência.

Chamei Marquinho e Marcelo para apresentar a proposta do secretário e discutir o assunto com eles. Queria ouvir a opinião deles. Como sei que essas coisas são complicadas, comecei explicando desde o início o que tinha acontecido naquela tarde, contei dos planos da cúpula e apresentei a proposta. À medida que contava como seria desenvolvida a investigação a partir do departamento, percebi que os dois não concordavam, mas reagiam de maneiras diferentes. Marquinho disse que iria comigo aonde fosse necessário, mas entendia que aceitar a proposta seria um tiro no pé. Já Marcelo foi mudando a expressão, começou a ficar nervoso e não se conteve:

– Nem fodendo! O senhor não pode tá levando isso a sério – interrompeu, em tom agressivo.

– Como assim? Estou falando sério, pô – reagi.

– E o senhor vai ficar lá no quartinho de despejo do departamento com uma pica dessas? Sem ter viatura, sem ter escuta, sem ter porra nenhuma?

– Não é bem assim, Marcelo.

– Só se o senhor for idiota para aceitar isso.

Aí *deu ruim*. O delegado e o inspetor de polícia "desapareceram" por um momento e ficaram dois homens raivosos discutindo. A briga foi feia, por muito pouco não acabou em agressão. Perdemos o controle e nos ofendemos duramente; nunca havíamos trocado palavras ofensivas como naquela noite.

Marquinho precisou intervir para acalmar os ânimos, dizendo que aquilo tinha passado dos limites, que já era muito tarde e estávamos todos cansados. Contornando a situação, propôs que cada um fosse para casa, refletisse e, de cabeça fria, retomaríamos a conversa no dia seguinte. Mesmo contrariados, concordamos. O clima estava péssimo e não tinha condições de resolver uma situação complexa como aquela.

Antes de sairmos da minha sala, Marcelo virou para mim e disse algo que me tocou profundamente:

– Doutor, com todo o respeito, deixa eu só dizer uma última coisa. A gente sempre diz aqui que toda vida importa e que todo caso merece o mesmo tratamento. Não é verdade?

– Sim. É verdade. E isso continua valendo.

– Então, por que esse caso é diferente? O senhor não acha que é fazer diferença colocar um delegado só pra ele?

Engoli em seco. Eu concordava com Marcelo, mas não dei o braço a torcer.

– Amanhã a gente conversa. Por hoje, já deu pra mim – respondi e fui descendo a escada para ir embora.

Entrei em casa muito nervoso. Juliana, minha esposa, percebeu e perguntou o que tinha acontecido. Contei que tinha brigado com Marcelo e que estava me sentindo muito mal por isso. E comecei a relatar os acontecimentos, até chegar à proposta de ser transferido para o departamento e ficar apenas com o caso. Antes que eu terminasse, ela me interrompeu:

– O Marcelo está coberto de razão.

– Como assim?

– Só você não está enxergando. Com uma delegacia inteira na mão, vocês não estão conseguindo fechar o caso. Como é que vai fazer sem ter nada? Vai ficar mendigando tudo para os outros delegados? Isso não vai dar certo.

– Eles vão me dar uma estrutura – insisti, já entregando os pontos.

– Que estrutura? Você vai virar um delegado sem delegacia. Como é que vai investigar alguma coisa?

Foi como uma cortina se abrindo. Juliana era alguém de fora da polícia, estava vendo os fatos com distanciamento e falando as mesmas coisas que Marcelo tinha me dito, só que com outras palavras.

Fiquei quieto por um tempo. Refleti um pouco e disse:

– Você está certa. E o Marcelo está certo. Não posso aceitar.

Sinceramente, não achava (e não acho) que a nova cúpula estivesse propondo aquilo para me prejudicar. As circunstâncias do caso eram excepcionais, e todos estavam com dificuldades para lidar com a situação. De qualquer forma, eu não poderia aceitar. Não apenas porque sem estrutura o trabalho se tornaria inviável, mas também pelo que Marcelo tinha me jogado na cara. Acredito que toda vida importa e que os casos devem ter o mesmo tratamento, portanto seria incoerente assumir exclusivamente um caso.

Liguei para Marquinho, comecei a falar que tinha pensado melhor e ele desconversou. Percebi que estava saturado, não estava disposto a ficar discutindo o assunto e pediu que deixássemos a conversa para o dia seguinte.

Eu estava com a decisão tomada, todavia ainda precisava ajustar isso com a cúpula. Naquela noite não consegui dormir, fiquei rolando na cama de um lado para o outro. Levantei às 4 horas, fiz um café, sentei à mesa da cozinha e fiquei pensando como resolver a situação. Por volta das 5 horas, mandei um áudio pelo WhatsApp para o delegado Baruck. Como ele saía cedo para correr na praia, imaginei que pudesse estar acordado. Nós havíamos trabalhado juntos e eu tinha liberdade para compartilhar o problema com ele. Falei que estava mal, que não tinha conseguido dormir e precisava conversar sobre a proposta de transferência para o departamento.

Por volta das 6 horas, Baruck me ligou. Conversamos bastante, expliquei que tinha refletido sobre a proposta e decidido não aceitar. Ponderei que só teria sentido permanecer no caso se continuasse como delegado titular da DH. Se isso não fosse possível, preferia deixar tudo. E perguntei se ele podia fazer a ponte com Marcus Vinícius para contornarmos a situação.

Ele compreendeu o meu posicionamento e se prontificou a tratar do assunto com o secretário. Contou que naquele sábado estava previsto um almoço entre os integrantes da cúpula e suas famílias no VillageMall, um shopping na Avenida das Américas, na Barra da Tijuca, e aproveitaria a ocasião para expor a minha posição.

No meio da manhã, Baruck me mandou uma mensagem avisando que já tinha falado com Marcus Vinícius por telefone e adiantado a conversa com ele. Explicou que o próprio secretário iria entrar em contato comigo.

Por volta do meio-dia, atendi a ligação do secretário. Ele disse que estavam almoçando com as famílias no shopping e perguntou se eu poderia ir até lá para conversarmos.

– Claro. Daqui a pouco chego aí – respondi.

– O governador está querendo se informar melhor sobre o caso. Pode ser que ainda hoje a gente se reúna com ele para tratar disso. Aquela apresentação está aí com você? – indagou.

– Sim. Estou com o *pen drive* aqui. Levo comigo.

– Ótimo. Se ele confirmar, a gente apresenta para ele ainda hoje.

Troquei de roupa, coloquei o *pen drive* no bolso da calça e saí. Enquanto dirigia, fui pensando em como colocar a minha posição sem ficar mal com o chefe. Era um momento delicado, muita gente querendo espaço, e um desentendimento com ele seria desastroso para mim.

Quando cheguei ao restaurante do shopping, todos se cumprimentaram. Para que a conversa fosse reservada, Marcus Vinícius decidiu que nos sentássemos a uma mesa separada, ao lado dos familiares.

Fui direto ao assunto. Disse que tinha pensado bastante sobre a proposta e que até a considerava interessante, mas não podia aceitar. Agradeci a atenção que estavam tendo comigo e afirmei que só aceitaria ficar com o caso se permanecesse como delegado titular na DH.

Marcus Vinícius e Baruck tentaram ainda ponderar e me convencer; disseram que se o problema fosse estrutura eles poderiam resolver, garantindo viaturas, equipe e o que fosse necessário. Contudo, reforcei que não podia aceitar. Estava irredutível.

Responder que não aceitaria a proposta resolvia apenas uma parte do problema. A outra parte era consequência dessa atitude. Como eu ficaria? Para onde iriam me transferir? Estávamos começando a discutir as possibilidades quando tocou o celular de Marcus Vinícius. Era o governador eleito, Witzel. Os dois conversaram um pouco e, em determinado momento, o secretário disse: "Então, inclusive estou aqui com o doutor Giniton e, se o senhor quiser, podemos ir agora". Encerrou a ligação combinando de nos reunirmos no final da tarde.

Baruck morava em Niterói, tinha se hospedado com a família no Rio de Janeiro e me pediu carona para ir até o hotel para trocar de roupa. E ficou combinado de nos encontrarmos com o secretário em um posto de combustível próximo à Cidade das Artes, na Barra da Tijuca. Enquanto aguardávamos, não tocamos no assunto da minha transferência. Aquela conversa ficou suspensa. O secretário chegou, Baruck foi para o carro dele e eu segui atrás, sozinho, até o endereço da reunião: a casa do governador.

Witzel morava no Grajaú, um bairro predominantemente residencial, na zona norte, na região conhecida como Grande Tijuca. Com ruas largas, calçadas arborizadas e clima de cidade do interior, muitos o chamam de "Urca da zona norte". Chegamos adiantados, o governador ainda não estava em casa, então fomos até um bar na esquina próximo da residência. Eu já conhecia Marcus Vinícius, mas não mantínhamos muito contato, e aquela foi uma oportunidade de conversarmos sobre vários assuntos, um bom momento de aproximação.

Ficamos por um tempo no bar, até que Witzel avisou que tinha chegado. Ao nos dirigirmos à casa do governador, o secretário disse que a minha transferência da DH não era para ser tratada naquela reunião. Se o governador tocasse no assunto, diríamos apenas que estávamos avaliando as possibilidades. O que não deixava de ser verdadeiro, pois era, justamente, o que estava acontecendo.

O governador morava num sobrado confortável, mas não luxuoso. Ele nos recebeu na porta e nos levou para a parte dos fundos da casa, onde havia uma edícula com churrasqueira e uma mesa grande, com várias cadeiras. Sentou-se numa ponta, ficando a área da churrasqueira atrás dele, Marcus Vinícius se sentou na outra ponta, eu me sentei em uma lateral da mesa e Baruck em outra, ficando de frente para mim.

Nascido em Jundiaí, interior do estado de São Paulo, Wilson Witzel se mudou jovem para o Rio de Janeiro, integrou a Marinha do Brasil e foi fuzileiro naval, chegando à patente de segundo-tenente. Formado em Direito, foi defensor público e fez carreira como juiz federal. Largou a magistratura para disputar a eleição. Começou a campanha eleitoral bem atrás nas pesquisas de intenção de votos e cresceu a ponto de liderar o primeiro turno. Considerado azarão, venceu Eduardo Paes no segundo turno, embalado pela onda bolsonarista que marcou aquela eleição.

Tinha me preparado para fazer a apresentação e pedi um computador para exibir os *slides*. A esposa de Witzel trouxe um *notebook* antigo e, quando coloquei o *pen drive*, o aparelho não conseguiu ler a versão do arquivo. Marcus Vinícius brincou, dizendo "quem sabe faz ao vivo", e pediu que eu apresentasse sem o computador.

O caso era complexo e comecei relatando o desenvolvimento da investigação desde o início. Precisava demonstrar ao governador as dificuldades que explicavam a demora na sua resolução. Já no começo da exposição, Witzel acendeu um cachimbo. A fumaça tomou o ambiente e o cheiro forte começou a me incomodar. Mas, como não estava em condições de pedir a ele que o apagasse, ignorei o incômodo e continuei.

O governador foi muito atencioso, fez algumas intervenções pontuais e pertinentes, demonstrando conhecimento e uma visão da investigação pelo ponto de vista do juiz. Quando falei sobre os dois suspeitos dos assassinatos, ele fez questionamentos técnicos e entendeu que a investigação estava avançada, praticamente em condições de pedirmos as prisões.

– Para mim, analisando como juiz, o caso está maduro o suficiente para pedir as prisões temporárias dos executores. Penso que vocês poderiam fechar a questão da autoria agora e deixar as buscas em relação aos mandantes para um segundo momento – disse o governador.

– Nós estamos pensando nisso. Até porque, com a prisão deles, podemos arrecadar mais provas sobre o mando. Podemos encontrar nos celulares alguma pista dos mandantes, por exemplo – respondi.

– Concordo – disse ele.

– Só que precisa ser prisão preventiva, governador. Não dá para arriscar uma temporária. Estamos na dependência das resultantes do Google e a gente não tem a garantia de quando os dados telemáticos vão chegar. Não dá para apostar que seja antes de vencer o prazo das prisões – ponderei.

Ele continuou defendendo que as prisões temporárias resolveriam, mas sem querer impor, comentando de forma reflexiva. Sobre os dois suspeitos, Lessa e Élcio, o governador disse que não os conhecia.

Até esse momento da conversa, estávamos tratando tecnicamente do caso. Mas ele era o governador eleito, assumiria o governo do estado em poucos dias e precisava ter uma posição política sobre tudo aquilo. E, nesse sentido, era inevitável discutirmos a minha situação. Percebi que não daria para fugir do assunto; fiquei quieto e observando.

Witzel virou-se para Marcus Vinícius e disse:

– Pelo que a gente vem conversando, vocês vão mexer nas titulares das delegacias, não é? Isso é salutar. Não quero interferir na decisão, mas, se eu puder sugerir, na minha opinião, esse não é o momento adequado para tirar o doutor Giniton da DH. Acho muito perigoso. A investigação está bem produzida, o caso vai ser fechado em breve e mudar agora não parece ser a melhor escolha.

– Nós estamos discutindo isso, governador. Estamos avaliando as possibilidades e vamos ajustar essa situação – respondeu o secretário.

A conversa parou por aí. Pensei que iriam resolver o assunto naquela hora, mas a decisão ficou para depois. Permanecemos ainda um bom tempo na casa. Witzel é uma pessoa comunicativa, de conversa fácil, e ficamos ali falando de vários assuntos. Já era noite quando nos despedimos e segui para o meu carro. "Não posso ir embora desse jeito", pensei.

Marcus Vinícius e Baruck atravessaram a rua e estavam entrando no carro quando encostei do lado, baixei o vidro do passageiro e perguntei:

– E aí, secretário, o que achou da conversa?

– Muito boa. Ele ficou satisfeito. O objetivo foi atingido.

Ainda não era o que eu precisava ouvir. Queria saber o que ia acontecer comigo. Essa indecisão estava me corroendo por dentro, e ir embora sem uma posição me deixaria na pior. Com o feriado de Ano-Novo se aproximando, aquela decisão poderia se arrastar por alguns dias. Por isso, tomei coragem e fiz uma nova pergunta:

– Mas como ficamos?

– Você não entendeu? O governador não sugere, ele manda. Ele já decidiu e você continua na DH – respondeu, sorrindo.

Passou pela minha cabeça perguntar até quando eu permaneceria, mas seria demais. Agradeci a confiança, despedi-me dos dois e deixei o Grajaú animado. Cheguei em casa, o calor estava insuportável e abri uma garrafa de cerveja bem gelada para comemorar com Juliana.

Liguei para Marquinho e compartilhei a novidade. Depois para Marcelo, para pedir desculpas e, claro, contar para ele que as coisas permaneceriam do mesmo jeito.

O feriado de Ano-Novo foi até a terça-feira. No dia seguinte, retornamos para a delegacia, reunimos a equipe e contei que continuaria como delegado titular. Avaliamos o caso e definimos as diligências para fecharmos a primeira etapa da investigação.

Na quinta-feira, dia 3 de janeiro, durante um evento de inauguração do programa Segurança Presente, o governador Witzel foi indagado sobre o caso, e os jornalistas perguntaram sobre a necessidade ou não de tirar a investigação da esfera estadual e transferi-la para a federal, repercutindo a história da federalização, pretendida pela PGR.

Referindo-se a mim, ele respondeu: "Pelo que o delegado me falou, em termos de colheita de prova, ele [o caso] já está avançado. Então, não tem sentido mudar. Acredito que ele [Giniton] vai dar, sim, um encerramento a esse caso em breve".

No mesmo evento, o secretário de Estado da Polícia Civil, Marcus Vinícius, também foi questionado: "Já tive uma reunião com ele [Giniton]. Entendi a investigação. É uma investigação muito profissional", afirmou, reforçando que o caso seria solucionado.

A turbulência tinha passado. O novo governo estadual começou. Eu continuei como delegado titular da DH e no comando da investigação do caso Marielle e Anderson. Agora, precisava correr para fechar a primeira etapa da investigação e prender os dois acusados pelos assassinatos.

CAPÍTULO 14

RELATÓRIO FINAL

A milícia de Rio das Pedras era uma das linhas de investigação. As escutas telefônicas, o acesso aos dados telemáticos e a análise de denúncias anônimas apontavam que essa organização cometia crimes, como: grilagem de terras; construção, venda e locação ilegais de imóveis; receptação de carga roubada; posse e porte ilegal de arma de fogo; extorsão de moradores e comerciantes com cobrança de taxas de segurança e outros "serviços"; ocultação de bens usando "laranjas"; falsificação de documentos públicos; pagamento de propina a agentes públicos; agiotagem; utilização de ligações clandestinas de água e energia para empreendimentos imobiliários ilegais; e, sobretudo, a prática de homicídio.

Sobre os homicídios, os dados de inteligência indicavam que alguns de seus integrantes estavam ligados ao Escritório do Crime e poderiam ter participação nas mortes de Marielle e Anderson.

A investigação chegou a um ponto em que o volume de material produzido era tão grande que o Gaeco entendeu que deveria instaurar um inquérito paralelo para aprofundar as buscas. Assim, de modo transversal, as descobertas serviram de base para a deflagração da Operação Os Intocáveis, uma investida histórica contra os milicianos que agiam em Rio das Pedras e Muzema.

Na denúncia, as promotoras Letícia Emile e Simone Sibilio apontaram a existência de um "poder paralelo ao Estado" e reproduziram um organograma no qual Adriano Magalhães da Nóbrega, identificado nas escutas telefônicas como "Capitão Adriano", "Gordinho" e "Patrãozão", aparecia no topo da organização criminosa.

Além de Adriano, a investigação identificou outros dois indivíduos que exerceriam o controle na comunidade: o major Ronald Paulo Alves Pereira, citado como "Major Ronald" ou "Tartaruga"; e o tenente reformado da Polícia Militar Maurício Silva da Costa, o "Maurição", mencionado também como "Velho" ou "Coroa".

Os três formariam o comando da organização e usariam a Associação de Moradores de Rio das Pedras, presidida por Jorge Alberto Moreth, o Beto Bomba, como base para as transações de compra, venda e aluguel de imóveis construídos ilegalmente.

No dia 22 de janeiro de 2019, todos foram alvos da Operação Os Intocáveis, que também cumpriu vários mandados de busca e apreensão em endereços ligados ao grupo. No apartamento do Major Ronald, a promotora Letícia Emile deu-lhe voz de prisão e, imediatamente, questionou: "O que você tem a dizer sobre o assassinato de Marielle?". Ele ficou em silêncio.

Na grande maioria dos casos, promotores não participam diretamente de prisões de acusados. Essa tarefa cabe às autoridades policiais. Porém, nada os impede, e, na prática, os integrantes do MP acabam "escolhendo" as ações de que participam e se apresentam na linha de frente.

Na Operação Os Intocáveis, dos 13 denunciados, apenas Adriano conseguiu fugir. Ele acabou sendo morto em fevereiro de 2020, depois de ficar foragido por um ano. Adriano foi encontrado em um sítio no município de Esplanada, na Bahia, por uma ação que envolveu o Bope baiano e policiais do Rio de Janeiro. Segundo a versão oficial, Adriano foi cercado, reagiu e foi baleado, morrendo no local. Essa tese é contestada pela família, e já foram feitas exumações do cadáver para apurar as reais circunstâncias da morte.

A operação do Gaeco tirou Adriano das sombras e fez o caso Marielle e Anderson se cruzar com a Operação Furna da Onça, deflagrada pela Polícia Federal em novembro de 2018. Era um desdobramento da Lava Jato no Rio de Janeiro que se baseava em delações de operadores financeiros do ex-governador Sérgio Cabral e nas investigações no âmbito da Operação Cadeia Velha. Os alvos eram deputados da Alerj acusados de receber "mensalinho" para aprovar os projetos do ex-governador.

Como resultado da Operação Furna da Onça, foi produzida uma lista de nomes de deputados que apareciam no relatório do Conselho de Atividades Financeiras (Coaf) com movimentações atípicas, resultando em novas investigações, para apurar a existência de um esquema de desvio de verbas públicas dos gabinetes conhecido como "rachadinha". Entre os parlamentares que passaram a ser investigados estava o senador Flávio Bolsonaro, que era deputado estadual na época dos fatos investigados.

O ponto que ligou as investigações foi a descoberta de que a mãe e a ex-mulher de Adriano seriam funcionárias fantasmas do gabinete de Flávio na Alerj durante anos, levantando a suspeita de que parte do dinheiro desviado seria investida em negócios da milícia, principalmente na construção ilegal de prédios de apartamentos em Rio das Pedras e Muzema.

O suposto operador do esquema seria o sargento da Polícia Militar reformado Fabrício Queiroz, ex-assessor parlamentar de Flávio e amigo de Jair Bolsonaro desde 1984, quando serviram juntos no Exército, no grupo de Artilharia de Campanha Paraquedista, na Vila Militar, no Rio de Janeiro. Fabrício conhecia Adriano desde quando atuavam juntos no 16º BPM, de Olaria, fazendo parte do GAT.

Pelo levantamento do MPRJ, apurou-se que a mãe de Adriano e a sua ex-mulher, juntas, depositaram ao menos R$ 203 mil nas contas de Queiroz, além de terem realizado saques em dinheiro que somavam cerca de R$ 202 mil. Elas só foram demitidas do gabinete em novembro de 2018, após os fatos virem a público.

O cruzamento das investigações se deu fora do caso Marielle e Anderson, porém repercutiu na investigação ao produzir uma onda de especulações que pretendiam associar integrantes da família Bolsonaro aos assassinatos. Em meio à confusão, precisávamos manter o foco.

Naquele momento, nossa atenção estava voltada para o núcleo Lessa, ou seja, estávamos concentrados nas buscas sobre ele e das pessoas com as quais mantinha contato próximo.

No dia 24 de janeiro, ouvimos o policial militar Márcio Carvalho. Lotado no 3º BPM, no Méier, ele integrava o Grupo de Ações Táticas desse batalhão e mantinha uma relação muito próxima com Lessa, considerando-o como um "tio", devido a sua proximidade com a família de Lessa.

Nós suspeitávamos de que Márcio pudesse ser o elo entre Lessa e o vereador Marcello Siciliano. Isso porque descobrimos na agenda do celular do vereador quatro contatos que supostamente aproximavam os dois: "Roni Lessa"; "Rony Lessa Academia"; Rony Lessa Academia Rp"; e "Marcio Sobrinho Lessa Policial". Os três primeiros números não eram cadastrados no nome de Lessa e o último estava no nome de Márcio.

– Conhece o vereador Siciliano?

– Sim. Conheci na campanha eleitoral de 2016. Trabalhei na eleição dele participando da sua segurança. E depois fiz alguns bicos de segurança na Barra Music – respondeu, referindo-se à casa de espetáculos supostamente ligada ao parlamentar.

– Mantém contato com ele?

– Não. Depois que a Barra Music fechou, não falamos mais.

– Conhece o Orlando Curicica?

– Não.

– Qual sua relação com o Lessa?

– Ele sempre foi muito amigo do meu pai. E a gente é bem próximo.

– Lembra quando foi a última vez que estiveram juntos?

– Ontem. No Resenha – respondeu, referindo-se a um bar e restaurante localizado na Avenida Olegário Maciel, na Barra da Tijuca, que Lessa frequentava assiduamente.

No mesmo dia, colhemos os depoimentos de Élcio e Lessa.

O primeiro a ser ouvido foi Élcio, apontado pela investigação como o provável motorista do Cobalt:

– Onde estava no dia do crime?

– Não me lembro.

– Vou ser mais específico. Esteve no Quebra-Mar naquele dia?

– Não me lembro.

– Lembra que carro utilizava na época?

– No início do ano era um Corsa sedan. Depois comprei um Logan.

Confirmamos com ele que o veículo seria um Logan prata, placa AGH 8202, correspondendo aos dados dos registros do Vivendas da Barra.

Sobre os seus ganhos financeiros, ele disse que recebia os valores de aluguéis de uma casa herdada da mãe e de um apartamento que comprou após ter se casado, além do pagamento pelo trabalho informal de segurança para uma empresa de transporte de cargas localizada no bairro de Olaria.

– Nos dias em que trabalha em Olaria, qual é a sua rotina?

– Vou trabalhar bem cedo e depois volto para casa.

– Costuma ir a outros lugares depois do trabalho?

– Não. Volto para casa.

– Sua rotina é sempre do trabalho para casa?

– Sim. Sempre.

Esse ponto é importante. Apesar de dizer que não se lembrava do que fizera no dia 14 de março, nós sabíamos que ele tinha ido trabalhar em Olaria, pois era isso que indicava o monitoramento pelas antenas de celular. A sua insistência em dizer que, como regra, voltava para a sua residência depois do trabalho, era uma evidência de que no dia do crime ele quebrou o padrão ao se dirigir para a Barra da Tijuca.

Mostramos algumas fotografias para a identificação, e um aspecto chamou a nossa atenção. Entre os indivíduos supostamente ligados ao Escritório do Crime, Élcio conhecia bem Capitão Adriano, pois tinham atuado no 16º BPM, de Olaria, na mesma época. E, desse mesmo batalhão, o depoente conhecia Maurição, apontado como um dos líderes da milícia de Rio das Pedras. Eram conexões relevantes e que precisavam ser aprofundadas.

O depoimento prosseguiu, e precisávamos descobrir qual era a relação dele com o outro suspeito. Sabíamos que eram amigos havia muitos anos, Élcio conhecia a esposa de Lessa desde criança, quando moravam no mesmo bairro, e o casal tinha até batizado um dos filhos de Élcio. Mas nosso objetivo era saber se eles atuavam juntos em atividades ilícitas.

Ao falar sobre o comportamento de Lessa, o depoente disse que desde 2010, certamente como consequência de ter a perna esquerda amputada por causa de um atentado a bomba, o amigo estaria passando por uma fase de depressão.

– Ele inclusive passou a sofrer com o alcoolismo. Passava as noites nos bares e quiosques da praia, bebendo – disse.

– O Lessa continua nessa situação?

– Acredito que ele venha num processo de melhora.

Após ouvirmos Élcio, começamos a oitiva com Ronnie Lessa. Havíamos marcado esse depoimento para o mesmo dia justamente para podermos confrontar as declarações. Numa reunião de planejamento, fizemos um *briefing* elencando algumas perguntas comuns que faríamos para os dois, procurando semelhanças e diferenças nas versões de cada um para os mesmos fatos.

Ele estava na delegacia havia um bom tempo e ficou irritado com a demora para ser ouvido. A ideia era essa. Em algumas situações, deixar um suspeito esperando passa a fazer parte da estratégia para tirá-lo da zona de conforto. O tempo de espera provoca um desgaste físico e mental, deixando-o menos "armado" para enfrentar o interrogatório.

– Onde estava no dia 14 de março de 2018?

– Não lembro. Nessa época eu era considerado por muitos como um alcoólatra, vivia bebendo nos bares, desde a orla até a Olegário Maciel.

– Continua assim?

– Não. Melhorei.

– Procurou ajuda psiquiátrica para superar o alcoolismo?

– Não. Só contei com o apoio da família e dos amigos.

Essa história do alcoolismo estaria sendo usada como álibi para a falta de lembrança sobre o dia do crime? Ele poderia ter combinado essa versão com Élcio?

Inquirimos sobre a sua situação financeira, querendo saber se mantinha atividades econômicas ou se vivia apenas da aposentadoria como policial. Ele respondeu que era proprietário de onze barracas de vendas de sanduíches nos bairros de Manguinhos e Varginha, negócios que ficavam sob a responsabilidade de um senhor chamado "Sebastião" e que lhe rendiam cerca de R$ 7 mil por semana. Comentou que entre 2013 e 2015 manteve, em sociedade com a esposa, uma academia de ginástica na rua principal de Rio das Pedras e que a vendeu por R$ 500 mil. E disse que na época do crime dirigia um automóvel Range Rover Evoque de cor azul.

Havia a informação de que, no dia 9 de outubro de 2018, Lessa tinha estado pessoalmente numa agência do banco Itaú, na Barra da Tijuca, e efetuado um depósito na própria conta no valor de R$ 100 mil em espécie. A transação tinha sido identificada pelo Coaf e existia uma imagem dele realizando a operação dentro do banco. Por isso, perguntamos se nos últimos doze meses ele tinha realizado transações financeiras com valores altos. Contou que tinha vendido o Range Rover Evoque por R$ 105 mil, juntou o valor com o de uma lancha antiga e comprou uma lancha nova no valor de R$ 265 mil, deixando a embarcação atracada no Iate Clube Portogalo, em Angra dos Reis.

Apesar de morar de aluguel no condomínio Vivendas da Barra, a investigação mostrou que Lessa tinha vários imóveis, como uma casa em Jacarepaguá, um terreno em Guaratiba e outro no condomínio Portogalo, em Angra dos Reis. Também havia indícios de que mantinha outros bens e imóveis em nome de "laranjas".

– Conhece o vereador Siciliano?

– Sim. Há aproximadamente quinze anos. Conheci num jogo de futebol promovido pela Secretaria de Esportes, atrás do Barra World – respondeu, referindo-se ao shopping no Recreio dos Bandeirantes.

– São amigos?

– Não. Cruzo com ele, eventualmente.

– Lembra quando foi a última vez que se cruzaram?

– Acho que em 2016, durante a campanha de vereador, na Olegário Maciel. Ele estava panfletando e conversamos um pouco.

– Sobre o que conversaram?

– Ele perguntou se eu sabia de algum policial militar para ser segurança dele na campanha. Aí o Márcio estava comigo e eu o indiquei.

A informação batia com o depoimento de Márcio e nos levava a supor uma proximidade entre Lessa e Siciliano, caso contrário, o que explicaria o parlamentar ter confiado na sua indicação para o trabalho de segurança?

Começamos a apresentar as fotografias para o reconhecimento, priorizando nomes supostamente ligados ao Escritório do Crime.

– Conhece Batoré?

– Sim. Ele foi adido na Polícia Civil.

– Costumam se encontrar?

– Não. A última vez foi em 2015, em Rio das Pedras. Só nos cumprimentamos. Eu ainda tinha a academia lá.

– Conhece Major Ronald?

– Sim. Conheci há uns quatro anos. Mas não temos amizade.

– Conhece Capitão Adriano?

– Sim. Conheço da PM. Quando eu estava no 9º BPM e ele no Bope, participamos de algumas operações juntos.

– Tem contato com ele?

– Não. A última vez que o encontrei foi há uns cinco anos, no entreposto de peixe na Avenida Ayrton Senna.

– Conhece o Maurição?

– Sim. Conheço da PM.

– São amigos?

– Não. Encontrei com ele algumas vezes em Rio das Pedras, quando tinha a academia.

– Conhece o Mad?

– Não.

– Conhece o Orlando Curicica?

– Nunca o vi. Fiquei sabendo dele pelos jornais.

A investigação feita no âmbito da Operação Clone tinha levantado que o Cobalt utilizado pelos criminosos tinha realizado praticamente o mesmo trajeto do dia do crime em outras datas, no mês de fevereiro. Por isso, perguntamos:

– Onde esteve em 1º, 2, 7 e 14 de fevereiro do ano passado?

– Não lembro. Faz muito tempo.

O depoimento foi encerrado quando já era noite. Como esperado, não trouxe novidades, mas serviu para ajustarmos as informações de que já dispúnhamos. Lessa saiu da DH mais suspeito do que quando entrou.

No dia 25 de janeiro, ouvimos Maxwell Corrêa, o Suel. Suspeitávamos de que ele pudesse ser o "bombeiro militar" que teria participação no crime, segundo a denúncia anônima do dia 15 de outubro, a mesma que apontou Lessa como o matador.

Em relação ao dia dos assassinatos, contou que à noite esteve no bar Resenha, na Avenida Olegário Maciel, na Barra da Tijuca, onde assistiu ao jogo do Flamengo contra o Emelec, válido pela Libertadores da América, acompanhado da esposa. Nesse ponto, obtivemos uma informação muito valiosa e que seria fundamental para a investigação.

– Ficou no bar Resenha durante todo o jogo do Flamengo?

– Sim. Depois levei minha esposa para casa e voltei.

– Enquanto permaneceu no bar, encontrou o Lessa ou o Élcio?

– Não. Nenhum dos dois.

– Eles não estavam no Resenha?

– Não sei. Eu não vi.

Diante da resposta, ficava uma pergunta: como os três amigos não teriam se encontrado no mesmo bar enquanto assistiam ao jogo do Flamengo? Esse trecho do depoimento de Suel contradizia e enfraquecia o álibi apresentado por Lessa e Élcio.

Na sequência, perguntamos ao Suel se conhecia o vereador Siciliano e ele respondeu que sim, mas que não tinham amizade. Sobre Capitão Adriano, Maurição e Major Ronald, respondeu que não os conhecia.

No dia 1º de fevereiro, estava agendado para o início da tarde o depoimento do policial militar Pedro Bazzanella, que, de acordo com as investigações, parecia ser bem próximo a Lessa.

Todos daquele núcleo em torno do suspeito estavam sendo monitorados, e flagramos, naquele dia, Lessa, Bazzanella e Élcio reunidos no bar Resenha, pouco antes do horário do depoimento. Mais que isso, Bazzanella e Élcio pegaram um táxi e foram juntos para a delegacia, pois Élcio pretendia entregar documentos para comprovar sua rotina de trabalho na empresa de transporte de cargas.

Apesar da proximidade com os suspeitos, Bazzanella apresentou fotos e registros do celular que comprovavam que no dia 14 de março esteve na Ilha da Gigoia, na Barra da Tijuca, participando de um passeio de barco com amigos. Seu álibi era convincente e bateu com o apurado dias depois.

Aproveitamos a oportunidade para tomar um novo depoimento de Élcio. Pelas suas anotações, ele trabalhou em Olaria na manhã do dia 14 de março, confirmando o que nós já sabíamos.

– Em 14 de março, depois do trabalho, voltou para casa?

– Não lembro.

– Passou a noite fora de casa?

– Não me recordo.

– Costuma passar as noites fora de casa?

– Isso acontece algumas vezes.

– E aonde vai quando isso acontece?

– Geralmente fico na Barra com amigos.

– O Ronnie Lessa é desses amigos?

– Sim. Quase sempre fico com ele nos bares.

Enquanto ouvíamos Élcio, uma equipe da DH continuava o monitoramento dos suspeitos. Bazzanella, que já tinha ido embora depois de ser ouvido, mais uma vez foi se encontrar com Lessa no bar Resenha.

Qual a razão para se falarem antes e depois da oitiva? O que Bazzanella, Lessa e Élcio conversaram na hora do almoço? Para nós, era provável que tivessem combinado os depoimentos. E, se isso fosse comprovado, a pergunta que ficava era: por que combinar uma versão?

A investigação sobre o "núcleo Lessa" demonstrou um ponto em comum entre os depoentes: nenhum deles dizia conhecer Orlando Curicica. Mais que isso, afirmavam que não conheciam nem mesmo outros indivíduos apontados como integrantes do Bonde do Joe. Nossa impressão era de que não existia proximidade entre os dois grupos.

No dia 21 de fevereiro, estava na minha sala quando fui informado de que o policial militar Rodrigo Jorge Ferreira, o Ferreirinha, estava na delegacia. Não entendi o motivo, pois não havia oitiva agendada com ele. Saí da sala e o encontrei conversando com Marquinho. Ele estava muito alterado.

– O que aconteceu? – perguntei.

– Ele está voltando da Polícia Federal – respondeu Marquinho.

– E como foi, Rodrigo? – questionei.

– Tive de desmentir. Eles pressionaram. Ameaçaram.

– Desmentir o quê?

– Falei que inventei a história do Orlando e do Siciliano.

– Inventou? Tá maluco?

– Não tive escolha, doutor.

– Sabe o que vai acontecer? Você vai ser preso. Vai perder a carteira de polícia e ficar na merda. Tá fodido. E não podemos fazer nada pra te ajudar.

Segundo Ferreirinha, ele e a advogada Camila Nogueira tinham ido depor na Polícia Federal, no inquérito que apurava suposta obstrução de justiça, e mudaram as versões que tinham apresentado na DH.

Poucos dias depois, Ferreirinha concedeu uma longa entrevista ao programa *Conexão Repórter*, do SBT. Ele insistiu em dizer que foi coagido pela Polícia Federal para mudar a versão do depoimento. O jornalista Roberto Cabrini abordou o fato de ele ter desmentido a versão que apontava Orlando e Siciliano como mandantes.

"Em algum momento o senhor desmentiu a fala de Marcello Siciliano com o Orlando?", perguntou o jornalista. "Desmenti, sob coação e ameaça da Polícia Federal", respondeu Ferreirinha. "Como foi, exatamente, essa ameaça e coação?", perguntou o jornalista. "Me jogaram numa sala. Me botaram incomunicável. Botaram seis agentes me encarando [...] O delegado me falou que ia sair dali preso e ia pra Mossoró, na cela ao lado da do Orlando. E que, se eu não acabasse com essa história, ele ia me deixar preso", disse.

Os depoimentos contraditórios de Ferreirinha provocariam sérias consequências nas semanas seguintes. Mas, no final do mês de fevereiro, eu estava tão concentrado nas buscas sobre os dois suspeitos que não conseguia processar outras coisas. Os dados da telemática tinham sido encaminhados pelo Google, e as resultantes eram reveladoras. As descobertas formaram a minha convicção de que Lessa e Élcio eram os autores dos assassinatos de Marielle e Anderson.

A partir de seis contas de e-mail mantidas por Lessa, especialmente as que estavam cadastradas no Google, foi possível vasculhar imagens, mensagens, buscas na internet e o seu histórico de localização. O levantamento foi decisivo para fecharmos a primeira etapa do caso. O setor de busca eletrônica analisou o conteúdo telemático produzido desde o mês de janeiro de 2017.

O padrão das buscas na internet indicava um perfil obsessivo contra personalidades com histórico político associado à esquerda e à defesa dos direitos humanos. Encontramos expressões de ódio e desprezo por esses grupos, sobretudo relacionadas ao Psol e ao deputado Marcelo Freixo. Ao mesmo tempo, os dados revelavam que Lessa tinha uma concepção de mundo que podia ser classificada como de extrema direita no espectro político, associada à ideia do uso da violência para produzir a ordem social. Em termos conceituais, refletiam o "pensamento miliciano", que procura legitimar o extermínio como forma de resolver problemas.

Verificamos isso em diversas pesquisas e interações dele na internet. No ano de 2017, por exemplo, identificamos pesquisas com os termos "Dilma estado islâmico", merecendo destaque uma imagem nitidamente montada que mostrava um corpo de bruços, decapitado e usando o macacão laranja que o Estado Islâmico vestia nas suas vítimas. Sobre as costas, a cabeça da ex-presidente Dilma Rousseff e a legenda: "Esse é o diálogo com os terroristas".

Poucos dias depois, Lessa mandou um e-mail para outra conta dele mesmo, escrito: "Provando do próprio veneno, VIVA O FREIXO, ÊÊÊÊ!!!!!! Mais uma arte dos filhos do Freixo, que vocês desse bairro de pobretões metidos a ricos tanto apoiam, parabéns!!! ADOTEM UM BANDIDO, e o levem para casa, coloquem para dormir no quartinho de seus filhos, para namorar suas filhas etc., VIVA O PSOL, ÊÊÊÊÊ!!!!!!!!!!!!!!!!!!!!!!!!!!!!!!! Pimenta no glúteo dos outros é refresco, quando é no próprio arde. Viva o PSOL!!!!!!".

No mês de abril, fez pesquisas sobre o "coronel Ustra", referindo-se a Carlos Alberto Brilhante Ustra, coronel do Exército e ex-chefe do DOI-CODI. Nas buscas efetuadas pelo suspeito, destacava-se uma imagem da atriz e ex-deputada Bete Mendes relatando ter sido vítima do militar, que foi condenado pela justiça pela prática de tortura durante a ditadura militar.

No mesmo mês, fez buscas no Google utilizando como parâmetros os termos "morte ao Psol", "ditadura militar" e "estado islâmico, Marcelo Freixo". Destacava-se uma imagem de Freixo falando ao microfone com a seguinte legenda: "Quando for assaltado, aceite, pois o bandido é vítima da sociedade".

Entre os meses de maio e junho, identificamos pesquisas com termos como "Mussolini", "Lula enforcado", "morte de Marcelo Freixo",

"Marcelo Freixo enforcado", "Dilma Rousseff morta", reforçando sua atitude de perseguição aos grupos de esquerda e a Freixo.

Aliás, durante todo o período analisado, constatou-se que Lessa também efetuou pesquisas mais específicas sobre familiares do deputado, procurando por Adriana de Oliveira Freixo, que era esposa ou ex-esposa do parlamentar, bem como por Isadora Freixo, filha do casal.

No início do mês de julho, Lessa demonstrou interesse peculiar pela Redes da Maré, uma organização não governamental que desenvolve ações sociais em defesa dos direitos dos moradores do Complexo da Maré. O suspeito usou como parâmetro o termo "ONG Redes da Maré" e depois pesquisou sobre pessoas ligadas à entidade, tais como Lidiane Malanquini Magacho e Eliana Souza Silva. No mesmo dia, demonstrou interesse pela professora Marina Motta, então assessora de Direitos Humanos da Anistia Internacional.

Também pesquisou sobre um episódio envolvendo Pedro Mara, diretor do Ciep 210, uma escola pública em Belford Roxo. O então deputado estadual Flávio Bolsonaro ameaçava acionar o MPRJ e a Secretaria de Estado de Educação pedindo o afastamento do diretor, alegando que este fazia apologia às drogas, por ter uma tatuagem no antebraço representando uma folha de maconha. "Um professor é referência para os estudantes. Quando tem uma folha de maconha tatuada no antebraço, influencia os alunos a usar drogas. Ressalto que ele dá aula para menores de 18 anos", disse Flávio.

O suspeito também manifestou interesse pelo repórter Rafael Soares, do jornal *Extra*, conhecido pela atuação em matérias que denunciam excessos cometidos pelas forças policiais.

Ao longo da análise, descobrimos buscas por mulheres que apresentavam perfis políticos, sociais ou ideológicos parecidos. Procurou por Kenia Maria, defensora dos direitos das mulheres negras da ONU Mulheres, que tinha passado por um episódio de racismo ocorrido no Shopping Rio-Sul junto com a filha, a atriz Gabriela Dias. Pesquisou sobre a cantora Iza, a antropóloga Alba Zaluar, conhecida por sua atuação na área de antropologia urbana e da violência, e sobre Julita Tannuri Lemgruber, socióloga e ex-diretora do Departamento do Sistema Penitenciário no estado do Rio de Janeiro.

Contudo, o mais contundente se relacionava ao que considerávamos ser a preparação para o crime e o monitoramento da vereadora Marielle Franco.

Em relação à preparação, identificamos o seu interesse por armas e equipamentos que poderiam ser utilizados na empreitada criminosa. Destaca-se que, no mês de novembro, pelo site Mercado Livre, Lessa comprou e recebeu em sua residência um equipamento rastreador veicular sem fio, com bateria de longa duração, por R$ 777,90. Geralmente, esse tipo de aparelho tem como diferencial a durabilidade da bateria, cerca de 480 dias em modo *stand by* e 90 dias estando em funcionamento. Instalado de forma velada, tal aparelho permitiria o rastreamento de um veículo de maneira ininterrupta e por longo período.

Em seguida, no mês de dezembro, Lessa pesquisou no Google sobre adesivo antirradar, utilizado para dificultar que radares de fiscalização eletrônica de trânsito detectem o número da placa do veículo.

Quando chegou o ano de 2018, o interesse por armas e equipamentos foi marcante. Em janeiro, pesquisou e depois comprou uma caixa impermeável que servia para "enterrar armas" de até 114 centímetros, conforme o anúncio da fabricante Falcon Armas na internet. A caixa, em formato cilíndrico e fechada hermeticamente, ou seja, sem permitir entrada de ar, foi adquirida por R$ 1.399,40 e entregue também em seu endereço residencial. Para nós, era um indício de que pudesse ocultar armas ilícitas que poderiam ser contrabandeadas ou mesmo esconder a arma utilizada no crime. Ressalta-se que o tamanho da caixa permitia armazenar fuzis e submetralhadoras.

No mês de fevereiro, o suspeito fez várias pesquisas sobre acessórios para submetralhadora HK MP5, demonstrando muito interesse por adaptadores, sistemas de chassis de freio de boca e supressores de ruído, popularmente conhecidos como silenciadores. Essa descoberta foi impactante, pois considerávamos que a arma utilizada no crime fosse, exatamente, uma submetralhadora HK MP5, e as percepções das testemunhas dos assassinatos indicaram o uso de silenciador.

Além disso, fez uma pesquisa bastante suspeita. No dia 19 daquele mês, usou como parâmetro no Google os termos "casal morto na

Gardênia Azul". Isso chamou a nossa atenção, porque o conteúdo encontrado se referia a um duplo homicídio ocorrido em 2014. Era sábado, dia 14 de junho, quando por volta das 10 horas um Fiat Doblò branco estacionou próximo da Associação de Moradores da Gardênia Azul, com três indivíduos dentro. Não desceram do carro. Às 10 horas, o policial militar André Henrique da Silva, o André Zóio, e sua esposa, Juliana, transitavam pelo local num Honda Civic prata quando foram abordados pelo Doblò. Os criminosos efetuaram dezenas de disparos com fuzil M-16. Como se diz na gíria policial, os tiros foram "colocados" e muitos acertaram a cabeça de André. Os dois morreram na hora.

A impressão foi de que Lessa estivesse preocupado com o andamento daquele inquérito. Além das semelhanças no *modus operandi* dos crimes, os relatórios de inteligência indicavam que André Zóio era desafeto e disputava o território da Gardênia Azul com o ex-vereador Cristiano Girão.

Outra descoberta fundamental foi em relação ao manguito e à luva. Uma das testemunhas afirmou que o atirador parecia ser negro, e nós imaginávamos que ele pudesse ter usado esses acessórios para encobrir as características do braço esquerdo. Lembra-se disso? Quando acessamos o conteúdo telemático, encontramos uma foto de Lessa usando luva e manguito pretos no braço esquerdo. A impressão era de que ele estava provando os acessórios. Era uma evidência incontestável. E não havia dúvida de que era ele. Primeiro, porque as características do braço, principalmente as tatuagens que ficavam à mostra próximo ao ombro, eram compatíveis. Segundo, porque a bermuda que usava era a mesma identificada em outras fotografias dele.

Também havia achados sobre as características do braço direito. Encontramos dois vídeos reveladores. No primeiro, Lessa estava em um estande de tiros efetuando disparos com uma submetralhadora HK MP5, e o ângulo mostrava o seu braço, nitidamente. No segundo, ele aparecia sentado à mesa, dentro de sua casa, dando comida na boca de dois gatos de estimação. As características físicas e as tatuagens, que cobriam seu braço e seguiam até parte das costas, correspondiam às descrições levantadas pelas investigações, inclusive ao resultado alcançado pela CSI quando utilizou a ferramenta de análise por sistema de raios infravermelhos.

Quanto ao seu tipo físico, também é importante relembrar que, quando analisamos as imagens na Rua dos Inválidos, identificamos um momento em que o ocupante do banco traseiro se deslocou de um lado para o outro, fazendo a suspensão do Cobalt baixar abruptamente. Para nós, o suspeito deveria ser alguém alto e corpulento, características que correspondiam às de Lessa.

Por fim, ainda tratando da suposta preparação para o crime, descobrimos algo de importância inquestionável. Exatamente no dia 14 de março, data dos assassinatos, ele efetuou pesquisas no Google para saber se era ilegal transitar com um Jammer dentro do carro, referindo-se ao aparelho capaz de neutralizar e bloquear sinais de celular. Por que ele estava preocupado em saber disso naquele dia? Era algo muito peculiar. E correspondia totalmente ao que enfrentamos no início da investigação, quando não conseguimos identificar os sinais do celular utilizado dentro do Cobalt. Lembre-se que uma das hipóteses era justamente o uso de um bloqueador de sinais desse tipo.

Outro aspecto gritante, percebido no conteúdo telemático, foi o seu interesse pela movimentação de Marielle nos dias que antecederam o seu assassinato. Eram evidências de que ela estava sendo monitorada.

Na sexta-feira, dia 2 de março, ele utilizou a ferramenta Google Maps para descobrir a localização do endereço "Av. Rui Barbosa, 10 – Flamengo". Quando fizemos o cruzamento desse dado com o histórico de localização (*history location*) obtido por meio da conta do Google de Marielle, verificamos que naquele dia ela esteve das 7h24 às 10h44 no curso de inglês, em endereço relativamente próximo, precisamente na Rua Martins Ribeiro, número 38, no Flamengo.

Na terça-feira, dia 6 de março, Lessa novamente utilizou a ferramenta de localização para encontrar o *campus* da UFRJ na Praia Vermelha, na Urca. Quando analisamos a agenda da vereadora, notamos que entre 18h e 19h ela participaria de uma aula no curso pré-vestibular da UFRJ, mas em outro *campus*, no Largo de São Francisco de Paula, no Centro. Nossa suposição foi de que ele estava acompanhando a rotina da vítima e estivesse procurando pelo *campus* da universidade em que ela estaria naquela data.

Na quinta-feira, dia 8 de março, o suspeito quis localizar o endereço "Praça São Salvador, Flamengo". Acerca desse interesse de pesquisa, importa considerar que o endereço é ainda mais próximo ao local onde Marielle teria aulas de inglês na manhã do dia seguinte, sexta-feira.

A descoberta mais reveladora foi uma pesquisa realizada na segunda-feira, 12 de março, dois dias antes do crime. Mais uma vez, utilizando o Google Maps, Lessa procurou pela "Rua do Bispo, nº 227 – Engenho Novo". Surpreendentemente, era o endereço do prédio do apartamento de Edu, ex-marido de Marielle, no qual ela tinha marcado uma conversa com o ex-marido justamente naquele dia.

E não era só isso. O imóvel ainda constava como sendo o endereço da própria Marielle em diversos bancos de dados públicos, ou seja, alguém que procurasse descobrir onde ela morava encontraria ainda aquela informação.

E, depois de todas essas evidências, o suspeito ainda procurou saber como "desfazer a sincronização do Google Chrome". Os analistas do núcleo de busca eletrônica relataram que esse procedimento poderia excluir os seus dados dos servidores do Google. Na prática, ele poderia estar interessado em ocultar os registros de sites favoritos, histórico de navegação, senhas e outras configurações.

Além disso, a análise comportamental de Lessa na internet revelou outra evidência. Ao longo do período investigado, ele se mostrou bastante ativo na rede e "navegava" até tarde da noite. Reproduziu esse comportamento em praticamente todos os dias, menos no dia do crime. Naquela data, especificamente, ele quebrou o padrão.

A partir das 16h32, não houve buscas. Nenhum sinal de que o celular estivesse sendo utilizado ou mesmo deslocado da área de cobertura da ERB que atendia a região do Vivendas da Barra. A hipótese era de que tivesse deixado o aparelho em casa, provavelmente pensando em produzir um álibi. A sua atividade na internet só retornou ao normal no dia seguinte.

Outro ponto que chamou a atenção foi em relação aos parâmetros de pesquisas na internet. Após o crime, Lessa não pesquisou mais sobre acessórios para a submetralhadora HK MP5 e parou de buscar informações sobre Marcelo Freixo ou o Psol. Ele quebrou o padrão, mais uma vez.

Ainda fizemos uma análise considerando as movimentações do Cobalt utilizado no crime no sistema de OCR. Já tínhamos a informação de que nas datas de 1º, 2, 7 e 14 de fevereiro de 2018 o veículo tinha realizado o mesmo trajeto verificado no dia do crime, partindo da Barra da Tijuca, passando pelo Alto da Boa Vista e chegando à Tijuca. Ao cruzarmos esses dados com os registros telemáticos, identificamos que, enquanto o veículo se deslocava, Lessa não demonstrou atividade na internet. Para nós, era um indício de que ele estivesse dentro do Cobalt em todas aquelas datas.

As constatações e as provas arrecadadas eram irrefutáveis. O suspeito tinha preparado a execução do crime com antecedência, monitorado a vítima por vários dias e a assassinado na noite de 14 de março de 2018. Partindo dessa conclusão, precisávamos demonstrar que ele estava com Élcio no período da execução do crime.

Sabíamos que Élcio tinha saído de Olaria, seguido pela Linha Amarela e chegado à Barra da Tijuca no final da tarde, como indicava o sinal captado pela ERB que atendia o Vivendas da Barra. A análise de todos os dados de comunicações, trânsitos de voz, dados de internet e de geoposicionamento demonstraram que o seu celular não fora deslocado nem utilizado entre 16h59 e 22h11. Esse intervalo de cinco horas e dez minutos seria suficiente para deixar o aparelho na casa de Lessa, deslocar-se com ele até o Quebra-Mar, trocar de carro, seguir com o Cobalt pelo Alto da Boa Vista até o Centro, executar o crime e voltar para a Barra da Tijuca.

Havia só uma dúvida nesse ponto. Sem ter sido deslocado, o celular de Élcio apresentou uma mudança de captação de antena às 21h16, ou seja, houve uma atividade isolada identificada por uma nova ERB, parecendo incompatível com a dinâmica dos fatos que estávamos delineando.

Essa dúvida durou pouco. A equipe do setor de busca eletrônica esclareceu que é possível existir oscilação dos sinais captados do aparelho quando ele está numa área de intersecção de cobertura pelas antenas. Em outras palavras, a captação dos sinais pode "mudar" de uma ERB para outra mesmo sem que se tire o aparelho do lugar. Isso pode acontecer quando o celular está entre antenas de telefonia próximas uma da outra, como era o caso. Estava explicado.

Em relação a Lessa, a quebra de sigilo mostrou que o seu celular também permanecera servido pela antena próxima de sua casa e que só a partir das 22h30 teria passado a ter os sinais captados pela ERB na região da Avenida Olegário Maciel, na altura do bar Resenha.

– Eles mataram a Marielle e o Anderson e foram beber assistindo ao jogo do Flamengo – pensei em voz alta.

– É o que parece, doutor – disse um dos policiais analistas.

As peças do quebra-cabeça tinham se encaixado.

Na quarta-feira, dia 14 de março de 2018, Élcio chegou ao condomínio Vivendas da Barra às 17h10. Após se identificar na portaria, seguiu com o Logan prata até a casa de Lessa, que já o aguardava. Entraram no Range Rover Evoque de Lessa e seguiram para o Quebra-Mar. Trocaram de carro. Embarcados no Cobalt prata, passaram na Rua Sargento Faria às 17h32 e na Rua Dom Rosalvo Costa Rêgo às 17h34. Cruzaram o Alto da Boa Vista até a Tijuca. Às 18h58, chegaram à Rua dos Inválidos. Aguardaram por duas horas até a saída de Marielle da Casa das Pretas. Às 21h04 iniciaram a perseguição e às 21h14 executaram as vítimas, no entroncamento da Rua Joaquim Palhares com a Rua João Paulo I, no Estácio.

Após o crime, fugiram no sentido Centro de Convenções SulAmérica. Em algum lugar deixaram o Cobalt, e não se sabe se outra pessoa o escondeu. Pegaram de volta o carro de Lessa e foram para o bar Resenha, na Avenida Olegário Maciel. Retornaram de madrugada para o condomínio, Élcio pegou o carro e foi para sua casa, no Engenho de Dentro. Lessa saiu novamente e ficou pelos bares da orla.

Essa era a conclusão, e as provas eram robustas. O mês de março estava começando e a minha convicção estava formada. Quem matou Marielle Franco e Anderson Gomes foram Ronnie Lessa e Élcio Vieira de Queiroz. Agora, o nosso desafio era prender os dois.

CAPÍTULO 15

OPERAÇÃO LUME

A missão era prender Ronnie Lessa e Élcio Vieira de Queiroz. Era um passo decisivo para a Polícia Civil e para o MPRJ, depois de 12 meses de trabalho numa verdadeira força-tarefa que contou com as equipes da DH, do Gaeco e da CSI. A conclusão da primeira fase de uma investigação que já registrava números surpreendentes: 230 oitivas realizadas, 760 gigabytes de conteúdo de imagens analisados, 2.428 quebras de sigilo de antenas de celular, 33.329 contas de usuários de celular investigadas, 318 linhas de telefones fixos interceptadas, 670 gigabytes de dados telemáticos acessados e 47 policiais envolvidos diretamente no caso.

As pressões sobre a investigação estavam no limite. Estávamos nas primeiras semanas do novo governo estadual e nos adequando à nova estrutura da Polícia Civil. As titularidades nas delegacias de homicídios tinham sido mantidas, com o delegado Daniel Rosa permanecendo na DHBF e a delegada Bárbara Lomba na DHNSG. Eu continuava na DH da capital e sabia que isso desagradava muita gente dentro e fora do governo.

A cobrança externa também era cada vez maior. Entidades nacionais e internacionais preparavam uma ofensiva para marcar "um ano sem respostas". Em Brasília, a Presidência da República tinha recebido em sigilo uma carta de relatores da ONU cobrando explicações sobre o andamento da investigação e exigindo urgência no esclarecimento do caso. Apesar de não ser uma obrigação legal, ignorar esse tipo de pedido traria consequências danosas para o país no âmbito da entidade, sendo interpretado como um gesto de descumprimento de acordos internacionais.

Além disso, continuávamos na mira da "investigação da investigação" feita pela Polícia Federal. Os depoimentos de Ferreirinha e de sua advogada realizados no final do mês de fevereiro tinham tumultuado bastante o cenário. As contradições nos seus depoimentos em relação ao possível envolvimento de Orlando Curicica e Marcello Siciliano faziam aumentar as dúvidas sobre o nosso trabalho. Era imprescindível darmos uma resposta à altura para resgatarmos a confiança.

Para realizar as prisões, planejamos a Operação Lume. A denominação tinha dois significados. Primeiro, a ideia de iluminar, trazer à luz os acusados pelos assassinatos de Marielle Franco e Anderson Gomes. Segundo, era uma referência ao Buraco do Lume, como é conhecida a Praça Mário Lago, localizada na região central da cidade e que é ocupada todas as segundas-feiras por políticos do PT e às sextas-feiras pelos militantes do Psol, para a prestação de contas dos mandatos de parlamentares e discussão de propostas. Além de assídua frequentadora do local, a vereadora Marielle desenvolvia um projeto chamado Lume Feminista, reunindo mulheres no local para debater temas e problemas atuais. A última edição em que ela participou foi chamada de "Mulheres em tempo de intervenção".

A nova cúpula da Polícia Civil estava informada sobre a operação para prendermos Lessa e Élcio, e havia a cobrança para que isso acontecesse antes do Carnaval. Não era uma imposição, mas uma meta. Ninguém queria ver o caso "fazer aniversário" de um ano.

Eu já estava trabalhando no Relatório Final, a peça jurídica que o delegado de polícia elabora ao final da investigação expondo os fatos apurados e identificando cada afirmação nos volumes e páginas correspondentes no inquérito policial. Uma vez elaborado, ele é encaminhado ao Ministério Público acompanhado de uma representação, pedindo o arquivamento do caso ou o indiciamento de algum suspeito. Os promotores podem acompanhar ou não a conclusão da representação. Quando concordam com o indiciamento, elaboram a denúncia e a encaminham ao juiz de Direito. Com isso o indiciado se torna acusado. O juiz pode aceitar ou não a denúncia. Quando aceita, o acusado se torna réu. E só a partir daí pode ser expedido o mandado de prisão preventiva.

Fundamentalmente, o relatório começa apresentando os fatos que envolveram o crime, a apuração feita na investigação preliminar, as provas coligidas e os resultados das diligências policiais. Trata-se de um trabalho demorado e meticuloso. O juiz precisa compreender toda a dinâmica do crime e analisar cada uma das provas indicadas, consultando as referências no inquérito.

No caso Marielle e Anderson, o conteúdo do inquérito policial já ocupava 28 volumes, que somavam mais de 5.700 páginas. Foi debruçado sobre essa pilha de papéis espalhados na mesa da sala de jantar que passei os dias de Carnaval. Consegui terminar apenas na Quarta-feira de Cinzas. Estava exausto e reli várias vezes as 129 páginas do relatório para conferir cada ponto.

Na quinta-feira, dia 7 de março, entreguei o Relatório Final com a representação de prisões e os indiciamentos de Lessa e Élcio. Ao receberem a papelada, as promotoras Letícia Emile e Simone Sibilio agiram rápido e em poucos dias conseguiram encaminhar a denúncia ao doutor Gustavo Kalil, juiz responsável pelo caso. Pouco se comenta, mas formalmente Lessa e Élcio foram denunciados pelos homicídios qualificados de Marielle e Anderson e pela tentativa de homicídio da assessora Fernanda Chaves.

Além do pedido de prisão, na representação existia o requerimento de busca e apreensão em face de indivíduos não denunciados. Pela complexidade, avaliávamos que o juiz precisaria de alguns dias para analisá-la, e a nossa expectativa era de que, caso ele admitisse a denúncia, os mandados de prisão saíssem a tempo de deflagrarmos a operação na quarta-feira, 13 de março. O plano inicial era esse.

Na manhã da segunda-feira, dia 11 de março, Marquinho e eu fomos à Sepol para uma reunião convocada pela cúpula da Polícia

Civil. O objetivo do encontro era atualizá-los sobre o andamento da investigação e explicarmos os detalhes do planejamento para as prisões de Lessa e Élcio.

Estavam presentes o secretário Marcos Vinícius, o subsecretário de Planejamento e Integração Operacional, Fábio Baruck, e o diretor do DGHPP, Antônio Ricardo. A reunião se estendeu mais do que o esperado e terminou só no início da tarde. Por causa do horário, Marquinho e eu aceitamos o convite deles para almoçar no Salsa e Cebolinha, restaurante que ficava próximo à Sepol, na Rua Gomes Freire. O estabelecimento funcionava na parte de baixo de um sobrado antigo, desses de arquitetura histórica e típica da região central. Era pequeno e muito frequentado pelo pessoal da Polícia Civil. Marcus Vinícius, Baruck, Antônio Ricardo, Marquinho e eu nos sentamos a uma mesa no canto.

Fizemos os pedidos e estávamos aguardando a comida quando chegaram outras pessoas que eu não conhecia. Não me lembro se eram integrantes do governo, mas percebi que conheciam o pessoal da cúpula e se juntaram a nós à mesa. Havia muita curiosidade e interesse deles pelo caso. Fiquei muito incomodado com a situação e, quando me perguntavam alguma coisa, procurava desconversar e respondia de modo evasivo.

E eu estava impaciente porque tinha um compromisso agendado com as promotoras Letícia e Simone na parte da tarde, na sede do MPRJ. Estava combinado de nos encontrarmos depois da minha reunião na Sepol para avaliarmos a situação. Elas queriam saber se haveria alguma mudança na orientação do trabalho, se os planos para a Operação Lume continuavam sem alteração e sobre como seria feita a divulgação após as prisões.

As promotoras não queriam que a entrevista coletiva acontecesse no Palácio Guanabara, sede do governo estadual, pois receavam que isso desse uma conotação política à operação. A proposta delas era que fosse realizada na sede do MPRJ ou em algum lugar neutro, como a Cidade da Polícia, um espaço que abriga várias delegacias e fica no bairro Jacarezinho, na zona norte. Eu tinha levado essa demanda a Marcus Vinícius.

O almoço se estendeu demais e o horário da tarde ficou apertado. Liguei para a promotora Letícia e adiantei o conteúdo da nossa conversa.

– Doutora, sobre a operação, está tudo certo. A cúpula está alinhada com o que planejamos. Em relação à entrevista coletiva, o secretário disse que o governador Witzel já decidiu e será no Palácio Guanabara.

– Você sabe que não concordamos com isso.

– Eu sei. Mas o governador não abre mão disso.

As promotoras não gostaram da decisão e ficamos de conversar depois. Na minha cabeça, essas informações já eram suficientes para o momento e poderíamos remarcar nossa reunião para o dia seguinte.

– Podemos falar amanhã. Ajustamos o que faltar – concluí.

– Amanhã, não. Precisamos conversar ainda hoje – disse a promotora, demonstrando apreensão.

– Aconteceu alguma coisa?

– Falamos pessoalmente. Mas precisa ser hoje.

Estranhei a urgência e percebi que deveria haver algo muito sério acontecendo. Por algum motivo, que ela não quis dizer por telefone, não poderíamos adiar. Elas se dispuseram a ir até a delegacia depois do expediente, e ficou combinado de nos reunirmos no início da noite.

O almoço terminou, Marquinho e eu nos despedimos do pessoal e seguimos para a delegacia. Já era noite quando as promotoras chegaram à DH. Elas estavam muito preocupadas e disseram que tinham recebido a informação – por uma fonte que não revelaram – de que Lessa já estaria sabendo da operação. Ao mesmo tempo, checamos com uma fonte da delegacia que até o pessoal da imprensa já estava sabendo das prisões.

"Fodeu! Os caras vão fugir!", pensei. Depois de tudo que passamos, não efetuar as prisões seria um desastre. Meu crédito com a cúpula seria zerado, não teria mais condições de permanecer na DH e sairia daquela história humilhado. Não podia deixar isso acontecer. Concordamos que o único jeito de evitar o fiasco seria antecipar a operação. Era a nossa única chance.

Acontece que a antecipação esbarrava em pelo menos dois problemas: um de caráter operacional e o outro, judicial. O operacional era aprontarmos os *kits* para o cumprimento de mandados de busca e apreensão, pois junto com as prisões dos dois indiciados nós também *bateríamos* em vários endereços. Quando eu fui delegado titular da DHBF, desenvolvemos um sistema utilizando código QR que chegou a ser premiado pela Polícia Civil pela sua eficiência e se tornou padrão nas operações da DH.

O sistema permite que cada equipe só receba as informações necessárias para cumprir a sua missão. Quando os agentes saem para as ruas, eles usam o celular para ler o código QR e descobrem onde, como e o que devem fazer. Só quem está no comando central tem acesso a todas as informações e ao andamento das ações em tempo real. Usar esse sistema dificulta vazamentos e agiliza o nosso trabalho, mas preparar tudo isso demora bastante. Eu resolvi esse problema colocando todo mundo que estava na delegacia para aprontar os *kits* a tempo.

Faltava resolver a questão judicial. Como já disse, para prendermos os acusados em casa precisávamos de uma ordem judicial, e, pelo volume de trabalho na mão do magistrado, imaginávamos que isso só estaria liberado na quarta-feira daquela semana. Antecipar a operação significava conseguirmos que o juiz concluísse a análise e expedisse os mandados em poucas horas. Já era noite e o fórum certamente estava fechado naquele horário. Nós não tínhamos opção, então resolvemos tentar.

Foi a promotora Letícia que tomou a iniciativa de telefonar para o doutor Kalil, explicar o que estava acontecendo, perguntar se ele ainda estava no fórum e se seria possível adiantar os mandados. O juiz respondeu que já havia chegado em casa, mas ainda não tinha tirado o terno, dispondo-se a voltar ao fórum se fosse necessário.

Existiam duas situações para serem resolvidas. A primeira era que ele já tinha dispensado o motorista e alguém precisava buscá-lo em casa para levá-lo de volta ao fórum. Resolvi isso mandando uma equipe com a viatura para atendê-lo. A outra dificuldade era que havia diversos pedidos na denúncia, inclusive de outras prisões, e ele disse que só conseguiria aprontar os mandados que fossem diretamente relacionados a Lessa e a Élcio. Respondemos que isso bastaria, pois a urgência era prendermos os dois.

A doutora Letícia correu para o fórum para aguardar a decisão. Na delegacia, a preparação dos *kits* estava a todo o vapor. Por volta das 22 horas, a promotora ligou avisando que o juiz tinha conseguido despachar e que os mandados para as prisões estavam garantidos. Com isso, estávamos autorizados a efetuar as prisões dos alvos no amanhecer da terça-feira, dia 12 de março.

Os policiais escalados para a operação, as promotoras e eu não dormimos. Deixamos a DH por volta da meia-noite e combinamos que estaríamos todos de volta às 3h30. Pela lei, nós só podemos entrar nas residências para efetuar as prisões e fazer a busca e apreensão a partir das 6 horas. Na verdade, o Código de Processo Penal determina que essas ações ocorram durante o dia. Para acontecer à noite, só podemos entrar nos domicílios com o consentimento do morador. Na prática, convencionou-se que às 6 horas é quando o dia começa.

Mas quem criou a lei não considerou que Élcio saía de casa vários dias da semana antes das 5 horas para trabalhar como segurança em Olaria. Nós sabíamos disso porque rastreamos o celular dele por meses, e os sinais das antenas iam nos mostrando seus trajetos e a sua rotina. E também não poderia prever que Lessa pudesse ter recebido a informação de que seria preso e se preparasse para fugir antes desse horário.

Era preciso antecipar a ação. Em relação a Élcio, ficou acertado que uma equipe iria à casa dele antes das 4 horas e ficaria de tocaia para prendê-lo quando estivesse saindo para o trabalho. Ele morava na Rua Eulina Ribeiro, no Engenho de Dentro, numa casa modesta, de arquitetura antiga e com um portão estreito no lado direito, onde guardava o veículo. A localização, praticamente no meio do quarteirão, permitiu que nós dividíssemos a equipe de policiais e promotores em dois grupos, ficando um de cada lado, um pouco distantes para não despertarem sua atenção.

Em relação a Lessa, a situação era diferente. A casa ficava dentro do condomínio Vivendas da Barra, não daria para usarmos a mesma estratégia. O jeito era esperarmos na portaria até 6 horas, entrar no condomínio e ir para sua residência quanto antes.

Cotidianamente, nós, delegados, trabalhamos vestindo terno, mas em operações especiais como essa usamos a vestimenta operacional. É uma camiseta cinza-escuro, escrito em preto "Polícia Civil" no peito e nas costas, calça preta e botas pretas. E por cima colocamos o colete à prova de balas. Quando nos vestimos assim, sabemos que *o bicho pode pegar*.

Naquela terça-feira, enquanto estava me vestindo, o que me preocupava não era uma troca de tiros, e sim falhar nas prisões. Eu precisava dar uma resposta positiva às famílias e à sociedade. A nova cúpula da polícia tinha apoiado minha permanência, mas eu sabia que esse apoio não resistiria a um fracasso naquele dia. E também era uma questão de honra, pois fui acusado injustamente de ser omisso e incompetente. A própria DH foi difamada com acusações de que os policiais estavam recebendo propina para não investigar o crime. Muita gente apostava que as mortes de Marielle e Anderson não seriam solucionadas. E muitos, certamente, não queriam que o crime fosse desvendado. Tudo isso passava pela minha cabeça enquanto me preparava para sair de casa.

Hoje uso uma Glock, modelo G25, calibre ponto 40. Naquela época eu usava uma pistola Taurus 24/7, calibre ponto 40. Coloquei a arma no coldre, peguei o distintivo e, pela corrente fina de metal, pendurei-o no pescoço. Ele tem uma base oval feita com couro preto onde fica o brasão da Polícia Civil do Rio de Janeiro e uma tarja vermelha com o escrito "Delegado de Polícia" em dourado. Estava pronto.

Juliana já estava acordada e apreensiva. Não era a primeira vez que eu participaria de uma operação como essa, mas aquele caso tinha ganhado uma importância diferente em nossas vidas. Muita coisa aconteceu, e várias vezes conversamos sobre se aquilo tudo valia a pena.

– Eu já estou indo, tchau.

– Você tá bem?

– Sim. Só quero acabar logo com isso.

– Que Deus te proteja. Vai dar tudo certo.

Dei um beijo nela, segui pelo corredor e olhei meus filhos dormindo, calmamente, nos quartos. Nessas horas, só o que passa pela cabeça é fazer o trabalho e, no final do dia, voltar vivo para casa.

E não era fácil conseguir isso. Como já disse, quando recebemos a denúncia anônima de que havia um plano para me matar e ela foi qualificada pela equipe de inteligência da Polícia Civil, foi preciso que o GIF conseguisse um carro blindado, pois o estado do Rio de Janeiro estava falido. Acontece que o carro ficou comigo só até o final do mês de dezembro. Quando a intervenção federal acabou, os contratos de locação de veículos também terminaram e eu precisei devolvê-lo. A ameaça continuou, mas eu voltei a andar com uma caminhonete Chevrolet S10 branca, caindo aos pedaços e sem nenhuma blindagem.

E foi com essa viatura desprotegida que segui para aquela operação. Antes de chegar à delegacia, estiquei o trajeto até a orla da Barra da Tijuca e passei em frente ao Vivendas da Barra. Reduzi a velocidade e olhei para dentro do condomínio. Tudo deserto e calmo. "Calmo até demais", pensei. Algo me dizia que havia alguma coisa estranha acontecendo. Como dizemos, é o sexto sentido que o policial desenvolve com o tempo. Se era intuição ou paranoia, não importa, mas imaginei Lessa se arrumando, despedindo-se da esposa, entrando no carro e sumindo do mapa. Aquela imagem me deixou perturbado e senti que precisava fazer alguma coisa.

A delegacia fica no Jardim Oceânico, próximo ao condomínio, por isso acelerei e cheguei lá em poucos minutos. A equipe de policiais e promotores que iam fazer a prisão de Élcio já havia saído para a missão, conforme estava planejado. Mas, em relação a Lessa, decidi na hora mudar os planos. Chamei Marquinho e perguntei:

– Todos chegaram?

– Sim, doutor. Estão todos aí.

– Passei em frente ao condomínio. Algo me diz que o cara vai fugir. Não podemos dar mole. Manda o pessoal pra lá agora!

– Ok! Vou falar com eles – respondeu, saindo rápido da minha sala.

Aprendi muitas coisas com Marquinho nos anos em que trabalhamos juntos. E também muita coisa que eu admiro nele e que naquele instante foram cruciais. Uma delas é a sua disciplina, pois não questionou a minha ordem. A outra é a sua competência técnica, porque soube escolher a dedo quem iria na missão. Não tenho a menor dúvida de que, sem esse acerto no momento de definir a equipe, Lessa conseguiria escapar.

Isso porque durante todo o Carnaval daquele ano nós deixamos policiais de campana em Angra dos Reis fazendo o monitoramento dos alvos. Nós pegamos no grampo que Lessa tinha alugado uma casa no condomínio Portogalo e levado a família. E sabíamos que Élcio estava junto, na mesma casa, com a família. Nós acompanhamos tudo. Usando *drones* e outros instrumentos de investigação, sabíamos até a carne que eles usavam no churrasco. Registramos os passeios de lancha, os banhos de mar, tudo. Inclusive algumas dessas imagens acabaram vazando dias depois das prisões e foram exibidas no *Jornal Nacional,* da Rede Globo.

Esse trabalho nos deu duas informações valiosas e que foram decisivas. A primeira era que depois do Carnaval os dois tinham voltado para suas casas, no Rio de Janeiro. A segunda era que Lessa tinha trocado o Range Rover Evoque azul por um Infiniti FX35, branco e blindado. Era um veículo incomum, importado e avaliado, na época, em mais de R$ 120 mil.

Quando Marquinho selecionou a equipe para prender Lessa, ele escolheu justamente os policiais que tinham participado da campana em Angra dos Reis e que não se esqueceriam nunca daquele carro.

Os agentes Fernando Aguiar, André Sá e Leandro Ferreira deixaram a delegacia numa viatura Renault Sandero, de cor cinza, descaracterizada, e correram para a portaria do condomínio. Chegando pela Avenida Lúcio Costa, logo que passaram pela portaria do Vivendas da Barra, estacionaram em um recuo amplo. Do lugar onde ficaram, tinham a visão da portaria e estavam prontos para interceptar qualquer veículo que tentasse sair. Estavam fortemente armados – além das pistolas, portavam também os fuzis M16 de calibre 5,56 mm. A ideia de mandarmos uma equipe pequena era para não despertar a atenção do alvo.

A tensão na delegacia aumentou. Estávamos a postos para efetuar as prisões e torcendo para que nada desse errado. Por volta de 3h40, um carro de cor prata entrou no condomínio. Minutos depois, saiu e foi interceptado. Era um veículo de aplicativo, e o motorista explicou que tinha trazido uma senhora do aeroporto e a deixado em casa. Os agentes liberaram o carro.

Pouco depois entrou um táxi. Logo em seguida saiu com algumas pessoas e também foi parado. Os ocupantes se identificaram como agentes da Polícia Federal que estavam no local fazendo a segurança da família do presidente da República, Jair Bolsonaro. O táxi foi liberado e os policiais continuaram de tocaia.

Enquanto isso, no Engenho de Dentro, o primeiro alvo fez o que nós esperávamos que fizesse. Por volta de 4 horas, Élcio entrou no seu veículo Logan e tentou sair de casa. Quando os pneus tocaram a rua, os fuzis já estavam mirando nele. Não teve a menor chance. A promotora Simone estava na delegacia e recebeu a ligação da equipe avisando que o alvo Élcio estava preso.

No Logan, embaixo do banco do carona, encontramos oito munições de fuzil, calibre 5,56 mm, embaladas em um saco plástico. Dentro da casa encontramos uma pistola Glock, calibre ponto 380, com cinco carregadores e 46 munições, e uma pistola Taurus, calibre ponto 40, com três carregadores e 72 munições.

Agora faltava Lessa. Enchi outra xícara de café, fiquei em pé olhando pela janela e pensando se havia uma forma de ele sair do condomínio sem que fosse pela portaria. "Será que devia ter mandado outra equipe para garantir?". Ficava pensando em várias coisas que já não podiam ser mudadas.

Marcelo percebeu a minha angústia, bateu no meu ombro e disse:

– Calma, doutor, está acabando.

Lessa também não quis esperar. Por volta das 4 horas ele saiu de casa dentro do Infiniti branco, seguiu pela rua sinuosa até pegar a principal e margeou o muro do condomínio até chegar à portaria. Ele não podia ver a movimentação dos policiais na rua. A saída é estreita e, de dentro do carro, o que se vê no lado direito é a guarita e a parte interna do muro da fachada; do lado esquerdo, o muro e um prédio de apartamentos. Além disso, o terreno tem aclive, o que exige que os carros subam devagar até se aproximarem da cancela.

Quando os policiais avistaram o Infiniti branco se aproximando da portaria, não tiveram a menor dúvida, partiram para uma abordagem enérgica. Antes mesmo de a cancela abrir, eles já estavam batendo os fuzis nas janelas do carro e gritando para ele descer do veículo. Lessa tinha trabalhado na Polícia Civil e sabia que qualquer gesto estranho naquele momento seria respondido à bala, sem hesitação. Por isso, não reagiu. Percebeu que estava cercado, desligou o carro, abriu a porta devagar e desceu com as mãos para o alto, pedindo que não atirassem porque estava desarmado. Rapidamente foi algemado.

Meu celular tocou. Olhei a tela e vi que era um dos policiais que estavam na missão na frente do condomínio. Atendi imediatamente.

– Doutor, o alvo Lessa está *na mão*.

– Segura aí, estamos indo.

As promotoras, Marquinho e Marcelo estavam olhando para mim, ansiosos para saberem o que tinha acontecido.

– Prendemos o Lessa – disse, já saindo da sala.

Corremos para o local. Marquinho e eu fomos em uma viatura e as promotoras, em outra. Chegamos rápido. O acusado estava em pé, algemado com as mãos para trás ao lado do veículo, que nesse momento já estava com as portas abertas sendo revistado. Quando os policiais o capturaram, ele disse que já sabia que nós iríamos prendê-lo. E demonstrou preocupação, acreditando que poderia ser morto na operação. Ele teve a garantia de que não seria atingido e de que a lei prevaleceria. Quando chegamos ao local, imediatamente me dirigi a ele e lhe dei voz de prisão:

– Lessa, você está preso. E deve estar ciente de que está sendo acusado pelos assassinatos da vereadora Marielle e do Anderson. Todos os seus direitos constitucionais serão respeitados e terá acesso a seu advogado ou a um defensor público, caso não tenha advogado constituído.

– Sim, senhor.

– Vamos te tirar daqui e levar para a delegacia. Mas temos mandados de busca e apreensão e precisamos entrar na sua casa. Sua esposa está lá? Alguém que possa acompanhar? Senão vou ter que te manter junto.

– Ela está em casa.

– Então pode levá-lo – determinei aos policiais.

– Obrigado, doutor – disse Lessa, reconhecendo que o meu gesto demonstrava que eu não estava ali para esculachá-lo.

As promotoras telefonaram para os familiares das vítimas para avisá-los das prisões dos acusados, antes que fosse divulgado pela imprensa.

Revistamos o carro e encontramos três celulares, todos com o modo avião ativado, uma maneira de impedir o rastreamento dos aparelhos. E chamou a atenção que as câmeras dos celulares estavam cobertas com fita adesiva, outra medida para impedir que fosse monitorado. Numa mochila havia R$ 60 mil em dinheiro, uma pistola Glock ponto 380 e uma pasta com documentos. Ele estava pronto para fugir.

Estava amanhecendo no dia 12 de março no Rio de Janeiro. Os helicópteros das emissoras de televisão começaram a sobrevoar o condomínio. Nunca tinha visto tantos. Acredito que até aquelas que não tinham aeronave própria alugaram uma para poder mostrar a nossa equipe na casa de Lessa fazendo a busca e apreensão. A primeira fase do caso estava concluída. Os dois acusados pelos assassinatos de Marielle Franco e Anderson Gomes estavam presos.

CAPÍTULO 16

MISSÃO CUMPRIDA

Ainda na manhã do dia 12 de março estava programada a entrevista coletiva, com a presença do governador Wilson Witzel, para anunciarmos as prisões dos dois acusados pelos assassinatos, Ronnie Lessa e Élcio Vieira de Queiroz. Fui trocar de roupa, coloquei terno e gravata e segui para o evento. Estava exausto, mas aliviado por ter cumprido a missão. Sabia que aquele seria um momento único na minha vida profissional.

O Palácio Guanabara fica no bairro Laranjeiras, zona sul. É um casarão antigo, construído para ser residência de um rico comerciante português. Depois, em 1865, tornou-se Palácio Isabel, residência oficial da princesa Isabel e de seu marido, o conde d'Eu. Com a Proclamação da República, recebeu o nome atual e se tornou patrimônio da União, servindo para instalações públicas. Hoje é a sede do governo do estado.

O auditório estava lotado de repórteres, autoridades e integrantes do governo estadual. Ao meu lado, na mesa principal, sentaram-se o governador, o vice-governador, Cláudio Castro, o secretário de Polícia Civil, Marcus Vinícius, e o diretor do DGHPP, Antônio

Ricardo. Perto das 11 horas, a coletiva começou. Emissoras de televisão, rádio e internet fizeram transmissões ao vivo, levando a exposição a milhões de pessoas.

Eu estava pronto para responder à pergunta que atormentou o Brasil, o mundo e a mim ao longo daqueles doze meses: quem matou Marielle? Para nós, da Polícia Civil do Estado do Rio de Janeiro, foram o policial militar reformado Ronnie Lessa e o ex-policial militar Élcio Vieira de Queiroz.

Utilizei uma tela de projeção de imagens ali existente e detalhei o passo a passo da investigação, até chegarmos à conclusão. Mostrei as provas coletadas e expliquei:

– O que nós temos certo: Ronnie Lessa está dentro do carro; Ronnie Lessa atirou; o motorista é, efetivamente, o Élcio. Sabemos da dinâmica delitiva. Sabemos das qualificadoras presentes e sabemos do perfil do autor e a forma como ele resolve questões. Ele resolve assim, de forma torpe. Se ele resolveu da cabeça dele, é uma hipótese. Está em aberto. Se ele recebeu para fazê-lo, está em aberto. Por isso que a segunda fase é muito difícil, e nós já estamos com ela em curso. Hoje encerramos apenas uma fase, que focou identificar e prender os executores do crime.

O objetivo da segunda fase da investigação era descobrirmos o mando. Apesar de nenhuma possibilidade estar descartada, minha percepção era de que o crime tivesse mandantes, quer dizer, mais de uma pessoa teria participado da determinação para matar a vereadora. O meu trabalho só estaria concluído quando descobrisse a resposta e colocasse todos os envolvidos na cadeia. As linhas de investigação permaneciam todas em aberto.

Uma situação que chamou muito a atenção foi a ausência das promotoras Letícia Emile e Simone Sibilio durante a entrevista coletiva. Elas foram convidadas e se recusaram a ir ao Palácio Guanabara, alegando que o evento teria conotação política. No fim, as duas participaram de outra coletiva, realizada na parte da tarde na sede do MPRJ.

Após a minha explanação, começaram as perguntas dos jornalistas. A coletiva já passava de duas horas, e eu procurava responder a cada questionamento com muita objetividade. Além de aspectos da técnica investigativa, a imprensa estava muito interessada em saber se existiam ligações entre os acusados dos assassinatos e integrantes da família do presidente da República, Jair Bolsonaro.

Com clareza, respondi que até aquele momento não havia sido detectada nenhuma relação. No inquérito, diretamente, só havia menção ao vereador Carlos Bolsonaro e por causa da discussão pontual que ele havia tido com Marielle no corredor dos gabinetes da Câmara Municipal, um episódio que não teve desdobramentos. Indiretamente, as menções ao presidente Bolsonaro se deram em relação a Lessa por dois motivos que não indicavam nenhum envolvimento: o primeiro, foi a descoberta de que moravam no mesmo condomínio; o segundo, a foto de Bolsonaro no perfil do WhatsApp de Lessa. Era só isso. Nenhum membro da família Bolsonaro estava sendo investigado.

Já tinha respondido a isso mais de uma vez quando, ao final da entrevista, um jornalista, que não me lembro quem era, questionou:

– Doutor, vocês pegaram o perfil do Lessa e, dentro disso aí, podem dizer da relação da família Bolsonaro com ele. Existia alguma relação?

– Não. Isso não foi confirmado. Até o momento, não identificamos nenhuma relação direta dele com a família Bolsonaro.

– E do filho mais novo do Bolsonaro, se namora ou namorou a filha dele [Lessa]? – insistiu o jornalista.

– Isso [o namoro] tem. Isso tem. Mas isso, para nós, hoje, não se mostra relevante para a execução do crime. Não encontramos correlação. Isso vai ser enfrentado no momento oportuno. Não é importante para esse momento.

Pronto! Eu poderia ter ignorado a pergunta ou dado uma resposta evasiva, não teria feito muita diferença. O essencial era informarmos sobre as prisões dos dois acusados. Mas não! Acabei respondendo com franqueza e sem rodeios. A minha afirmação estava embasada em dados de inteligência que indicavam a existência de um suposto relacionamento entre uma das filhas de Lessa e o filho mais novo de Bolsonaro, Jair Renan. E, como deixei claro na resposta, isso seria objeto da investigação na segunda etapa.

"Filha de preso pela morte de Marielle namorou filho de Bolsonaro, diz delegado", estamparam as manchetes na imprensa. A minha manifestação causou uma enorme polêmica. Posso dizer que aquela declaração e a notícia central, que era sobre as prisões dos dois acusados pelos assassinatos, ganharam praticamente o mesmo espaço na mídia.

Após a entrevista, deixamos o auditório e fomos almoçar ali mesmo, no Palácio Guanabara. O prédio tem salas suntuosas, móveis antigos e obras de arte espalhadas por todos os lados. Em um salão havia uma mesa enorme, com várias cadeiras, e todas foram ocupadas. Havia muita gente. O governador, o vice-governador, a primeira-dama, deputados e assessores, visivelmente animados com o desfecho do caso. Era uma conquista que importava a todos, principalmente para o governo.

Sentei ao lado do vice-governador e conversamos bastante. Tive uma boa impressão dele. Parecia ser alguém muito preparado, com experiência e visão técnica para o nosso trabalho. Mal sabia que poucos meses depois ele seria efetivado como governador, após o *impeachment* de Witzel, motivado por denúncias de corrupção. Pela televisão, acompanhamos a cobertura jornalística do canal GloboNews. Estávamos descontraídos e com o sentimento de dever cumprido.

Em determinado momento, o governador Witzel virou-se para mim e disse:

– Nós temos uma parceria com a Itália. Estamos discutindo um intercâmbio entre as polícias. A Itália é referência no combate à máfia, e isso pode contribuir para o enfrentamento do crime no Rio de Janeiro. A gente pode construir isso. O que você acha de participar?

– Acho interessante. Seria uma honra.

– Você pode ficar alguns meses lá.

– A minha família iria junto?

– Sim.

– É algo para se pensar – concluí, acreditando ser um projeto para mais adiante, até porque não se falou em data, e eu sabia que em breve teria de estar concentrado na segunda etapa da investigação. O assunto mudou e não falamos mais sobre isso.

Após o almoço, voltei com Marquinho para a delegacia. Muita coisa estava acontecendo. Após as prisões, Lessa e Élcio foram levados para a DH e colocados em celas separadas, uma ao lado da outra. Nós os monitoramos com câmera e escuta ambiental autorizada judicialmente para pegarmos alguma conversa entre os dois, mas eles não abriram o bico.

Enquanto isso, as equipes continuavam nas ruas, cumprindo mais de trinta mandados de busca e apreensão em diversos endereços ligados aos dois. Em uma casa no Méier, identificada como sendo de um amigo de infância de Lessa, encontramos 117 fuzis desmontados e incompletos. As peças eram réplicas do fuzil M16 de calibre 5,56 mm, uma espécie de arma "genérica". O delegado Marcus Amim, titular da Delegacia Especializada em Armas, Munições e Explosivos (Desarme), foi quem acompanhou o trabalho de apreensão.

A defesa alegou que seriam armas para *airsoft*, prática esportiva na qual os jogadores participam de simulação de operações policiais. Porém, dentro da casa foram encontradas ferramentas e acessórios utilizados especificamente para montagem de fuzil verdadeiro. A hipótese investigada é a de que Lessa tinha envolvimento com tráfico internacional de armas. Ele compraria as peças desmontadas em outros países, possivelmente Estados Unidos, Alemanha e China, faria a montagem das armas e as comercializaria no Brasil. A Desarme calculou que no mercado ilegal cada fuzil daqueles, montado, chegaria a ser vendido para organizações criminosas por cerca de R$ 30 mil. Um negócio milionário. Também foram encontrados munições, silenciadores e R$ 112 mil em dinheiro.

O dono da casa alegou que estava apenas fazendo um favor ao amigo e que desconhecia o conteúdo das caixas que guardava. Ele foi preso preventivamente e solto no mês de junho, passando a responder ao processo em liberdade. Foi a maior apreensão de fuzis da história do Rio de Janeiro.

Trabalhei até a noite. Até queria comemorar, pensei em levar o pessoal da delegacia para algum restaurante na Barra da Tijuca, mas estávamos todos cansados e decidi ir para casa. Foi um longo dia, com muitas felicitações e manifestações de apoio. Dentro da delegacia, o clima era de euforia e de alívio, como se tivéssemos "lavado a alma". Depois de muito tempo, consegui dormir bem.

Na manhã da quarta-feira, dia 13 de março, acordei refeito, preparei um café e fui ler as notícias. Estava curioso para saber da repercussão das prisões. Abri o *notebook*, entrei no site do jornal *O Globo* e vi a minha foto estampada. Era a coluna do jornalista Lauro Jardim, que trazia a seguinte manchete: "Delegado do caso Marielle será afastado".

Estranhei a informação e continuei a ler: "O delegado Giniton Lages, responsável pela investigação da morte de Marielle Franco e Anderson Gomes, será afastado do caso pela Polícia Civil. O chefe da Polícia Civil, delegado Marcus Vinícius Braga, indicará na semana que vem o encarregado da segunda etapa da investigação, centrada em descobrir quem mandou matar a vereadora e o motorista. Oficialmente, o motivo dado será que ele cumpriu sua missão".

A notícia me surpreendeu. Não passava pela minha cabeça ser afastado do caso naquele momento. Meu foco já estava na segunda etapa da investigação, e tinha planejado os próximos passos na busca pelos mandantes. Na hora, minha reação foi entrar em contato com o secretário de Polícia Civil, Marcus Vinícius, e perguntar se aquela informação procedia. Ele respondeu que não, que aquilo, certamente, era especulação.

Fui trabalhar normalmente. Perto da hora do almoço, o governador Witzel deu uma entrevista durante um evento no Palácio Guanabara e confirmou que eu seria afastado. "O delegado Giniton trabalhou nesse caso e acumulou muita informação. Nós já estávamos trabalhando em um programa de intercâmbio com a polícia italiana e dos Estados Unidos, inclusive ontem recebi o FBI aqui. Então estamos com vários intercâmbios para fazer. Como ele está com experiência adquirida e nós estamos com esse intercâmbio com a Itália, exatamente para estudar máfia e movimentos criminosos, ele vai fazer essa troca de experiência", disse o governador.

A entrevista repercutiu. Novamente entrei em contato com Marcus Vinícius para saber o que estava acontecendo.

– Parece que o governador deu uma declaração sobre o meu afastamento. Sabe de alguma coisa? – perguntei, sentindo-me perdido.

– É melhor você vir para a Sepol. Conversamos aqui – respondeu, sem entrar em detalhes.

Pela atitude dele, percebi que era verdade e que eu deixaria o caso. Fui para a Sepol para descobrir o que aconteceria comigo. Encontrei o secretário no seu gabinete e ele confirmou meu afastamento. Seguiu a mesma linha de argumento do governador e reforçou a proposta de me mandarem para um intercâmbio na Itália, porém não especificou data nem explicou como isso aconteceria.

Na parte da tarde, o governador Witzel se reuniu com a família de Marielle e representantes da Anistia Internacional para compartilhar as informações sobre o desenvolvimento do caso e informá-los sobre a minha saída do caso.

O delegado Daniel Rosa foi escolhido para me substituir. Ele já tinha me substituído na DHBF quando assumi a investigação, e iniciamos o processo de transição. Era muita informação que precisava ser compartilhada, pois, além de Marielle e Anderson, existiam dezenas de outros casos de homicídios sendo apurados na delegacia.

Foi uma semana estranha. Ao mesmo tempo que me sentia satisfeito pelo objetivo alcançado com as prisões dos dois acusados, convivia com uma espécie de sentimento de perda por precisar deixar o caso sem concluir a segunda etapa. Eu estava na trilha dos possíveis mandantes e acreditava que fôssemos descobri-los em breve.

Todas essas emoções atingiram um nível alto quando foi realizada a cerimônia de troca de comando na delegacia. Era manhã de quarta-feira, dia 25 de março, e muita gente se reuniu na frente da delegacia para o evento, marcado para começar às 11 horas. Foi uma recepção muito afetuosa dos policiais da DH, recebi muitos cumprimentos e manifestações de apoio. Foi um momento marcante para mim.

Em seu discurso, o secretário Marcus Vinícius disse:

– O que mais me chamava a atenção era a abnegação do Giniton e de seu time. E nunca, nunca desistiram. Foram momentos muito difíceis para a Delegacia de Homicídios da Capital e para a Polícia Civil. A gente precisou de paciência, a gente teve força. Uma instituição de 210 anos tem que ser respeitada. Esse resultado que o delegado apresenta, no meu entender, é o resultado da perseverança. Agradeço muito ao Giniton nessa primeira fase.

Quando chegou a hora do meu discurso de despedida, eu estava muito emocionado e não consegui colocar as palavras da forma como havia pensado. No lugar de uma fala protocolar, expressei o que estava sentindo:

– É necessário, agora, ter novos objetivos, novas missões. É fechar o ciclo depois de muita experiência acumulada. Agradeço a minha equipe que está comigo nestes anos e ao secretário de Polícia Civil, que me manteve até concluir a primeira fase do caso. Temos que recuperar a nossa capacidade produtiva. Estamos aguardando a chegada de insumos. Isso será decisivo para o momento de resolução de outros casos, não só o de Marielle e Anderson. Foi muito importante e significativo resolver a primeira fase desse crime. No entanto, temos que olhar para as demais vítimas com a mesma qualidade. Temos que olhar para o João, para a Maria, para o Joaquim. Toda vida importa.

A cerimônia acabou. Formalmente, eu não era mais delegado titular da DH e havia deixado o comando da investigação dos assassinatos de Marielle e Anderson. Todos vieram me cumprimentar e me desejar boa sorte. Em muitas das manifestações, ouvi a mesma frase. Para quem não é da polícia talvez o sentido dela não seja tão forte, mas, para nós, ela tem um significado muito especial: missão dada, missão cumprida.

EPÍLOGO

A FERIDA ABERTA

Os assassinatos de Marielle Franco e Anderson Gomes continuam sendo uma ferida aberta na democracia e na história brasileira. No final de 2021, mais de três anos depois do crime, as respostas ainda eram incompletas.

Em relação à autoria, Ronnie Lessa e Élcio Vieira de Queiroz continuavam presos preventivamente. Depois de passarem pela Penitenciária Laércio da Costa Pellegrino, a Bangu 1, e pela Penitenciária Federal de Mossoró, no Rio Grande do Norte, os dois permaneciam custodiados na Penitenciária Federal de Porto Velho, em Rondônia, e aguardavam o julgamento pelo Tribunal do Júri.

Em relação ao mando, não tive acesso ao inquérito policial, por isso apenas acompanhei pela imprensa a divulgação dos fatos relacionados ao caso. Aparentemente, as linhas de investigação continuavam as mesmas que deixei quando fui afastado do caso. E tudo indica que estejam todas em aberto. Até o final de 2021, apenas duas movimentações foram mais expressivas nesse sentido.

A primeira partiu da PGR. Em 17 de setembro de 2019, em seu último dia no cargo, a procuradora-geral da República, Raquel Dodge, apresentou denúncia contra Domingos Brazão, o policial federal aposentado Gilberto Ribeiro da Costa, a advogada Camila Nogueira, o delegado federal Hélio Khristian e o policial militar Rodrigo Jorge Ferreira, o Ferreirinha, por obstrução de justiça.

Segundo Dodge, "Domingos Brazão arquitetou o homicídio da vereadora Marielle Franco e, visando manter-se impune, esquematizou a difusão de notícias falsas sobre os responsáveis pelo homicídio. Fazia parte da estratégia que alguém prestasse falso testemunho sobre a autoria do crime e a notícia falsa chegasse à Polícia Civil do Estado do Rio de Janeiro, desviando o curso da investigação em andamento e afastando a linha investigativa que pudesse identificá-lo como mentor intelectual dos crimes de homicídio", afirmou a denúncia. O STJ encaminhou o processo para o TJ-RJ, onde até o final de 2021 ainda tramitava sem uma sentença.

A segunda foi a Operação Déjà Vu, deflagrada pela DH e pelo Gaeco no dia 9 de setembro de 2020. Foram efetuadas buscas e apreensões em diversos endereços ligados a cinco alvos, entre eles o ex-vereador Cristiano Girão e Ronnie Lessa, suspeitos de envolvimento nos assassinatos do policial André Henrique da Silva, o André Zóio, e sua esposa, em 2014. Para a polícia, o duplo homicídio teria a "assinatura do Lessa" e uniria o sargento reformado e o ex-vereador numa empreitada criminosa. Também foram encontradas na casa de Lessa anotações que demonstram possível ligação dele com Girão. Os dois foram denunciados. Essas descobertas reforçaram a tese de que os dois possam estar envolvidos nas mortes de Marielle e Anderson.

Mais recentemente, em julho de 2021, a viúva de Capitão Adriano, Júlia Lotufo, avançou nas tratativas para uma colaboração premiada. Segundo ela, o marido foi sondado para matar Marielle, mas não aceitou o serviço, entendendo que seria muito arriscado e traria problemas para os seus negócios ilícitos. Disse, ainda, que os mandantes seriam do "alto-comando" da milícia que domina a Gardênia Azul. A informação, que ainda não foi oficialmente admitida pelo MPRJ, reforça a possibilidade de envolvimento de Lessa e Girão.

No dia 30 de julho de 2021, Girão foi preso em São Paulo, acusado de ser o mandante das mortes de André Zóio e sua esposa.

Para a Polícia Civil e o MPRJ, essa prisão poderá ser decisiva para a elucidação completa do caso.

Quanto a mim, após a cerimônia de troca de comando na DH, entrei em férias. A princípio tirei trinta dias, acreditando que nesse tempo os encaminhamentos para o intercâmbio estivessem resolvidos. Estranhei quando precisei tirar mais trinta dias, sem ter uma definição. Finalmente, avisaram-me que a minha ida para a Itália estava definida.

Juliana e eu estávamos na expectativa. Seria uma experiência incrível para a nossa família passar alguns meses na Europa, uma oportunidade de convivermos alguns meses com outra cultura. Porém, as condições da viagem foram muito diferentes do que esperávamos.

Fui mandado para a Itália sozinho, para fazer um curso de apenas quinze dias na Escola Internacional de Alta Formação para a Prevenção e o Combate ao Crime Organizado, instituição na cidade de Caserta, na região da Campânia, no sul da Itália, que recebe policiais do mundo todo para oferecer capacitação para o enfrentamento do crime organizado. O tema do meu curso foi Cibercrimes e Investigação Digital. As aulas eram em período integral e aconteceram entre os dias 3 e 14 de junho de 2019. Apesar de curta, foi uma experiência enriquecedora.

Quando voltei para o Brasil, fui colocado na "geladeira". Formalmente, estava lotado na Subsecretaria Operacional, mas não fui requisitado para realizar serviço algum. Fiquei em casa, esperando o que ia acontecer comigo.

Havia muita pressão para que assumisse a 28ª DP, no bairro de Campinho, na capital, mas eu resistia. E essa resistência só era possível por ter alcançado a primeira classe.

A Sepol me convidou para participar de um curso que o Ministério da Justiça e Segurança Pública estava lançando, chamado PANP – Programa Academia Nacional de Polícia, com o objetivo de capacitar delegados das polícias civis e oficiais das polícias militares de todo o país. Era um projeto inovador, idealizado e executado na gestão do ex-ministro da Justiça Sergio Moro. Sua estrutura seguia os moldes do curso oferecido pela Academia Nacional do FBI, nos Estados Unidos.

Aceitei o convite. O curso foi promovido pela Secretaria Nacional de Segurança Pública e pela Polícia Federal. A aula inaugural aconteceu no dia 30 de setembro de 2019. Passei três meses em Brasília. Quando acabou, voltei para o Rio de Janeiro e para a "geladeira".

No dia 30 de janeiro de 2020, a Polícia Civil e o MPRJ deflagraram a Operação Os Intocáveis II, uma nova ofensiva contra a milícia de Rio das Pedras. Foram cumpridos 44 mandados de prisão, entre eles o do policial civil Jorge Camillo Alves, chefe de operações da 16ª DP, na Barra da Tijuca. Os investigadores encontraram mensagens de WhatsApp trocadas entre ele e Ronnie Lessa. Nas conversas, os dois tratavam da liberação das máquinas caça-níqueis apreendidas em julho de 2018 no endereço onde funcionou o antigo restaurante Tamboril, no Quebra-Mar, a mesma ocorrência que apuramos no Dossiê Lessa.

A prisão de Camillo acabou motivando o afastamento da delegada titular, Adriana Belém. Em meio ao tumulto, o secretário Marcus Vinícius me ligou e propôs que eu assumisse a 16ª DP no lugar dela, alegando que eu teria experiência e condições técnicas para restabelecer a delegacia e liderar uma ofensiva contra as milícias, especialmente a de Rio das Pedras.

Aceitei o desafio. No dia 31 de janeiro assumi a 16ª DP, na Barra da Tijuca, levando junto alguns policiais da minha equipe, entre eles Marquinho, que passou a ser o chefe de operações da delegacia. Marcelo preferiu permanecer como chefe de operações da 28ª DP, no bairro de Campinho.

No dia 30 de maio de 2020, Marcus Vinícius deixou a Sepol e, em seu lugar, assumiu o delegado Flávio Brito, subsecretário de Gestão Administrativa.

O meu trabalho na 16ª DP estava indo bem e a delegacia ganhava destaque, quando o governador Wilson Witzel foi afastado do cargo após a abertura do processo de *impeachment*. Com isso, Cláudio Castro assumiu como governador e promoveu mudanças na estrutura da Polícia Civil. No lugar de Flávio Brito, colocou o delegado Allan Turnowski.

Como é comum, começou uma nova "dança das cadeiras". Desta vez, recebi o convite para ser o diretor do Departamento-Geral de Polícia da Baixada Fluminense. Assumi o cargo no dia 14 de setembro de 2020 e permaneço nele até hoje, final de 2021, quando terminei de escrever este livro, sendo o responsável por 19 delegacias de polícia espalhadas pelos 13 municípios da Baixada Fluminense.

Vivo uma fase muito boa na Polícia Civil. Recebo a confiança do secretário e tenho aprendido muito no cargo de diretor. É diferente quando deixamos a linha de frente de uma delegacia para atuar na alta gestão da polícia. A experiência vem sendo muito enriquecedora.

Nesse ano de 2021, aconteceu um fato marcante. No dia 4 de fevereiro, a pedido do deputado estadual delegado Carlos Augusto, a Alerj aprovou um projeto de resolução concedendo-me a Medalha Tiradentes, a mais alta condecoração do Estado do Rio de Janeiro. A deputada delegada Martha Rocha mandou-me mensagem para dizer que tinha tomado a palavra durante a sessão para defender a aprovação do projeto e que o presidente da Alerj, deputado André Ceciliano, também tinha se manifestado a favor. Votaram contra apenas o deputado Waldeck Carneiro e todos os deputados da bancada do Psol.

Para mim, foi muito gratificante esse reconhecimento público do meu trabalho. Estava em casa quando fui informado da homenagem. Abri uma garrafa de vinho e brindei com Juliana, cercados pelos nossos filhos. Estava me sentindo realizado. Na minha cabeça passou um filme. Lembrei de muitos momentos marcantes na minha trajetória como delegado de polícia no Rio de Janeiro.

Entre as principais lembranças, estava o dia em que assumi a investigação dos assassinatos de Marielle Franco e Anderson Gomes. Naquela quinta-feira, 15 de março de 2018, entrei na sala do chefe de polícia esperando mudar de função, e ele me colocou no caso que mudou a minha trajetória.

Acredito que eu e todos os policiais que participaram dessa investigação comigo honramos a vida de Marielle Franco e de Anderson Gomes. É esse resultado que buscamos todos os dias no nosso trabalho e em todos os casos. Como sempre digo, toda vida importa.